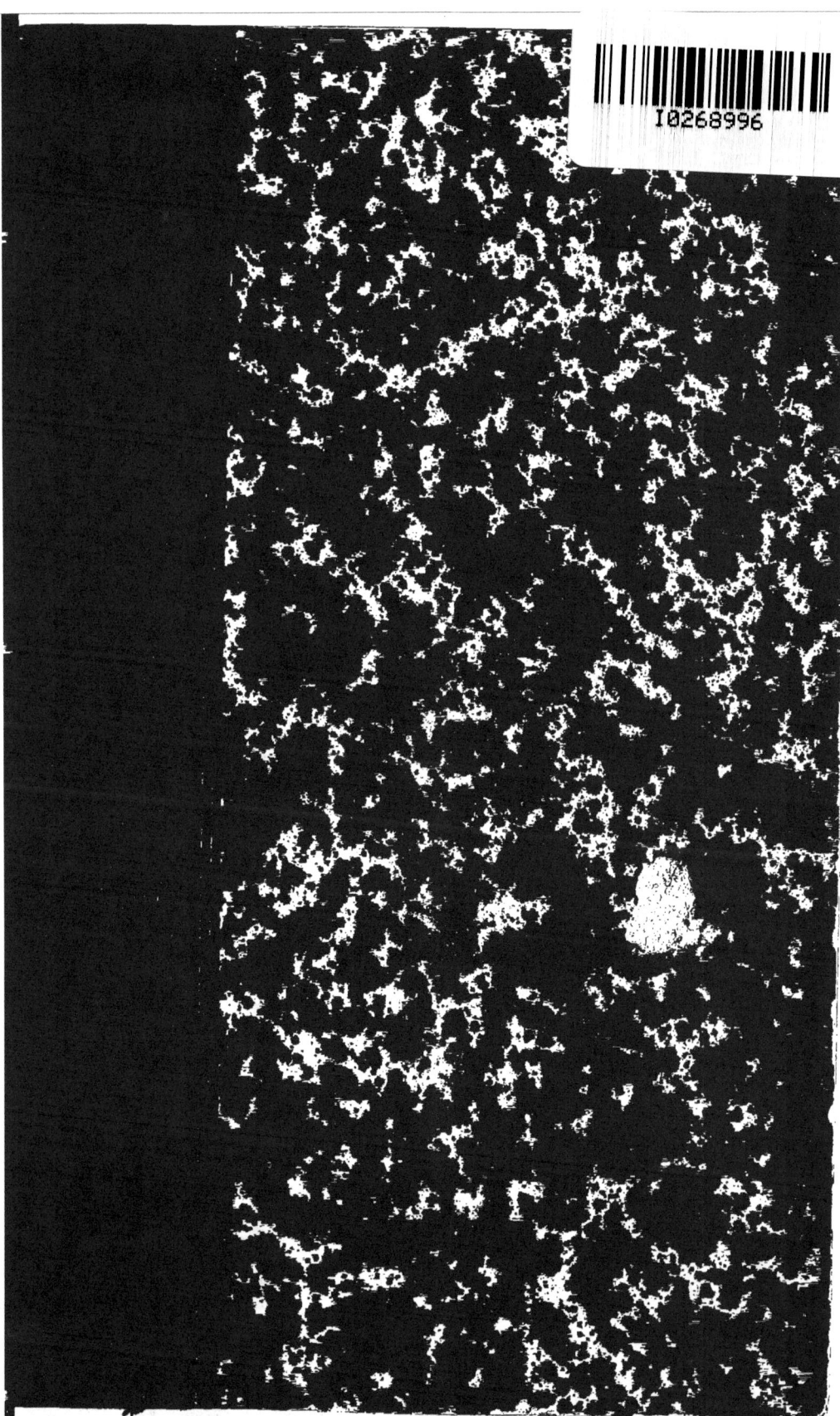

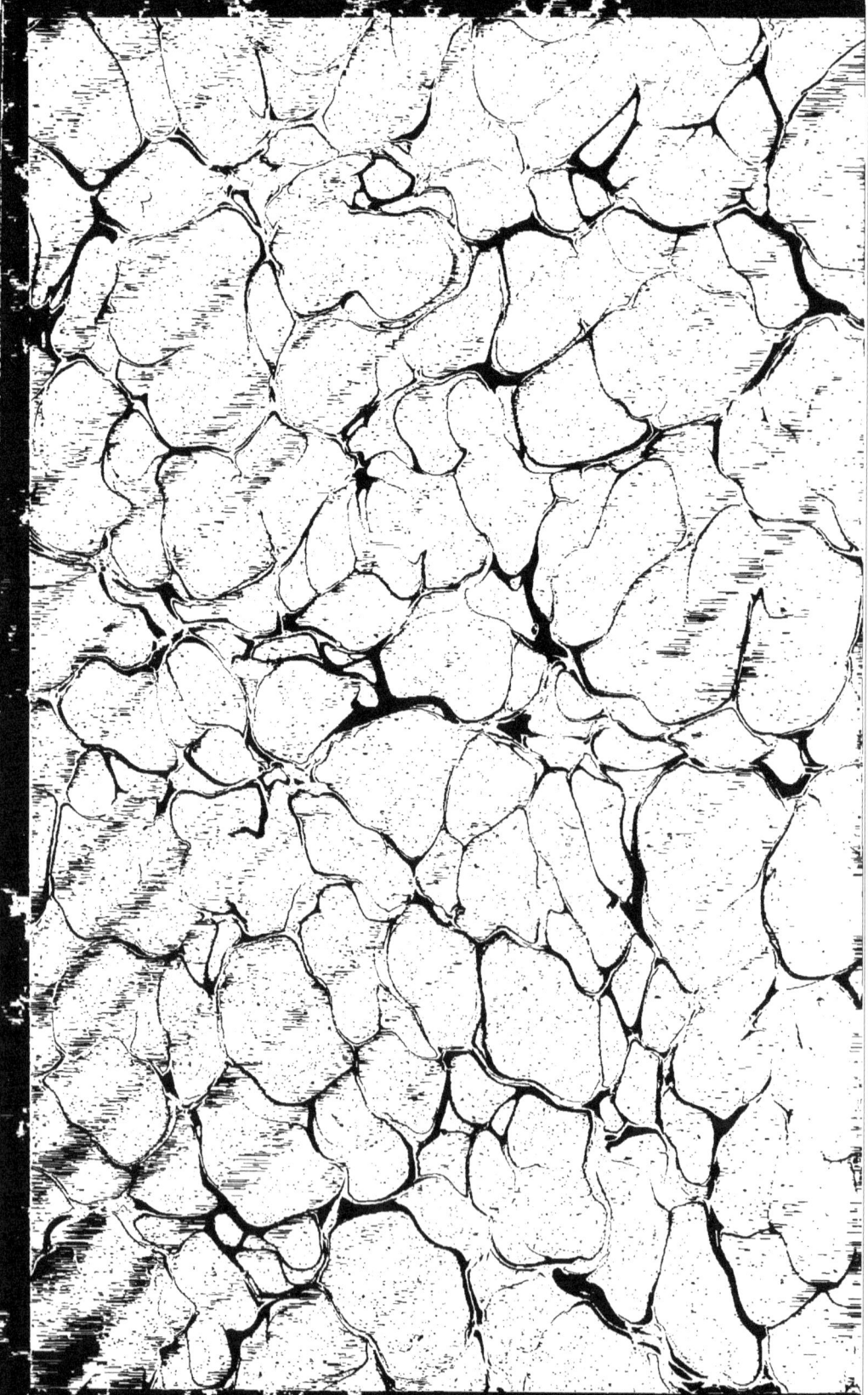

LA Guerre
DE 1870-71

L'ARMÉE DE CHALONS

II

Nouart — Beaumont

PARIS
LIBRAIRIE MILITAIRE R. CHAPELOT et Cᵉ
IMPRIMEURS-ÉDITEURS
30, Rue et Passage Dauphine, 30

1906
Tous droits réservés.

LA
GUERRE DE 1870-71

L'ARMÉE DE CHALONS

II
Nouart—Beaumont

Publié par la **Revue d'Histoire**

rédigée à la Section historique de l'État-Major de l'Armée

LA Guerre
DE
1870-71

L'ARMÉE DE CHALONS

II

Nouart — Beaumont

PARIS
LIBRAIRIE MILITAIRE R CHAPELOT ET Cⁱᵉ
IMPRIMEURS-ÉDITEURS
30, Rue et Passage Dauphine, 30

1906
Tous droits réservés.

SOMMAIRE

TROISIÈME PARTIE

Nouart—Beaumont

		Pages.
Chap.	I. L'armée de Châlons dans la matinée du 29 août.......	1
—	II. L'armée de la Meuse dans la matinée du 29 août.......	14
—	III. Combat de Nouart............................	18
—	IV. Les armées allemandes pendant le combat de Nouart....	38
—	V. Réflexions sur le combat de Nouart.................	45
—	VI. Mouvement des armées opposées le 30 août...........	55
—	VII. Bataille de Beaumont...........................	75
—	VIII. Considérations sur la bataille de Beaumont...........	177
—	IX. Les armées allemandes dans la journée et la soirée du 30 août..	187
—	X. Mouvement de l'armée de Châlons sur Sedan.........	193
—	XI. L'armée française le 31 août.....................	199
—	XII. Mouvements des armées allemandes................	209
—	XIII. Combat de Bazeilles............................	220
—	XIV. Le quartier général français.....................	231

LA GUERRE DE 1870-1871

L'ARMÉE DE CHALONS

TROISIÈME PARTIE

Nouart-Beaumont.

CHAPITRE Ier

L'armée de Châlons dans la matinée du 29 août.

Le maréchal de Mac-Mahon avait reçu le 28 au soir, au grand quartier général à Stonne, la nouvelle de l'occupation de Stenay par une division ennemie. Le pont de cette ville était miné, disait-on, et prêt à être détruit s'il ne l'était déjà. Il en conclut qu'il fallait renoncer à passer la Meuse en ce point et il résolut de la franchir à Mouzon et à Remilly, puis de se porter sur Carignan et de là sur Metz, par Montmédy. Les dangers du mouvement allaient croître de jour en jour avec la plus grande proximité de la frontière belge et les progrès des colonnes de l'armée du Prince royal de Prusse.

Les instructions du Maréchal portaient que le 12e corps devait marcher de la Besace sur Mouzon et y traverser la Meuse ; le 1er, du Chesne sur Raucourt ; le

7ᵉ, de Boult-aux-Bois sur la Besace ; le 5ᵉ, de Belval sur Beaumont ; la division de cavalerie Margueritte, de la Berlière sur Mouzon ; la division de cavalerie Bonnemains de Grandes Armoises sur Raucourt.

On observera que l'effort demandé par le Maréchal à ses troupes n'était pas en rapport avec la tâche qu'il avait entreprise — ou plutôt acceptée — de remplir. Si, en effet, après un arrêt prolongé dans l'Argonne, il restait encore à l'armée de Châlons quelque chance de prévenir les Allemands sur la route de Metz, ce n'était qu'à la condition de marcher très vite. Une autre considération devait l'y déterminer également : la nécessité de franchir la Meuse avant une attaque sur son flanc droit par des corps de la IIIᵉ armée. Le Maréchal l'avait bien compris le 28 août en invitant le général de Failly à pousser sa marche le plus loin possible vers l'Est (1), mais les distances à parcourir le 29 n'excédaient pas 18 à 20 kilomètres pour le 7ᵉ corps et 10 seulement pour le 5ᵉ.

La cause en est, vraisemblablement, dans une certaine mollesse née de la fausse situation dans laquelle se trouvait le commandant de l'armée de Châlons. Seule, la confiance produit l'énergie. Or le Maréchal, tout en consentant à aller à Metz, ne devait pas discerner bien nettement les moyens d'atteindre le but qui lui était assigné, et il subissait peut-être, sans bien s'en rendre compte, les conséquences de cette situation qu'il n'avait pas recherchée et dans laquelle les événements et sa déférence excessive aux instructions du Ministre l'avaient entraîné malgré lui. Peut-être n'osa-t-il pas demander davantage aux troupes dont le moral commençait à se déprimer et dont la cohésion diminuait de jour en jour. Parmi elles régnait un véritable malaise par

---

(1) Voir Journée du 28 août, 1ᵉʳ fascicule, p. 207-208.

suite du dernier changement de direction, de l'intuition qu'elles avaient de la situation générale, et de la présence constante, dans leur voisinage, de reconnaissances de cavalerie ennemies épiant leurs mouvements et relevant les emplacements de leurs camps. Cette marche en avant ressemblait presque à une retraite et les effets de cette analogie se faisaient vivement sentir.

Quoi qu'il en soit, les mouvements de l'armée française, pendant cette journée, ne se firent pas sans difficulté, du moins pour les corps les plus rapprochés de l'ennemi.

La division de cavalerie Margueritte partit de la Berlière au point du jour, franchit la Meuse à Mouzon et vint camper à Vaux. Le 4e chasseurs d'Afrique fut détaché à Moulins et se couvrit par des grand'gardes dans la direction de Stenay.

La division de cuirassiers Bonnemains leva son bivouac de Tannay à 7 heures du matin et arriva à Raucourt à 10 heures.

Le 1er corps ne put se mettre en marche « qu'à une heure avancée de la matinée (1) » en raison d'encombrements de voitures dans les rues du Chesne ; il se dirigea, par Stonne et la Besace, sur Raucourt, la 1re division formant tête de colonne.

Averti par un paysan des Alleux que l'ennemi occupait Voncq avec de la cavalerie et de l'artillerie, le général Ducrot prescrivit au général de Lartigue commandant la 4e division, de ne quitter Le Chesne que lorsque les bagages et les convois des 1er et 12e corps (2) se seraient écoulés. Il lui adjoignit le 3e régiment de hussards. Les troupes de la division prirent position à cet effet sur les hauteurs à l'Ouest du Chesne. Des reconnaissances

---

(1) *Journal* de marche du 1er corps.
(2) Il y avait aussi au Chesne des voitures appartenant aux convois des 5e et 7e corps.

de cavalerie envoyées dans les bois de Voncq et du Chesne, se heurtèrent à des patrouilles allemandes et échangèrent avec elles quelques coups de carabine. Une grand'garde du 56ᵉ de ligne établie près de la ferme de Girondelle ouvrit également le feu, et la fusillade devint si vive vers 2 h. 30 de l'après-midi, que l'on crut un moment à une attaque sérieuse (1). Une panique se produisit dans la partie du convoi qui était encore campée sur les deux côtés de la route du Chesne à Tourteron, et un grand nombre de voitures durent être abandonnées faute d'attelages (2).

Le gros du 1ᵉʳ corps campa au Nord de Raucourt. La 4ᵉ division quitta Le Chesne à 4 h. 30 du soir et n'arriva à Raucourt qu'à 1 heure du matin. Elle s'établit au Sud du village auprès de la division de cavalerie. Le 3ᵉ zouaves qui avait suivi l'itinéraire Tannay, Maisoncelle, pour servir d'arrière-garde aux bagages du 12ᵉ corps dut s'arrêter à Villers-devant-Raucourt en raison de l'encombrement de la route.

Le 12ᵉ corps exécuta son mouvement en deux colonnes. Les trois divisions d'infanterie, suivies des réserves d'artillerie et du génie, prirent la grande route de Stenay jusqu'à Warniforêt (3), puis le chemin de grande communication qui conduit à Mouzon par Yoncq.

La division de cavalerie avait envoyé, dès la pointe du jour et d'heure en heure, des reconnaissances des 7ᵉ et 8ᵉ chasseurs sur la route de Stenay et sur le chemin de Beaumont au Bois de Dieulet. Quelques coups

---

(1) *Journal* du colonel d'Andigné, chef d'état-major de la 4ᵉ division du 1ᵉʳ corps.

(2) Le général de Lartigue au général Ducrot, Le Chesne, 29 août, 4 h. 30. Cette pièce a été placée par erreur au 28 août.

(3) La brigade d'infanterie de marine, qui avait passé la nuit du 28 au 29 à Beaumont, vint s'intercaler dans la colonne à Warniforêt.

de feu furent échangés entre celles du 7ᵉ chasseurs et des vedettes ennemies à Laneuville-sur-Meuse.

La division, après être restée à Beaumont jusqu'à 1 heure de l'après-midi pour couvrir le mouvement du 12ᵉ corps, se porta à son tour sur Mouzon par le chemin qui traverse le bois Givodeau. Arrêtée près de Mouzon par le défilé des réserves d'artillerie et du génie, elle ne put franchir la Meuse qu'à la nuit tombante.

Les instructions du maréchal de Mac-Mahon portaient que le 12ᵉ corps occuperait les hauteurs de la rive droite, à l'Est de Mouzon, en y prenant les meilleures dispositions pour une défense énergique (1). La 1ʳᵉ division s'établit sur les hauteurs situées immédiatement au Nord-Est de Mouzon; la 2ᵉ, entre la route de Stenay et la Meuse, sa 1ʳᵉ brigade sur deux lignes, sur les hauteurs à l'Ouest du ruisseau de Moulins, sa 2ᵉ brigade en colonne au Nord du bois des Flaviers; la 3ᵉ division au Nord-Ouest de Vaux, à cheval sur la route de Carignan et faisant face à l'Est; la division de cavalerie au Nord-Est de Mouzon, entre la route de Stenay et la Meuse; les réserves d'artillerie et du génie au Nord-Ouest de Mouzon entre la route de Sedan et la Meuse.

A 4 h. 30 de l'après-midi, la 5ᵉ compagnie du 3ᵉ régiment du génie (2) reçut l'ordre de se rendre à Villers-devant-Mouzon et d'y établir un pont de chevalets. Le travail commença dès 8 heures du soir et se poursuivit toute la nuit et dans la matinée du 30.

Le 7ᵉ corps, qui avait stationné à Quatre-Champs, Boult-aux-Bois et Belleville, devait se porter à la Besace. La 1ʳᵉ division reçut l'ordre de s'y rendre par Belleville, Châtillon, Brieulles, Verrières et Osches, en ralliant à Brieulles la partie du convoi que le lieu-

---

(1) Général Lebrun, *loc. cit.*, p. 53.
(2) Compagnie divisionnaire de la 1ʳᵉ division du 12ᵉ corps.

tenant-colonel Davenet amenait du Chesne où il avait passé la nuit.

Le 4ᵉ hussards, adjoint à la division, fut divisé en trois fractions. Deux escadrons remplirent le rôle de cavalerie divisionnaire. Le 4ᵉ fut envoyé de grand matin à la Croix-aux-Bois, d'où il revint à 6 heures sans avoir rencontré l'ennemi. Le 3ᵉ se porta sur Grand-Pré, par Briquenay et le Morthomme, où il se heurta à un détachement de cavalerie qui l'obligea à se replier sur Thénorgues ; là il apprit que Buzancy était occupé par l'adversaire et, après une légère escarmouche, il rétrograda sur Boult-aux-Bois.

La marche de la 1ʳᵉ division fut arrêtée une première fois par des encombrements de voitures ; une seconde fois à Châtillon où un aide de camp du général Liébert vint prévenir que la 2ᵉ division était fortement menacée, ce qui amena le déploiement de la brigade de Bretteville sur les hauteurs au Nord-Ouest d'Authe ; une troisième fois à Brieulles où il fallut attendre jusqu'à 3 h. 30 du soir une fraction du convoi qui avait pris au Chesne une fausse direction. Les convois des 5ᵉ et 7ᵉ corps, enfin réunis et comptant plus de 2,000 voitures, se dirigèrent sur Osches où ils n'arrivèrent que tard dans la soirée. L'arrière-garde de la 1ʳᵉ division n'établit son bivouac près de cette localité qu'à 10 heures du soir.

Le reste du 7ᵉ corps devait se porter sur la Besace par Germont, Authe, Saint-Pierremont et Osches Les gardes forestiers du pays avaient signalé au général Douay, dans la matinée, « la présence d'un corps allemand à Buzancy et d'un grand nombre de pièces d'artillerie dans la forêt de Dieulet, située entre Stenay et Bois des Dames (1) ». D'autre part, les reconnaissances de cavalerie envoyées vers 3 heures du matin dans la direc-

---

(1) Prince Bibesco, *loc. cit*, p. 82.

tion de la Croix-aux-Bois et de Briquenay, avaient échangé des coups de sabre avec des escadrons prussiens. Aussi redoubla-t-on de précautions et apporta-t-on, dans l'organisation et l'ordre de marche de l'arrière-garde, un soin minutieux (1).

La 3ᵉ division prit la tête de la colonne, suivie de la 2ᵉ encadrant la réserve d'artillerie. La division de cavalerie marcha à l'arrière-garde. Le 53ᵉ de ligne et une batterie de la 2ᵉ division avaient été envoyés, vers 2 heures du matin, sur Germont, avec ordre de prendre position sur les hauteurs situées au Sud d'Autruche et de flanquer ainsi la marche de la colonne. Les éclaireurs de cavalerie ennemie suivirent toute la journée le mouvement de très près (2).

« ... Pendant que nos troupes défilent, les vedettes prussiennes, postées sur les hauteurs, observent de loin notre marche. Point d'attaques d'ailleurs ; mais on ne saurait se méprendre sur la cause de cette apparente réserve : si l'ennemi ne nous aborde pas, c'est qu'il ne peut encore disposer que de cavalerie. Mais avec quelle habileté il s'en sert pour nous envelopper à distance, comme dans un réseau qui devient à chaque instant plus étroit, et lui permet de ne pas perdre de vue nos mouvements, d'agir sur le moral déjà ébranlé de notre soldat, et d'entraver notre marche par des démonstrations faites à propos (3) ».

Ainsi, vers 11 heures du matin, le colonel du 53ᵉ ainsi que le général commandant la division de cavalerie font connaître qu'on aperçoit des hauteurs au Sud de Germont, « des masses ennemies (4) » dans la direc-

---

(1) Prince Bibesco, *loc. cit.*, p. 82.
(2) *Journal* de marche de la 2ᵉ brigade de la 2ᵉ division.
(3) Prince Bibesco, *loc. cit.*, p. 82-83.
(4) *Journal* de marche de la 2ᵉ brigade de la 2ᵉ division.

tion de Buzancy. Le général Liébert fit renforcer aussitôt le 53ᵉ par le 89ᵉ de ligne et établit sa 1ʳᵉ brigade sur les hauteurs au Nord d'Authe. La 3ᵉ division et la réserve d'artillerie se déployèrent également vers la ferme du Fond Barré. La marche ne fut reprise qu'après deux heures d'attente.

Au delà de Saint-Pierremont, la route devenait plus accidentée, plus resserrée et les pluies des jours précédents en avaient rendu le parcours des plus pénibles. Aussi la colonne s'allongea-t-elle en même temps que le mouvement se ralentissait, et la tête de colonne du 7ᵉ corps n'atteignit Osches que vers 5 heures du soir. Les troupes en marche depuis le matin étaient très fatiguées (1), les attelages des convois semblaient hors d'état d'aller plus loin et le général Douay ne crut pas pouvoir atteindre la Besace. Il se décida à camper à Osches, espérant, en partant le lendemain de très bonne heure, regagner le temps perdu. La 1ʳᵉ brigade de la 3ᵉ division s'établit sur le plateau qui sépare Osches de Saint-Pierremont; la 2ᵉ brigade avec la réserve d'artillerie sur les collines boisées au Nord d'Osches; le reste du corps d'armée autour du village même. Un grand nombre de voitures restèrent dans les rues, ce qui causa le 30 des difficultés sérieuses pour la mise en marche.

« Cette négligence n'atteignit d'ailleurs que les troupes du 7ᵉ corps; mais une faute beaucoup plus grave, qui eut certainement une influence fâcheuse sur les opérations postérieures de l'armée, fut la résolution prise par le général Douay de modifier l'itinéraire tracé par le Maréchal et de rester à Osches, alors que l'ordre du mouvement lui enjoignait de se rendre à la Besace. En principe, les commandants de corps d'armée, comme

---

(1) *Journal* de marche de la 1ʳᵉ division; prince Bibesco, *loc. cit.*, p. 84.

tous ceux qui sont en sous-ordre, doivent exécuter à la lettre les prescriptions du général en chef ; il faut qu'à tout moment celui-ci puisse être sûr que ses troupes occupent bien l'emplacement qu'il leur a indiqué (1). »

Le 5ᵉ corps ne se conforma pas non plus aux instructions du maréchal de Mac-Mahon, mais pour des raisons toutes différentes, et dont son chef, le général de Failly, ne saurait être rendu responsable.

Dans la matinée, le maréchal de Mac-Mahon avait fait expédier au commandant du 5ᵉ corps un ordre conçu à peu près dans ces termes : « Le pont de Stenay a été détruit. Le 5ᵉ corps ne devra pas se diriger sur ce point, mais sur Beaumont, de façon à passer la Meuse à Mouzon sous la protection du 12ᵉ corps qui l'occupe déjà (2). » Cet ordre ne parvint pas au général de Failly, le capitaine de Grouchy qui en était porteur ainsi que d'autres dépêches, ayant été fait prisonnier, près de Germont, par un parti du *3ᵉ* régiment de uhlans de la Garde, soutenu par l'escadron d'avant-postes (3). Le grand quartier général allemand eut ainsi connaissance des dispositions du commandant en chef des forces françaises pour la journée du 29 août et de divers renseignements sur

---

(1) *La Campagne de 1870*, par un officier d'état-major de l'armée du Rhin, p. 93.

(2) « Ce sont à peu près les termes de cet ordre égaré tels qu'ils ont été rappelés depuis par les officiers de l'état-major du Maréchal. » (*Journal* de marche du 5ᵉ corps, rédigé par le capitaine de Piépape.)

(3) L'itinéraire du capitaine de Grouchy pour se rendre de Stonne à Belval n'était point par Germont. Il est possible que cet officier ait été chargé de transmettre d'abord des instructions au commandant du 7ᵉ corps à Boult-aux-Bois. On ne s'explique pas que le grand quartier général français n'ait pas expédié à chacun des 5ᵉ et 7ᵉ corps, en deux expéditions au moins, des ordres aussi importants. Un officier qui se serait rendu directement de Stonne à Belval n'aurait pu tomber entre les mains de l'ennemi dès le lever du jour.

les mouvements effectués les jours précédents par l'armée de Châlons (1).

« Reçu en temps opportun, a dit avec raison le général de Failly, cet ordre eût évité aux troupes une journée de marche inutile sur Stenay, leur eût permis d'arriver à Beaumont le 29 dans l'après-midi et d'y prendre un peu de repos (2). »

Le besoin s'en faisait vivement sentir, en effet, au 5ᵉ corps, après l'étape pénible de la journée du 28, suivie d'un manque de vivres à peu près complet et d'une nuit pluvieuse passée au bivouac. Aussi le général de Failly avait-il ordonné que le mouvement sur Stenay, par Beaufort et Beauclair, ne commencerait qu'à 11 heures du matin. La 1ʳᵉ division, la réserve d'artillerie, la 2ᵉ division ainsi que les ambulances et les bagages, devaient se porter sur Beaufort, à travers les bois de Belval et par la ferme de Maucourt ; la 3ᵉ division sur Beauclair en passant par Bois des Dames et rejoignant, par le Champy Haut, la grande route de Stenay. Le général de Failly avait fait aux colonnes cette recommandation — qui paraîtrait superflue aujourd'hui tant elle est évidente — de « marcher militairement et de se faire éclairer sur leur front et sur les flancs ». Toutefois il ne croyait pas que l'on pût avoir affaire à d'autres troupes ennemies qu'à « une cavalerie assez nombreuse, avec quelques pièces d'artillerie » (3).

De la ferme Harbeaumont, où se trouvait le quartier général du 5ᵉ corps, on avait aperçu, ou cru apercevoir, dans la matinée, des colonnes ennemies défilant vers l'Est, sur les hauteurs situées entre Fossé et Nouart (4).

---

(1) *Historique du Grand État-Major prussien*, 7ᵉ livraison, p. 968.
(2) *Opérations et marches* du 5ᵉ corps, p. 44.
(3) Ordre de marche du 5ᵉ corps pour le 29 août.
(4) *Journal* de marche du 5ᵉ corps.

On avait entendu en outre des roulements de voitures sur les routes (1). De son côté le commandant Lemoine, chef du 1er bataillon du 68e, dont deux compagnies étaient en grand'garde sur la crête boisée au Nord-Ouest de Nouart, fit prévenir (2) que « des colonnes d'infanterie, avec de l'artillerie, étaient en mouvement et paraissaient prendre position en arrière et à droite du village de Nouart (3) ».

Avant de mettre ses colonnes en marche, le général de Failly envoya sa division de cavalerie, réduite à deux régiments (12e chasseurs et 5e lanciers) faire une reconnaissance sur Beauclair. Elle devait précéder en même temps, dans sa marche sur cette localité, la division de Lespart. De son côté, le 5e hussards réduit à trois escadrons devait se porter sur Beaufort, (1er, 3e, 4e escadrons), avec une section de la 5e batterie du 20e.

La division se mit en marche en colonne par quatre, trompettes en tête, suivis du général de division et de son état-major; puis venait le 12e chasseurs et enfin le 5e lanciers. Deux escadrons du 5e hussards, les 2e et 5e, éclairaient sur les flancs (4).

Un peloton du 12e chasseurs, envoyé sur Nouart, revint bientôt annonçant que cette localité était occupée par de l'infanterie ennemie. Quelques cavaliers apparaissaient d'ailleurs sur les crêtes qui dominent le village au Sud.

Le colonel de Tucé, du 12e chasseurs, reçut l'ordre de reconnaître le terrain au Sud de la Wiseppe et de s'assurer de la force de l'adversaire. Le 4e escadron, dispersé « en tirailleurs » et prolongé bientôt par le 5e,

---

(1) Renseignements verbaux donnés par M. le général Pendezec.
(2) Heure indéterminée.
(3) *Historique* manuscrit du 68e de ligne.
(4) Renseignements verbaux donnés par M. le général Pendezec.

franchit les hauteurs, situées entre le Champy Haut et et la route de Stenay, traversa cette route et gravit les pentes assez raides qui bordent la rive droite de la Wiseppe, à peu près en face de la corne Sud-Ouest du bois de Nouart. Le reste de la colonne s'arrêta au pont.

Peu après, le 6ᵉ escadron, ayant à sa tête le colonel de Tucé, suivit en arrière comme soutien avec le général de division et tout l'état-major ; le 3ᵉ resta dans les prairies voisines du pont avec le 5ᵉ lanciers (1). Les éclaireurs signalant de l'infanterie allemande occupant une forte position entre Barricourt et le bois de Nouart (2), le général de division et le général de Bernis, accompagnés de leurs états-majors, se portèrent en avant de la ligne des tirailleurs des 4ᵉ et 5ᵉ escadrons du 12ᵉ chasseurs pour se rendre compte, par eux-mêmes, de la situation.

En arrivant sur la crête du plateau, le général de division aperçut de nombreux tirailleurs couchés qui se levèrent et ouvrirent le feu. Derrière eux se trouvaient « des troupes sur plusieurs lignes, s'étendant, autant que la vue pouvait porter, dans la direction de Barricourt, ayant leur droite non loin du bois de Nouart... (3) ». Les fantassins allemands (4) se portèrent bientôt en avant en courant et en exécutant un feu violent mais mal ajusté qui n'atteignait qu'un petit nombre d'hommes et de chevaux. En même temps, une batterie ennemie se démasqua et lança quelques obus sur le reste de la

---

(1) *Historique* du 12ᵉ chasseurs.

(2) *Rapport* sur les marches et opérations de la division de cavalerie du 5ᵉ corps; *Journal* de marche de la 1ʳᵉ brigade de la division de cavalerie du 5ᵉ corps.

(3) *Journal* de marche de la 1ʳᵉ brigade de la division de cavalerie du 5ᵉ corps.

(4) C'était, ainsi qu'on le verra plus loin, les 10ᵉ et 11ᵉ compagnies du *102ᵉ* régiment (*46ᵉ* brigade du XIIᵉ corps).

division Brahaut qui s'était déployée près du pont en attendant le résultat de la reconnaissance. Les deux escadrons du 12ᵉ chasseurs redescendirent dans la vallée, se rallièrent derrière le bois de Nouart et furent rejoints par le 5ᵉ lanciers. Toute cette cavalerie, poursuivie par les feux de mousqueterie et d'artillerie, dégagea le front de la division de Lespart qui se déployait, et se porta : partie avec le général Brahaut sur le Champy Haut (1), partie avec le général de Bernis sur Beaufort (2), d'où elle chassa un parti de cavalerie saxonne (3). Le général Besson, chef d'état-major du 5ᵉ corps, envoya au général de Bernis l'ordre de s'y maintenir jusqu'à 5 heures du soir.

---

(1) Un escadron (3ᵉ) du 12ᵉ chasseurs, deux du 5ᵉ lanciers.
(2) 1ᵉʳ et 2ᵉ du 5ᵉ lanciers et les 4ᵉ, 5ᵉ, 6ᵉ du 12ᵉ chasseurs.
(3) D'après le capitaine de Lanouvelle, la division de cavalerie se serait fractionnée en deux tronçons dont l'un se rallia derrière la division de Lespart, l'autre se rendant à Beaufort. Cette version est également celle du *Journal* de marche du 5ᵉ corps, rédigé par le colonel Clémeur. D'après le général Brahaut (*Rapport* sur les marches et opérations de la division de cavalerie du 5ᵉ corps), il aurait conservé avec lui deux escadrons du 12ᵉ chasseurs et deux escadrons du 5ᵉ lanciers. L'*Historique* du 12ᵉ chasseurs dit, au contraire, qu'un seul escadron, le 3ᵉ, resta à Bois des Dames.

CHAPITRE II

L'armée de la Meuse dans la matinée du 29 août.

Les troupes auxquelles s'était heurtée inopinément la cavalerie du 5ᵉ corps appartenaient au XIIᵉ corps saxon.

Les informations reçues au quartier général de l'armée de la Meuse dans la journée du 28 tendaient à faire supposer un mouvement des Français, des environs de Beaumont et de Buzancy, vers l'Ouest. Désireux d'être mieux fixé sur ce point, le prince royal de Saxe avait donné, le 28 au soir, l'ordre à la division de la cavalerie de la Garde de se renseigner plus exactement sur les agissements de l'adversaire et surtout de battre le pays dans la direction du Chesne ; à la *12ᵉ* division de cavalerie, de suivre la précédente ; au commandant du corps de la Garde enfin, de pousser une avant-garde sur Rémonville où elle devait prendre position le 29, à 7 heures du matin. Vers minuit, le prince royal de Saxe reçut le premier des deux ordres expédiés par le grand quartier général dans la soirée du 28 (1) et prescrivant de porter, le lendemain, l'armée de la Meuse sur le front Nouart-Buzancy. Il eut connaissance également des plus récentes informations recueillies, en contradiction avec l'hypothèse d'une retraite de l'armée française vers le Nord ou vers l'Ouest. Avant de se prononcer sur la direction définitive à donner à ses corps, le prince royal de Saxe prit d'abord le parti d'attendre le résultat des reconnaissances de cavalerie qu'il avait prescrites. Dans la nuit, il s'était décidé pourtant à marcher sur

---

(1) Voir Journée du 28 août, 1ᵉʳ fascicule, p. 223.

Buzancy-Nouart, quand, vers 4 heures du matin, lui parvint le second ordre du grand quartier général. Il arrêta alors les dispositions suivantes :

« L'avant-garde que la Garde a portée à Rémonville, y restera pour servir d'appui aux reconnaissances que la cavalerie de ce corps doit exécuter sur Bar ; le gros du corps d'armée demeurera en position de garde-à-vous à Bantheville. Le XII⁰ corps se hâtera de passer la Meuse à Dun, et prendra position entre Cléry-le-Grand et Aincreville ; la *12⁰* division de cavalerie, couverte par une avant-garde jetée vers Villers-devant-Dun, éclairera dans la direction de Nouart. Comme il suffit de surveiller la Meuse, entre Dun et Stenay, la *48⁰* brigade pourra aussi rallier, le long de la rivière. Le IV⁰ corps viendra provisoirement jusqu'au Nord de Nantillois...... (1) »

A 8 heures du matin, les commandants de corps d'armée se réunirent sur la hauteur au Sud d'Aincreville pour recevoir des instructions plus détaillées du commandant en chef. Celui-ci fut mis au courant du résultat des reconnaissances de la cavalerie de la Garde : dans la matinée même, le 4⁰ escadron du *3⁰* régiment des uhlans avait franchi la ligne des avant-postes à Buzancy et poussé jusqu'au Nord de Bar et d'Harricourt sans trouver trace de l'ennemi. Le commandant du XII⁰ corps fit connaître que, pendant la nuit, les patrouilles du *2⁰* régiment de cavalerie n'avaient pu s'avancer au delà de la forêt de Dieulet ; que la *12⁰* division de cavalerie avait reçu l'ordre de se porter de nouveau vers Nouart ; que l'avant-garde du XII⁰ corps était en marche, depuis 7 heures du matin, de Doulcon sur Villers-devant-Dun, le gros se concentrant sur les points indiqués où il serait rallié, vers midi seulement, par la *48⁰* brigade ; enfin,

---

(1) *Historique du Grand État-Major prussien*, 7⁰ livraison, p. 966.

que trois escadrons du 2ᶜ régiment de *Reiter* avaient été laissés à Stenay où se trouvait aussi, depuis la veille, le 3ᵉ régiment de hussards.

Le commandant du IVᵉ corps rendit compte de l'arrivée de ses troupes au Nord de Nantillois.

Le prince royal de Saxe dit alors « qu'il convenait d'abord de reprendre plus directement le contact, un peu affaibli en avant de l'aile gauche, et surtout de se renseigner exactement sur la véritable situation à Beaumont (1) ».

Sans doute, il devenait nécessaire, à cet effet, d'amener l'armée de la Meuse jusqu'à la route de Buzancy à Stenay mais, suivant l'*Historique du Grand État-Major prussien*, « cela ne pouvait contrarier les vues du grand quartier général, puisque, dans les circonstances présentes, on n'avait plus à craindre que ce mouvement provoquât une bataille prématurée (2) ». On a vu au contraire, précédemment, que cette éventualité contre laquelle le commandant de l'armée de la Meuse avait été mis en garde (3), pouvait se produire.

Quoi qu'il en soit, il fut décidé que la division de cavalerie de la Garde se porterait, par Boult-aux-Bois et Authe, vers Beaumont et la route de cette localité au Chesne ; que la 1ʳᵉ division d'infanterie de la Garde et l'artillerie de corps marcheraient de Bantheville sur Buzancy où se dirigerait aussi la 2ᵉ division venant de Romagne. La division de cavalerie saxonne eut pour mission de gagner, par Nouart et Osches, la route du Chesne à Beaumont, L'avant-garde du XIIᵉ corps devait suivre dans la même direction, le gros marchant sur

---

(1) *Historique du Grand État-Major prussien*, 7ᵉ livraison, p. 967.
(2) *Ibid*, p. 967.
(3) Voir Journée du 28 août, 1ᵉʳ fascicule, p. 224-225. Ordre du grand quartier général, 11 heures du soir.

Nouart. Enfin le IVe corps reçut l'ordre de se porter de Nantillois sur Rémonville et Bayonville.

Le prince royal de Saxe appelait l'attention sur ce point « que tous ces mouvements avaient simplement pour but de se renseigner sur la situation de l'adversaire, l'intention du commandant en chef étant de ne pas engager l'offensive avant le lendemain (1) ».

Ces dispositions prises et notifiées au grand quartier général, le commandant de l'armée de la Meuse se rendit à Bayonville.

Dans le courant de la matinée, l'avant-garde de la 1re division d'infanterie de la Garde atteignit Bar. Elle y fut suivie de la division de cavalerie de la Garde qui poussa au delà, jusqu'au Nord d'Harricourt où elle s'établit. Le gros de la 1re division entra à Buzancy vers midi et demi suivie de l'artillerie de corps; la 2e division se dirigea, à partir de Bayonville, sur Sivry-lez-Buzancy, Thénorgues et Briquenay. Elle devait stationner près de ces deux dernières localités.

---

(1) *Historique du Grand État-Major prussien*, 7° livraison, p. 967.

CHAPITRE III

Combat de Nouart.

§ 1ᵉʳ. — *Marche et déploiement de l'avant-garde du XIIᵉ corps.*

En vertu des instructions verbales données par le prince royal de Saxe sur la hauteur d'Aincreville, le XIIᵉ corps avait été mis définitivement en marche de Dun sur Nouart.

Son avant-garde composée de la *46ᵉ* brigade d'infanterie (*102ᵉ* et *103ᵉ* régiments), du *1ᵉʳ* régiment de *Reiter*, de la 1ʳᵉ batterie lourde et de la 1ʳᵉ batterie légère, d'un peloton de la 3ᵉ compagnie de pionniers, et placée sous les ordres du colonel de Seydlitz, avait quitté Doulcon à 7 heures du matin et était arrivée à Villers-devant-Dun à 8 heures.

La *12ᵉ* division de cavalerie, chargée d'éclairer, par Nouart et Osches, la route du Chesne à Beaumont, avait détaché le *3ᵉ* régiment de *Reiter* à l'Est de Barricourt. Mais elle attendait, à Andevanne, que l'avant-garde du XIIᵉ corps eût occupé Nouart, pour se mettre en mouvement, car une patrouille du *3ᵉ* régiment de *Reiter* s'était heurtée, de très grand matin, au Nord de cette localité, à de l'infanterie ennemie. D'autre part, les patrouilles d'un escadron du *1ᵉʳ* régiment de *Reiter*, lancé sur Nouart, avaient été accueillies au delà par des coups de fusil, et constaté la présence de troupes françaises au Champy Haut. Le colonel de Seydlitz détacha alors sur sa droite, vers Montigny, le 2ᵉ escadron de ce régiment, en le chargeant de battre le pays vers le Nord, dans la direction de la Meuse. Les trois autres escadrons (1) contournèrent les bois de la Folie, se dirigèrent par Fossé sur Saint-Pierremont, où ils se heurtèrent au 7ᵉ corps et rétrogradèrent sur Buzancy.

Nouart une fois occupé par la 3ᵉ compagnie du *103ᵉ*, deux escadrons du *3ᵉ* régiment de *Reiter* se portèrent vers les hauteurs du Champy Haut et de Bois des Dames, mais une vigoureuse fusillade les obligea à revenir au Sud de Nouart.

Vers midi, l'avant-garde du XIIᵉ corps s'était déployée sur la croupe qui s'étend entre Nouart et Tailly : en première ligne, les deux batteries encadrées et couvertes par le *102ᵉ* ; en seconde ligne, le *103ᵉ*. Le gros du corps d'armée (2) s'approchait des hauteurs au Sud de Tailly. La *48ᵉ* brigade, venant de Stenay, atteignait les environs de Dun, tandis que trois escadrons du *2ᵉ* régiment de *Reiter* et le *3ᵉ* régiment de hussards observaient la ligne de la Meuse et poussaient leurs patrouilles sur Beaumont et Beauclair.

Le déploiement de l'avant-garde était terminé quand le colonel de Seydlitz aperçut le mouvement de la division de cavalerie du 5ᵉ corps. Le IIIᵉ bataillon du *102ᵉ* reçut l'ordre d'appuyer de Nouart vers le bois de Nouart : les 10ᵉ et 11ᵉ compagnies se déployèrent sur la croupe découverte située à l'Est du village, à peu près à hauteur du moulin de Nouart ; les 9ᵉ et 12ᵉ suivant en demi-bataillon. Les deux batteries prirent position au même point et le feu fut ouvert simultanément par l'infanterie et l'artillerie saxonnes au moment où les tirailleurs du 12ᵉ régiment de chasseurs français, précédant la division Brahaut, apparurent sur la crête des hauteurs, près de la corne Sud-Ouest du bois de Nouart. Les chasseurs redescendirent les pentes et toute la division Brahaut

---

(1) L'escadron envoyé sur Nouart avait été rappelé.
(2) *45ᵉ* et *47ᵉ* brigades avec l'artillerie de corps.

disparut vers le Nord-Est, le long de la route de Stenay. Les deux batteries saxonnes firent alors un changement de front et prirent pour objectif la tête de colonne de la division de Lespart qui suivait la route de Bois des Dames au Champy Haut.

§ 2. — *Dispositions prises par le commandant du 5ᵉ corps.*

A la division de Lespart, la 2ᵉ brigade (de Fontanges) marchait en tête, le 17ᵉ de ligne à l'avant-garde, puis venaient l'artillerie et la 1ʳᵉ brigade (Abbatucci). Au moment où l'infanterie et l'artillerie saxonnes ouvrirent le feu, les premières fractions de la colonne avaient déjà dépassé le Champy Haut. Le général de Fontanges, apercevant le mouvement de retraite de la cavalerie, prescrivit au Iᵉʳ bataillon du 17ᵉ de prendre position à la sortie du hameau dans un chemin creux bordant une prairie, afin d'arrêter l'ennemi dans la poursuite qu'il aurait pu tenter. Le chef de ce bataillon, commandant de Gourville, détacha aussitôt la 4ᵉ compagnie sur le mamelon boisé situé à l'Est du Champy Haut, avec mission d'observer les débouchés du bois de Nouart. Le IIᵉ bataillon du 17ᵉ, qui se trouvait dans ce hameau, en garnit les lisières et les jardins ; le IIIᵉ se rassembla à proximité. Sous la protection de cette infanterie le général Brahaut rallia le 3ᵉ escadron du 12ᵉ chasseurs, et une partie du 5ᵉ lanciers (1).

Pendant ce temps, le général de Failly s'occupait personnellement du 68ᵉ de ligne (2), deuxième régiment de la brigade de Fontanges. Le IIᵉ bataillon s'établit en bataille à 1000 mètres environ au Nord de Nouart et

---

(1) Voir p. 13.
(2) Le Iᵉʳ bataillon, qui avait été aux avant-postes, venait de rejoindre son régiment.

déploya en tirailleurs une compagnie en avant de son front. Le III⁰ bataillon, prenant la route de la ferme de la Fontaine au Croncq à Nouart, vint occuper les pentes orientales de la crête boisée au Nord-Est de la cote 279 ; le Ier reçut d'abord l'ordre de se porter en seconde ligne derrière le II⁰, et, avant d'y arriver, fut dirigé sur la croupe au Nord-Est de la ferme de la Fontaine au Croncq.

Une des batteries de l'artillerie divisionnaire (11⁰ du 2⁰) prit position au Nord du Champy Haut entre la sortie Nord du hameau et la cote 280 ; les deux autres (9⁰ à balles et 12⁰ du 2⁰), près de l'intersection des routes qui, venant du Champy Haut et de la ferme de la Fontaine au Croncq, se dirigent sur Nouart. Ces deux dernières batteries se trouvaient ainsi un peu en arrière de l'intervalle entre les II⁰ et III⁰ bataillons du 68⁰ de ligne. Toutes trois ouvrirent immédiatement le feu ; la 11⁰ du 2⁰ sur l'artillerie, les deux autres sur l'infanterie adverses.

La 1re brigade (Abbatucci), remontant le vallon situé à l'Ouest de la ferme de la Fontaine au Croncq, se rassembla d'abord à l'Est des Fontaines de Puiseux. Ce mouvement n'avait pas échappé à l'artillerie saxonne qui prit la colonne pour objectif, et le tir exécuté « avec une précision remarquable », eût fait beaucoup de mal si les projectiles n'étaient venus tomber sur un terrain détrempé (1). Le 27⁰ se forma en bataille, son III⁰ bataillon appuyant sa droite au chemin de Fossé à Nouart, les II⁰ et Ier à sa gauche. Le Ier bataillon du 30⁰ se déploya à gauche du 27⁰, en garnissant la corne d'un petit bois, le II⁰ formant échelon en arrière et à gauche, vint border la lisière des bois ; le III⁰ se plaça en réserve derrière le III⁰ du 68⁰. Le 19⁰ bataillon de chasseurs fut désigné comme soutien des deux batteries divisionnaires établies

---

(1) *Historique* manuscrit du 30⁰ de ligne.

au Nord de Nouart ; trois de ses compagnies allèrent, un peu plus tard, renforcer la droite du III⁰ bataillon du 27ᵉ (1).

Tandis que la 3ᵉ division prenait ces emplacements, le général de Failly prescrivait à son autre colonne dirigée sur Beaufort, de revenir rapidement sur ses pas pour « prendre position à Bois des Dames (2). » La division Goze, la réserve d'artillerie et du génie déjà engagées dans le bois de Belval quand cet ordre leur parvint, firent immédiatement demi-tour et revinrent sur leurs pas. La division de L'Abadie, au contraire, qui se disposait seulement à rompre de Belval à la suite de la réserve du génie, se dirigea sur la ferme Harbeaumont par un chemin dont la raideur des pentes exigea quelques travaux d'aménagement de la part de la compagnie du génie divisionnaire (3).

Enfin le général de Failly envoya un officier de son état-major au grand quartier général de l'armée, à Stonne, pour rendre compte au Maréchal des événements et lui demander de nouvelles instructions pour le cas où il ne serait pas possible au 5ᵉ corps de déboucher sur Stenay (2).

§ 3. — *Développement du combat.*

La nature couverte et accidentée de la région ne permettant pas de se rendre compte de l'importance des forces françaises, l'avant-garde du XIIᵉ corps reçut l'ordre,

---

(1) *Rapport* du général Abbatucci. Ce rapport n'est pas plus détaillé en ce qui concerne ces trois compagnies, et l'*Historique* du corps ne permet pas de préciser ni leurs numéros, ni le moment où elles furent envoyées à l'extrême-droite. Il en est de même du *Rapport* du capitaine commandant le bataillon.

(2) *Journal* de marche du 5ᵉ corps, rédigé par le colonel Clémeur.

(3) *Journal* de marche de la 2ᵉ division du 5ᵉ corps.

peu de temps après midi, « de se porter offensivement sur le Champy Haut, tout en conservant les hauteurs de Nouart, afin d'amener les Français à se déployer (1) ».

En conséquence, vers 1 heure, les IIe et IIIe bataillons du *103e* se mettent en mouvement. Ils descendent des hauteurs à l'Est de Nouart et traversent, sous le feu de la batterie de canons à balles de la division de Lespart, et non sans difficulté, le vallon marécageux de la Wiseppe, au moulin situé au Nord-Est de Nouart (2). Le IIe marche sur le Champy Haut, le IIIe à gauche, sur le mamelon boisé le plus rapproché de Nouart, au Nord.

L'attaque est préparée par les deux batteries de l'avant-garde, renforcées, un peu plus tard, par la IIe batterie.

Les 11e et 12e compagnie du *103e* gagnent la lisière Nord du petit bois qui couronne le mamelon dont il a été question; la 10e s'établit sur la croupe découverte qui s'allonge à l'Est, se reliant ainsi au IIe bataillon. La fusillade s'engage entre elles et les tirailleurs du IIe bataillon du 68e qui rétrogradent lentement. La 9e compagnie reste en réserve.

Les 10e, 11e et 12e compagnies du *103e* tentent de progresser et d'atteindre la crête du plateau, mais elles se trouvent bientôt arrêtées par les feux convergents des IIe et IIIe bataillons du 68e de ligne et subissent des pertes assez fortes parmi lesquelles les trois capitaines. Sur ce point le combat restera stationnaire jusqu'à la fin.

---

(1) *Historique du Grand État-Major prussien*, 7e livraison, p. 974.

(2) « Il fut facile, dit le lieutenant Cohadon, de cette batterie, d'observer les effets du tir, l'ennemi défilant sur des pentes découvertes, entièrement exposées aux vues. Il se produisit d'abord une grande agitation dans la colonne, puis un éparpillement général dans tous les sens. Bientôt tout disparut dans les bois. » (*Historique* manuscrit du 2e régiment d'artillerie.)

En arrivant sur la croupe au Nord-Est de la ferme de la Fontaine au Croncq (1) le Ier bataillon du 68e y fut assailli « par une grêle d'obus (2) ». Le général de Failly, jugeant qu'il disposait de forces suffisantes sur ce point, le fit redescendre dans le vallon entre la ferme et Bois des Dames et le renvoya ensuite à la position qui lui avait été primitivement assignée, derrière le IIe bataillon du 68e.

Aux environs des Champy, l'action prenait une tournure un peu plus sérieuse.

A la droite du IIIe bataillon du *103e*, le IIe du même régiment s'était dirigé sur un bois de bouleaux situé à 400 mètres environ au Nord-Ouest de la croisée de la route de Stenay avec le chemin venant du Champy Bas. Apercevant ce mouvement, le commandant de Gourville, chef du Ier bataillon du 17e de ligne, envoie sur le même point sa 1re compagnie. Elle s'y porte au pas de course, pénètre dans le bois en même temps que les Saxons et engage avec eux une lutte sanglante au cours de laquelle le capitaine Morlöt de Wengi est atteint de trois coups de feu, le sous-lieutenant Le Couëdic de deux. Les Français, très inférieurs en nombre, sont obligés de rétrograder et d'évacuer le bois complètement.

Pour dégager la 1re compagnie, le commandant de Gourville envoya la 2e à 400 mètres en avant et un peu sur la droite, elle s'établit derrière un rideau d'arbres et un petit mur, et ouvrit un feu nourri. Son chef, le capitaine Vallet, fut blessé. Les trois compagnies restantes du bataillon (3e, 5e et 6e) sortirent également du chemin creux où elles étaient restées abritées jusqu'alors et se portèrent jusqu'au chemin de terre qui, du Champy Haut, se dirige vers le Nord-Est. De là elles exécutèrent, à

---

(1) Voir p. 21.
(2) *Historique* du 68e de ligne.

600 mètres, d'abord des feux de peloton, puis le feu à volonté, abritées partie en arrière d'une haie, partie en arrière d'un ressaut de terrain. L'ennemi riposta énergiquement ; néanmoins les hommes furent admirables de sang-froid, tirant avec calme, obéissant et s'arrêtant pour écouter les conseils de leurs officiers (1). Parmi ceux-ci, le capitaine Lagant fut tué, le sous-lieutenant Girard légèrement atteint à l'épaule.

Le mouvement de ces trois compagnies avait fait craindre à l'ennemi d'être débordé sur sa droite (2). La 9ᵉ compagnie du *103ᵉ*, jusqu'alors conservée en réserve, fut appelée à son tour et, soutenue par un peloton de la 5ᵉ, pénétra dans la partie orientale du bois de bouleaux.

Les IIᵉ et IIIᵉ bataillons du 17ᵉ de ligne qui se trouvaient au Champy Haut et aux abords du hameau n'appuyèrent point le Iᵉʳ dans la phase du combat qui vient d'être relatée. Le IIᵉ ne pouvant faire aucun mouvement offensif à travers les murs, les haies et les obstacles locaux et constatant d'ailleurs que l'adversaire ne continuait pas l'attaque, sortit du hameau et vint s'établir dans un chemin creux situé sur les pentes qui le dominent immédiatement. Mais il y fut bientôt en butte aux feux de l'artillerie et obligé de se porter plus au Nord sur la crête où il se déploya, ainsi que le IIIᵉ bataillon (3).

Pendant ce temps, sur l'ordre du colonel commandant l'avant-garde du XIIᵉ corps, le Iᵉʳ bataillon du *103ᵉ* (4) avait franchi également la Wiseppe au moulin situé au Nord-Est de Nouart. Après s'être avancé quelque temps le long de la route de Stenay, il appuyait à gauche

---

(1) *Rapport* du colonel Weissenburger, du 17ᵉ de ligne.
(2) *Historique du Grand État-Major prussien*, 7ᵉ livraison, p. 975.
(3) *Rapport* du colonel Weissenburger.
(4) Moins la 3ᵉ compagnie qui occupait Nouart.

et venait renforcer, dans le bois de bouleaux, les unités qui s'y trouvaient déjà (1). Les Saxons ne prononçaient pas du reste, leur offensive au delà et le combat se transformait en une fusillade de pied ferme.

Vers 2 h. 30, le feu de l'ennemi ayant diminué d'intensité, et les cartouches commençant à manquer au 1er bataillon du 17e, le commandant de Gourville prit le parti de faire rentrer toutes ses compagnies dans le chemin creux où elles s'étaient abritées au début de l'action (2). Un peloton de la 2e compagnie du *103e* vint occuper alors le mamelon boisé situé à l'Est du Champy Haut et ouvrit le feu dans le flanc des tirailleurs français qui garnissaient la lisière Sud-Est de ce hameau (3).

Sur ces entrefaites, la réserve d'artillerie du 5e corps engagée déjà derrière la division Goze sur le chemin de Beaufort à travers le bois de Belval, et arrivée au Sud de l'étang Champy avait été rappelée également, par le général de Failly. Les quatre batteries de 4 (4) devaient précéder l'infanterie de cette division, les deux batteries de 12 (5), au contraire, reçurent l'ordre de la suivre. En conséquence, les batteries de 4 s'étaient hâtées de faire demi-tour et après avoir gravi « un chemin étroit, rocailleux et très raide (6) » où il leur fallut doubler les attelages, elles avaient débouché sur le plateau au Nord-Est de Bois des Dames. Elles s'étaient établies sur un même front au Nord-Ouest de la cote 280, à 200 mètres environ de la lisière des bois et avaient ouvert le feu immédiatement sur les batteries ennemies. Celles-

---

(1) *Historique du Grand État-Major prussien*, 7e livraison, p. 975.
(2) Rapport du colonel Weissenburger.
(3) *Historique du Grand État-Major prussien*, 7e livraison, p. 975.
(4) 6e et 10e du 2e; 5e et 6e (Ch.) du 20e. Une section de la 5e batterie du 20e était avec la cavalerie à Beaufort.
(5) 11e du 10e, 11e du 14e.
(6) *Journal* de marche de la réserve d'artillerie du 5e corps.

ci ripostèrent et on ne tarda pas, dit le rapport d'un des chefs d'escadron, « à constater la grande supériorité de leur tir sur le nôtre ; tandis que les projectiles arrivaient au milieu de nous avec une précision presque mathématique, les nôtres ne pouvaient l'atteindre et on remarqua même que plusieurs éclataient prématurément (1) ». Les pertes eussent été sensibles, sans doute, si le plus grand nombre des obus saxons ne s'étaient enterrés dans le sol détrempé.

La 6e batterie du 20e ayant eu quelques chevaux atteints, fit un mouvement en avant, à bras, d'environ 100 mètres dont l'ennemi ne s'aperçut pas et qui suffit à la garantir de son feu. Un peu plus tard elle exécuta, ainsi que la 5e du 20e, un nouveau bond plus considérable d'environ 400 mètres, pour battre à bonne portée, la lisière du bois de bouleaux (2).

§ 4. — *Mouvement rétrograde de la division de Lespart.*

Constatant le mouvement de recul du 17e de ligne, dû à l'obligation de se soustraire aux effets de l'artillerie ennemie, le général de Failly résolut de replier toute la division de Lespart afin « d'occuper des positions plus sûres (3) » vers Bois des Dames (4).

La division de L'Abadie, arrivée à la ferme Harbeau-

---

(1) *Rapport* du chef d'escadron Cailloux, commandant les 6e et 10e batteries du 2e. Voir aussi l'*Historique* du 20e d'artillerie.

(2) Renseignements fournis à la Section historique, le 8 novembre 1903, par M. le général Macé ; *Historique* du 20e d'artillerie. Ces deux batteries à cheval sont représentées sur cette nouvelle position.

(3) *Rapport* du général Abbatucci.

(4) Cette localité est qualifiée de « clé du pays » dans le *Journal* de marche du 5e corps.

mont, fut chargée de relever la brigade de Fontanges qui reçut elle-même l'ordre de se rallier au Nord de Bois des Dames. L'artillerie de cette division (5ᵉ et 8ᵉ batteries du 2ᵉ) (1), s'établit vers la cote 280, à l'Est de Bois des Dames. Elle n'entra point en lutte d'ailleurs avec l'artillerie adverse trop éloignée et se borna à envoyer « quelques volées de coups de canon contre des masses d'infanterie ennemie qui faisaient quelques mouvements dans la plaine (2) ».

Le 88ᵉ de ligne se fractionna en deux groupes : le IIᵉ bataillon se porta au Champy Bas et remplaça le Iᵉʳ du 17ᵉ ; les deux autres se formèrent en bataille, au Sud de la cote 280, le IIIᵉ à droite des batteries de la 2ᵉ division, le Iᵉʳ derrière celles-ci. Les IIᵉ et Iᵉʳ bataillons du 49ᵉ (3) se déployèrent plus au Nord, à hauteur et à l'Est de la ferme Harbeaumont, le Iᵉʳ détachant un peu plus tard ses trois compagnies de gauche sur la crête 286 qui borde à l'Est le vallon du Champy Bas.

Le 14ᵉ bataillon de chasseurs, l'escadron divisionnaire du 5ᵉ hussards et la compagnie du génie restèrent en réserve un peu en arrière de la ferme Harbeaumont (4).

La brigade de Fontanges ne fut complètement ralliée au Nord de Bois des Dames, que vers 5 heures du soir, par l'arrivée du Iᵉʳ bataillon du 17ᵉ venant du Champy. De leur côté, la brigade Abbatucci et les deux batteries de la 3ᵉ division qui se trouvaient au Nord-Ouest de Nouart se replièrent dans la direction générale du Nord-

---

(1) La troisième batterie de cette division (7ᵉ du 2ᵉ) était à Metz.

(2) « On eut le regret de constater, dans ce tir, qu'une grande partie de nos projectiles éclataient au milieu de leur course, bien qu'on eût soin de ne pas déboucher le petit canal de la fusée. » (*Rapport* du lieutenant-colonel commandant l'artillerie de la 2ᵉ division.)

(3) Le IIIᵉ bataillon escortait le convoi.

(4) *Journal* de marche de la 2ᵉ division.

Ouest et prirent, vers 4 heures, une nouvelle position à la côte Jean, s'étendant à droite jusqu'à la ferme des Tyrônes.

La division Goze avait suivi le mouvement des batteries de 4 de la réserve d'artillerie. Elle passa par la ferme Harbeaumont et vint s'établir sur la crête située entre le vallon de Bois des Dames et celui du château de Belval, au Nord de la ferme de Bellevue. Elle constituait ainsi la réserve du corps d'armée, mais fut bientôt fractionnée.

Vers 4 heures, en effet, le général de Failly s'aperçut que la cavalerie ennemie cherchait « à le tourner sur sa droite pour se diriger, par Nouart et Fossé, sur Sommauthe (1) ». La conservation de cette dernière localité lui étant utile « pour rester en communication avec Stonne et l'armée (2) », il fit prendre position, en arrière de sa droite et face à l'Ouest, sur un mamelon qui dominait toute la contrée (3), à la brigade Nicolas de la division Goze, renforcée de trois compagnies du 4ᵉ bataillon de chasseurs et de la 5ᵉ batterie du 6ᵉ. Ces dispositions eurent pour effet d'éloigner la cavalerie ennemie qui disparut.

Suivant la division Goze, les deux batteries de 12 de la réserve d'artillerie (11ᵉ du 10ᵉ, 11ᵉ du 14ᵉ) avaient débouché à leur tour sur le plateau au Nord-Est de Bois des Dames. Mais la 11ᵉ du 14ᵉ seule entra en action à côté des batteries de 4, puis, un peu plus tard, sur une position plus avancée, au Nord-Est de la ferme Bron-

---

(1) *Journal* de marche du 5ᵉ corps, rédigé par le colonel Clémeur. C'était la *12ᵉ* division de cavalerie. (Voir p. 33.)
(2) *Ibid.*
(3) C'est ainsi que le *Journal* de marche de la 2ᵉ division désigne cette position, qui n'est pas autrement définie dans les documents de la journée. Peut-être s'agit-il de la croupe cotée 308, à l'Ouest du château de Belval, peut-être aussi de la ferme Bellevue.

veaux peut-être (1), d'où elle tira, à une distance de 3,000 mètres, sur des colonnes d'infanterie ennemie qui sortaient des bois de Nouart. L'autre batterie de 12, la 11ᶜ du 10ᵉ, arriva quand déjà le colonel de Fénelon, considérant la distance comme trop grande et jugeant que le tir n'avait d'autre résultat qu'une consommation inutile de munitions (2), avait fait cesser le feu.

§ 5. — *L'avant-garde du XIIᵉ corps rompt le combat.*

L'entrée en ligne de la réserve d'artillerie du 5ᵉ corps, jointe au relèvement de la brigade de Fontanges par la brigade de Maussion fit penser au prince Georges de Saxe que les Français allaient prendre l'offensive (3). Il prescrivit en conséquence au *102ᵉ* de se tenir prêt à recueillir les troupes engagées, de concert avec l'artillerie, qui venait d'être renforcée par une nouvelle batterie, la IVᵉ lourde de la *24ᵉ* division établie au Sud-Est de Nouart.

Le IIIᵉ bataillon de ce régiment qui se trouvait au col situé à 1200 mètres environ au Nord-Ouest de Tailly se porta donc vers la grande route, à l'Ouest du bois de Nouart. Mais lorsqu'il l'atteignit, « la courte démonstration offensive des Français avait déjà pris fin (4) » et l'aile droite du *103ᵉ* se disposait à marcher sur les Champy. Toutefois l'intention du commandant du XIIᵉ corps n'était pas de poursuivre l'attaque, car il considérait

---

(1) Les documents ne permettent pas de la définir. Le *Rapport* dit : « sur une pointe avancée ».
(2) *Rapport* du chef d'escadron Cailloux.
(3) *Historique du Grand État-Major prussien*, 7ᵉ livraison, p. 975. Le prince Georges de Saxe commandait le XIIᵉ corps; le prince royal de Saxe, l'armée de la Meuse.
(4) *Historique du Grand État-Major prussien*, 7ᵉ livraison, p. 975.

que le but de la reconnaissance était atteint. Il évaluait les forces adverses à une division, pour le moins, avec cinq batteries, une ou deux batteries de mitrailleuses et deux régiments de cavalerie (1). Sans doute, le gros du XIIe corps était assez rapproché alors pour pouvoir soutenir son avant-garde, mais « c'eût été donner à l'affaire un développement considérable, et on n'ignorait pas que telles n'étaient pas les vues du grand quartier général pour ce jour-là (2) ». D'ailleurs, l'attention du prince Georges de Saxe était appelée vers la droite par un rapport qui lui parvenait à ce moment même.

Le commandant de l'escadron envoyé dans la matinée, vers Montigny (3), mandait en effet que les Français avaient occupé Halles et Beauclair, et que des forces ennemies assez considérables étaient en mouvement vers l'Est dans les environs de ces deux localités. On ne recevait point, d'autre part, de renseignements de Laneuville-sur-Meuse et on en concluait que les communications étaient coupées dans cette direction. Dans ces conditions, inquiet de ce qui se passait entre Nouart et Stenay, le prince Georges de Saxe adressait, à 3 heures de l'après-midi, à l'avant-garde, l'ordre de cesser le combat et de regagner les hauteurs entre Nouart et Tailly (4). A 4 heures, les troupes se conformaient à ces prescriptions.

Sur ces entrefaites le gros du XIIe corps avait serré sur son avant-garde. La *45e* brigade s'était rassemblée à 800 mètres environ à l'Est de Barricourt, derrière un petit bois ; le IIIe bataillon du *108e* occupant le village même, au Sud-Est duquel se trouvait la *12e* division de

---

(1) *Rapport* du prince Georges de Saxe, daté du 29 août, 7 h. 30 du soir. (*Historique du Grand État-Major prussien*, 7e livraison, p. 242*.)
(2) *Historique du Grand État-Major prussien*, 7e livraison, p. 976.
(3) 2e du *1er* régiment de *Reiter*. (Voir p. 15.)
(4) *Historique du Grand État-Major prussien*, 7e livraison, p. 976.

cavalerie. La 47ᵉ brigade et l'artillerie de corps étaient massées au Sud de Tailly, la 48ᵉ brigade au Sud de Villers-devant-Dun.

Dans le but d'être fixé sur la situation du côté de la Meuse, le prince Georges de Saxe prescrivit à la 45ᵉ brigade, renforcée par deux escadrons du 3ᵉ régiment de *Reiter* et « quelques batteries (1) » de la 23ᵉ division, de s'avancer par Tailly sur Beauclair. Deux bataillons du 108ᵉ occupèrent les abords du ruisseau de Tailly et le saillant Nord-Est du bois de Nouart ; deux bataillons du 100ᵉ bordèrent la lisière orientale du bois de Tailly, d'où, un peu après 4 heures, ils envoyèrent, par Halles, une compagnie en reconnaissance sur Beaufort (2).

Cependant de nouveaux renseignements de la cavalerie signalèrent la présence, à Beaufort et à Beauclair, de troupes assez nombreuses avec de l'artillerie (3). Cette nouvelle détermina le commandant du XIIᵉ corps à ordonner, vers 5 heures, un mouvement général de la 45ᵉ brigade dans cette direction. Les bataillons du 108ᵉ et du 100ᵉ déjà déployés se portèrent donc sur Halles et Beauclair, le 101ᵉ se dirigea sur Montigny (4). La 47ᵉ brigade vint remplacer la 45ᵉ à l'Est de Barricourt.

Plus tard, le prince Georges de Saxe apprit que « tout le pays était libre depuis Montigny jusqu'à Beaufort (5) » et il fit parvenir à toutes les troupes envoyées sur la droite, l'ordre de rallier le gros du XIIᵉ corps à Tailly.

---

(1) C'est l'expression même de l'*Historique du Grand État-Major prussien*, 7ᵉ livraison, p. 977.

(2) *Historique du Grand État-Major prussien*, 7ᵉ livraison, p. 977.

(3) C'était, on le sait, une partie de la division Brahaut avec une section d'artillerie.

(4) La 45ᵉ brigade comprenait les 100ᵉ, 101ᵉ, 108ᵉ, à trois bataillons chacun.

(5) *Historique du Grand État-Major prussien*, 7ᵉ livraison, p. 977.

Vers 4 heures, la *12e* division de cavalerie fut chargée de déborder la droite des forces françaises, pour aller voir ce qui se passait à Beaumont. Le *102e* devait lui servir de repli et occuper à cet effet les positions précédemment tenues par le *103e* sur les hauteurs entre Nouart et les Champy. Cette reconnaissance ne put aboutir en raison des difficultés que rencontra la division. Le *17e* régiment de uhlans se heurta à des tirailleurs français de la brigade Abbatucci embusqués dans des fourrés à l'Est et à l'Ouest de la côte Jean. Il constata également la présence de troupes nombreuses aux abords de la ferme des Tyrônes. Le régiment de cavalerie de la Garde trouva des fractions d'infanterie de la même brigade non loin de Fossé. Le gros de la division reçut des coups de canon au Nord-Ouest de Nouart. Quelques escadrons parvinrent à s'approcher davantage des positions françaises et aperçurent des forces considérables aux environs de Belval (1) et de Saint-Pierremont (2).

Dans la soirée du 29 août, le XIIe corps bivouaqué entre Tailly et Barricourt, s'entourait d'un vaste réseau d'avant-postes, commençant à Montigny pour s'étendre, par Beaufort, jusqu'entre Nouart et les Champy, et fourni par le *102e*, le *108e*, le *17e* uhlans, et quelques autres escadrons. La *12e* division de cavalerie s'établissait aux Tuileries, au Sud de Tailly ; la *48e* brigade restait à Villers-devant-Dun. Vers le soir, la communication fut rétablie avec le régiment des hussards de Ziethen et les trois escadrons du 2e régiment de *Reiter* demeurés à Stenay. Les patrouilles de ce dernier, lancées de Laneuville sur Beaumont arrivaient dans la soirée jusqu'aux premières maisons de cette localité et découvraient un

---

(1) Brigade Nicolas de la division Goze.
(2) 7e corps.

camp français établi au delà. D'autres partis, envoyés de Stenay vers le Nord, sur la rive droite de la Meuse, se heurtaient vers Inor aux postes de la division Margueritte (1).

Les pertes du XIIe corps, portant presque exclusivement sur le *103e*, s'élevaient à 13 officiers et 356 hommes. Le 5e corps avais perdu 1 officier tué, 8 blessés et environ 250 hommes de troupe (2).

§ 6. — *Le 5e corps se porte à Beaumont.*

Vers 5 heures du soir, le lieutenant-colonel Broye, aide de camp du maréchal de Mac-Mahon, arriva à Bois des Dames, apportant de nouveau au 5e corps l'ordre de se rendre à Beaumont. Il fallut donc se remettre en marche malgré les fatigues de la journée et celles de la nuit précédente, et sans que les troupes eussent pu préparer leur nourriture.

Toutefois, le général de Failly, pensant d'après les renseignements recueillis depuis plusieurs jours, qu'il avait devant lui des forces considérables, ne voulut pas quitter de suite une position très forte et risquer d'être poursuivi dans des conditions désavantageuses. Il prit donc le parti de contenir l'ennemi jusqu'à la nuit et de « dérober » alors son mouvement (3). Il prescrivit de continuer une lente canonnade et recommanda d'allumer de grands feux à la tombée de la nuit, comme si les troupes devaient camper sur leurs positions.

---

(1) *Historique du Grand État-Major prussien*, 7e livraison, p. 978-979.

(2) A lui seul, le 17e de ligne avait 7 officiers et 118 hommes de troupe hors de combat.

(3) *Journal* de marche du 5e corps, rédigé par le colonel Clémeur.

Seule, la cavalerie prit les devants à 5 h. 30. Le général Brahaut conduisit les deux escadrons du 12ᵉ chasseurs et les deux escadrons du 5ᵉ lanciers qu'il avait sous la main de Bois des Dames à Beaumont, par Vaux-en-Dieulet et Sommauthe. Le général de Bernis, avec le reste de la division, évacua Beaufort à peu près à la même heure, revint à Bois des Dames et suivit ensuite le même itinéraire. Toute la division de cavalerie se trouva réunie à Beaumont entre 9 heures et 11 heures du soir (1). Le général Besson, chef d'état-major général, s'y était rendu également pour reconnaître les camps, mais il arriva trop tard, à 1 heure du matin seulement.

L'infanterie et l'artillerie du corps d'armée commencèrent leur mouvement à 7 heures sous la protection de la brigade Nicolas (2ᵉ de la 1ʳᵉ division) à droite, et de la division de L'Abadie à gauche, celle-ci devant rester la dernière en position et former l'arrière-garde. Les troupes prirent deux itinéraires jusqu'à la Forge : par la ferme Harbeaumont et la ferme des Pêches d'une part ; par un chemin forestier à l'Ouest du Grand Étang d'autre part. La brigade Saurin (1ʳᵉ de la 1ʳᵉ division) prit la tête de la colonne de l'Ouest, encadrant les ambulances et les bagages, puis vinrent : la division de Lespart ; la réserve d'artillerie, moins les 6ᵉ et 10ᵉ batteries du 2ᵉ provisoirement adjointes à la 2ᵉ division ; la réserve du génie ; la brigade Nicolas ; celle-ci suivie de la 2ᵉ division dont les derniers éléments ne purent partir qu'à minuit.

---

(1) L'heure d'arrivée de la division de cavalerie varie, suivant les documents, de 9 heures (*Journal* de marche de la 1ʳᵉ brigade) à 11 heures (*Journal* de marche du 5ᵉ corps, rédigé par le colonel Clémeur). Le *Journal* de marche du capitaine de Piépape donne une autre version : « La division de cavalerie, qui devait protéger la retraite, fit fausse route et resta dans l'impuissance et l'inaction à Sommauthe. »

Un grand encombrement se produisit à la Forge où les deux itinéraires se réunissaient. La nuit était très obscure ; et, à partir de là, le chemin étroit et difficile.

La colonne unique n'avance qu'avec une extrême lenteur. Les troupes épuisées par les marches précédentes et le combat du 28, privées depuis plusieurs jours de distributions régulières, « tombent de fatigue et de sommeil (1) ». Un grand nombre d'hommes s'affaissent en marchant et se couchent en travers du chemin, contribuant ainsi à augmenter l'allongement. Des à-coups, des arrêts qui durent parfois une demi-heure se produisent constamment.

Cette marche si pénible dura six à sept heures pour parcourir une distance de 12 kilomètres à peine. La tête de colonne n'atteignit Beaumont que vers minuit ; la division de L'Abadie n'arriva à son campement qu'après 5 heures ; son dernier élément, le 14e bataillon de chasseurs à pied, à 7 heures du matin seulement (2). La route était semée de nombreux retardataires. « Les forces de tout le monde étaient à bout......, un état d'engourdissement général s'était emparé du corps d'armée (3) ». Le découragement et la démoralisation étaient extrêmes.

Les troupes, entassées les unes sur les autres, campèrent comme elles purent, sans ordre, là où le hasard les avait arrêtées et attendirent le jour avec la préoccupation de leur repos plus que de leur sécurité compromise.

Néanmoins quelques grand'gardes très rapprochées

---

(1) *Journal* de marche du 5e corps, rédigé par le capitaine de Piépape.

(2) *Notes* adressées à la Section historique par M. le général Edon, le 10 janvier 1901.

(3) *Journal* de marche du 5e corps, rédigé par le colonel Clémeur.

des camps furent établies ; mais toute la cavalerie était au milieu de l'infanterie, sans qu'une patrouille fût restée au contact de l'adversaire qu'on savait en forces à courte distance.

CHAPITRE IV

Les armées allemandes pendant le combat de Nouart.

A la gauche du XIIe corps, la Garde avait conservé, d'une manière générale, les emplacements qu'elle avait pris vers midi à Buzancy et au Sud (1). En entendant le bruit du canon vers Nouart, le prince de Würtemberg hésita, soit à se porter dans cette direction, soit à attaquer le 7e corps dont le 2e régiment de uhlans lui avait signalé les colonnes à Boult-aux-Bois et entre cette localité et Autruche, c'est-à-dire à 4 kilomètres à peine des troupes les plus avancées de la 1re division. Il prit le parti, à 1 h. 45, d'en référer au commandant de l'armée de la Meuse, en joignant à sa demande les rapports qu'il avait reçus et en faisant ressortir qu'une opération offensive contre le 7e corps « se trouverait, il est vrai, dans de mauvaises conditions, » mais qu'un mouvement sur Nouart aurait l'inconvénient « de découvrir la croisée de routes de Buzancy (2). »

A 2 h. 30, le prince royal de Saxe lui répondit qu'il s'agissait simplement, pour la journée, de tenir les positions de Bar et de Buzancy; qu'il n'y avait pas lieu de faire participer la Garde au combat de Nouart, à moins qu'il ne prît une plus grande extension; que la cavalerie n'avait d'autre mission que de ne pas perdre le contact avec l'adversaire s'il venait à se replier.

Dans ces conditions, le prince de Würtemberg mit en

---

(1) Voir p. 17.
(2) *Historique du Grand État-Major prussien*, 7e livraison, p. 969.

marche d'abord le régiment des hussards de la Garde, puis la 1re brigade de cavalerie, afin de se relier aux unités du XIIe corps engagées vers Nouart. Mais ces forces furent arrêtées par des troupes françaises « considérables » qui les empêchèrent de dépasser Fossé; un escadron du régiment des Gardes du Corps, envoyé sur la gauche, se heurtait de même à de l'infanterie ennemie au Sud-Ouest de Vaux-en-Dieulet.

Dans la soirée, la cavalerie de la Garde et l'avant-garde de la 1re division d'infanterie bivouaquaient à Harricourt, le gros de cette division à Bar et à Buzancy; la 2e division à Thénorgues et Briquenay; l'artillerie de corps à Sivry-lez-Buzancy. Deux escadrons du 1er uhlans de la Garde avaient suivi les colonnes du 7e corps et mandaient, de Saint-Pierremont, qu'elles avaient établi leurs bivouacs aux environs de cette localité. Ils passaient la nuit au Nord de Fontenoy, là même où auraient dû être établis les avant-postes français. Un escadron du 2e uhlans était à Boult-aux-Bois et à Germont; des patrouilles d'officier de ce régiment trouvaient les villages d'Autruche, d'Authe et de Belleville évacués par les Français.

De son côté, le IVe corps avait poursuivi, à 9 heures du matin, sa marche par Nantillois; la 7e division et l'artillerie de corps s'établissaient à Rémonville; la 8e à Bayonville. Le quartier général de l'armée de la Meuse avait été transféré, dans la matinée, dans cette dernière localité (1).

La IIIe armée (2) continuait, le 29 août, son mouvement vers le Nord, dans les limites spécifiées par les

---

(1) *Historique du Grand État-Major prussien*, 7e livraison, p. 979.

(2) Les sources pour les opérations de la IIIe armée sont : *Historique du Grand État-Major prussien*, 7e livraison, p. 980-981 ; *Heeresbewegungen*, p. 42-45.

instructions du grand quartier général, en date du 28, 11 heures du soir (1).

Le Ier corps bavarois, se dirigea de Varennes, par la vallée de l'Aire, sur Sommerance et Saint-Juvin.

Le IIe corps bavarois partant de Vienne-le-Château, suivit l'itinéraire Binarville, Autry d'où son avant-garde poussa jusqu'à Chevières, et le gros, moins l'artillerie de réserve, jusqu'à Cornay. Celle-ci ne put utiliser en effet le chemin à pentes raides d'Autry à Chatel, rendu impraticable aux voitures par le passage des unités précédentes. Elle stationna à Autry. Les colonnes de munitions et les convois, coupés par le passage des troupes du VIe corps, ne purent atteindre leurs bivouacs entre Vienne-le-Château et la Chalade que vers minuit.

Le Ve corps se porta de Berzieux sur Grand-Pré par Montcheutin ; son avant-garde, de Cernay-en-Dormois à Beffu, par Séchault et Mouron.

La division würtembergeoise vint de Virginy à Montcheutin.

Le XIe corps effectua son mouvement en deux colonnes. A droite, la 21e division et l'artillerie de corps stationnées aux environs de Courtémont, suivirent la route Sainte-Menehould—Vouziers ; l'avant-garde poussa jusqu'à Saint-Morel. Comme la veille, celle-ci vint se heurter aux dernières fractions du Ve corps, d'où une série d'à-coups fatigants ; puis marcha à côté d'elles et finit par atteindre son cantonnement vers 4 heures de l'après-midi. A gauche, la 22e division se porta de Hans sur Liry par Somme-Tourbe, Laval, Minaucourt, Liry. Des ponts furent établis sur l'Aisne par les soins du XIe corps, à Olizy, Savigny et Falaise.

Le VIe corps reçut assez tard l'ordre de l'armée, et son avant-garde ne put rompre de Sainte-Menehould qu'à

---

(1) Voir Journée du 28 août, p. 224.

9 heures du matin. La marche s'effectua d'abord sur Varennes par Florent, le Claon, Neuvilly. La *12*ᵉ division, tête de colonne, avait atteint cette dernière localité vers midi et y faisait une grand'halte, quand un contre-ordre du quartier général prescrivit au corps d'armée de rester à l'Ouest de l'Argonne. En conséquence, la *11*ᵉ division et l'artillerie de corps se portèrent du Claon sur Vienne-le-Château et Binarville, l'avant-garde à Condé-lez-Autry. La *12*ᵉ les suivit, par la Chalade, sur Vienne-le-Château, mais arrêtée par des voitures du IIᵉ corps bavarois, elle n'atteignit son cantonnement qu'à 11 heures du soir.

Le quartier général de la IIIᵉ armée fut transféré de Sainte-Menehould à Senuc, au Sud-Ouest de Grand-Pré.

La *4*ᵉ division de cavalerie resta à Vouziers, sans motif apparent; la *2*ᵉ se porta à Gratreuil et environs. Celle-ci mandait que, d'après des ouvriers belges, 100,000 hommes seraient arrivés de Paris et de Cherbourg à Reims et que des troupes se concentreraient aussi à Soissons. Un officier, rentrant d'une reconnaissance aux environs de Reims, prétendait également avoir vu des forces françaises considérables à l'Ouest de cette ville.

Les divisions de cavalerie de l'armée de la Meuse, momentanément rattachées à la IIIᵉ armée, se trouvaient en avant de son aile gauche, à une certaine distance vers le Nord-Est. La *5*ᵉ se portait sur Attigny pour menacer de là les communications de l'adversaire ; un de ses partis coupait le chemin de fer à Faux, entre Rethel et Mézières. La *6*ᵉ, établie à Vouziers, avait chargé la *15*ᵉ brigade de surveiller les troupes françaises à Voncq, Quatre-Champs, Boult-aux-Bois et de déterminer les directions prises par leurs colonnes. Le *16*ᵉ régiment de hussards arrivant devant Voncq où étaient restés le 28, après le départ du 1ᵉʳ corps, une vingtaine d'isolés, attaqua le village. Les 1ᵉʳ et 2ᵉ escadrons mettant pied à terre, devaient l'aborder par la lisière Sud-Ouest, tandis que le 4ᵉ, passant l'Aisne à Vrizy et suivi du 3ᵉ, avait pour mission de prendre les Français à revers. Après un court engagement, qui coûta aux hussards 5 hommes et 11 chevaux, Voncq fut enlevé et méthodiquement incendié (1). Le 4ᵉ escadron se porta de Terron sur Le Chesne; il trouva cette localité encore occupée par le 1ᵉʳ corps dont il continua à surveiller les mouvements.

Le grand quartier général allemand qui avait été transféré le 29, de Clermont à Grand-Pré, recevait, dans le cours de la journée, d'importantes nouvelles. Dès 9 heures du matin, un rapport du prince royal de Saxe faisait connaître que les Français avaient quitté leurs positions autour de Bar et que, par suite, l'armée de la Meuse s'était avancée vers la route de Buzancy à Stenay. A 3 h. 45, arrivait, de la Garde, la nouvelle de l'occupation par l'ennemi de Germont et d'Autruche; de la marche de longues colonnes vers Beaumont; de la présence aux Champy d'une division. A 4 h. 30, la 6ᵉ division de cavalerie annonçait qu'elle était à Voncq, mais qu'au Chesne se trouvaient des troupes ennemies de toutes armes avec de nombreux convois, et que les Français occupaient aussi Quatre-Champs, Boult-aux-Bois, Belleville. En outre, dans le courant de l'après-midi, parvenaient les dépêches enlevées au capitaine de Grouchy aux environs de Buzancy (2).

Enfin, deux officiers supérieurs d'état-major envoyés en mission par le grand quartier général, fournissaient des renseignements précieux. L'un faisait connaître que les Français tenaient Bois des Dames, les Champy,

---

(1) Voir pour les détails de l'incendie la *Vie militaire* du général Ducrot, t. II, p. 391. « Les Prussiens venaient de mettre le feu à ce village pour se venger de la résistance de la veille. » (*Souvenirs* du capitaine Peloux.)

(2) Voir p. 9.

Beauclair, et compléta cette information à son retour, vers 8 heures du soir, en ajoutant qu'il paraissait y avoir deux corps français à Saint-Pierremont et Bois des Dames, et d'autres troupes à Beaumont. L'autre, qui rentrait vers 9 heures, avait aperçu également des bivouacs français à Saint-Pierremont et constaté l'évacuation de Germont et d'Autruche (1).

De l'ensemble de ces renseignements, on pouvait conclure que l'armée de Châlons marchait vers la Meuse, suivant une direction générale Nord-Est et que, dans la matinée du 30, le gros de ses forces se trouverait entre Le Chesne et Beaumont, tandis que d'importantes arrière-gardes seraient au Sud de cette ligne. Le maréchal de Moltke résolut de porter le lendemain les deux armées allemandes en avant et d'attaquer l'ennemi avant qu'il eût franchi la Meuse. Il envoya à cet effet, à 11 heures du soir, les instructions suivantes aux commandants des deux armées allemandes.

« Toutes les nouvelles reçues aujourd'hui s'accordent à montrer que l'ennemi se trouvera demain matin, avec ses forces principales, entre Beaumont et Le Chesne, et éventuellement au Sud de cette ligne.

« Sa Majesté prescrit de l'attaquer.

« La subdivision d'armée de S. A. R. le prince royal de Saxe franchira, à 10 heures, la ligne Beauclair—Fossé, en se dirigeant sur Beaumont. Elle disposera des routes à l'Est de la grand'route Buzancy, Beaumont. La Garde qui, pour le moment, passera en réserve, devra avoir évacué cette route pour 8 heures du matin.

« La IIIe armée rompra de bonne heure, et dirigera son aile droite sur Beaumont par Buzancy. Elle se tiendra prête à appuyer, avec deux corps, l'offensive de S. A. R.

---

(1) *Historique du Grand État-Major prussien*, 7e livraison, p. 981-982.

le prince royal de Saxe, tandis que les autres corps se dirigeront d'abord plutôt vers Le Chesne.

« Un bataillon de la IIIe armée occupera Grand-Pré.

« Sa Majesté partira d'ici pour Buzancy à 10 heures du matin (1) ».

---

(1) *Correspondance militaire du maréchal de Moltke*, t. I, n° 236.

CHAPITRE V

Réflexions sur le combat de Nouart.

A en juger par les documents des 28 et 29 août, deux solutions seulement paraissent s'être présentées à l'esprit du maréchal de Mac-Mahon : retraite sur Mézières ou marche sur Metz par Montmédy. Il y en avait une troisième, semble-t-il, qui consistait à attaquer résolument les forces adverses les plus rapprochées au lieu de chercher à se glisser, pour ainsi dire, devant elles en évitant tout combat.

L'argument primordial invoqué par le Ministre de la guerre en faveur de la marche vers Metz était l'avance d'au moins trente-six heures que l'armée de Châlons avait, à son avis, sur celle du Prince royal.

Il était essentiel de chercher à obtenir la confirmation de ce renseignement, car si les assertions du Ministre étaient fausses, il était manifeste que l'armée française allait, en continuant sa marche vers le Nord-Est, se trouver aux prises avec des forces doubles des siennes et qu'elle ne pourrait plus éviter un désastre, à une si faible distance de la frontière belge. Or il n'y avait qu'un procédé véritablement efficace d'être fixé sur ce point, c'était de marcher à l'ennemi et, au besoin, de lui livrer bataille. Certes, une pareille résolution offrait l'inconvénient de perdre, en livrant combat, une partie de l'avance que l'on croyait posséder mais cet inconvénient était peu de chose comparé au résultat que l'on pouvait obtenir. Entre les deux partis, consacrer une journée à obtenir des renseignements certains ou négliger les forces allemandes qui se trouvaient sur son flanc droit, le Maréchal ne pouvait hésiter, car il ne risquait pas seulement de perdre une bataille rendant la retraite nécessaire, il s'exposait à être arrêté sur la route de Metz et à perdre, en même temps, toute ligne de retraite. La prudence lui commandait donc, avant de continuer sa marche, d'être fixé sur les forces adverses avec lesquelles il était en contact.

La nouvelle de l'occupation de Stenay par l'ennemi, qui lui était parvenue dans la soirée du 28, ne devait nullement le détourner de se porter sur ce point. Loin de là, il importait de savoir si l'on se trouvait en présence d'un simple détachement ou d'un corps nombreux. Dans le premier cas, on pouvait obtenir un succès partiel, forcer le passage et continuer peut-être le mouvement sur Metz. Dans le second, on aurait à livrer bataille mais, quelle qu'en fût l'issue, on aurait été édifié sur la présence de forces trop considérables pour que l'on pût continuer la marche vers l'Est. Au reste, en obliquant vers le Nord, dans le but d'éviter Stenay, on augmentait la distance à parcourir et l'on ralentissait ainsi le mouvement presque autant que si l'on eût livré bataille, en perdant par contre toutes les chances d'avoir des renseignements certains. Enfin, en lui laissant la possession de Stenay, on abandonnait à l'adversaire le chemin direct de Montmédy, et en admettant que l'on eût réussi à franchir la Meuse et à échapper à ses atteintes sur la rive gauche du fleuve, on lui laissait le moyen de le passer à Stenay, de suivre la corde de l'arc décrit par l'armée de Châlons et de prévenir celle-ci à Montmédy.

Il paraît donc logique de conclure que tout commandait au maréchal de Mac-Mahon de livrer bataille le 29 août. Cette détermination devait être la conséquence rationnelle du parti qu'il avait pris la veille. Il était d'ailleurs en mesure d'y faire concourir toutes ses forces. Le 12e corps se serait porté de la Besace sur Stenay, deux divisions d'infanterie par Beaumont et la rive gauche de la Meuse, la troisième et la division de cavalerie par Létanne, Pouilly et la rive droite. En même temps le 5ᵉ corps aurait poussé une forte reconnaissance dans la direction Nouart-Barricourt, sa cavalerie appuyée par la division Margueritte. Le 7ᵉ, de Boult-aux-Bois et Belleville, se serait dirigé sur Buzancy et Stenay, en s'éclairant vers Grand-Pré et Bantheville au moyen de sa division de cavalerie renforcée par celle du général Bonnemains. Enfin le 1ᵉʳ corps serait venu dans la matinée du Chesne sur Stonne et la Besace, en mesure soit d'appuyer le 5ᵉ corps, soit éventuellement de franchir la Meuse. Si les reconnaissances des 5ᵉ et 7ᵉ corps ne trouvaient devant elles que des détachements peu nombreux et composés surtout de cavalerie, on pouvait admettre que l'on avait, en effet, quelque avance sur les Allemands et prendre le parti de se porter sur Metz. Si, au contraire, ces deux corps se heurtaient à des forces considérables, il fallait évidemment combattre. Du moins le maréchal de Mac-Mahon avait-il la certitude de livrer bataille avec tous ses moyens et, vainqueur ou non, il eût puisé dans ses péripéties des raisons et des données suffisantes pour déterminer ses mouvements des jours suivants.

L'armée de Châlons n'aurait eu d'abord à combattre, en réalité, que le XIIᵉ corps à Nouart et Stenay et la Garde à Buzancy, renforcés ultérieurement par le IVᵉ corps venant de Nantillois. Plus tard encore, seraient intervenus le Iᵉʳ corps bavarois, arrivant de Varennes, sur Sommerance et Sivry-lez-Buzancy (1) et l'avant-garde du Vᵉ corps débouchant de Grand-Pré (2).

---

(1) La tête de colonne du 1ᵉʳ corps bavarois, formée par la 1ʳᵉ division, partie de Neuvilly à 5 heures du matin, pouvait arriver à Sivry-lez-Buzancy à midi.

(2) L'avant-garde du Vᵉ corps, partie de Ville-sur-Tourbe à 7 heures, pouvait atteindre Verpel à 3 heures.

Vraisemblablement la bataille eût été indécise. Mais le maréchal de Mac Mahon, constatant qu'il se trouvait en présence de forces au moins égales aux siennes et pouvant être supérieures le lendemain, en aurait conclu à l'impossibilité de la marche vers Metz et à la retraite sur Mézières. L'armée de Châlons eût été sauvée moyennant quelques combats d'arrière-gardes. A Mézières elle eût trouvé le 13e corps dont le Ministre de la guerre annonçait au Maréchal la concentration dans cette ville (1). Malheureusement, il semblait que le maréchal de Mac-Mahon fût d'accord avec les commandants de corps d'armée pour penser que le succès de l'opération exigeait, qu'au lieu de combattre, on fit tout pour se dérober à l'ennemi. Cette idée est certainement une des causes du désastre final.

Dans l'après-midi, le maréchal de Mac-Mahon reçut à Raucourt des nouvelles du maréchal Bazaine. Un industriel de Mouzon, M. Hulme, lui remit la dépêche suivante envoyée de Thionville, le 27 août, par le colonel Turnier commandant supérieur de cette place: « Le colonel Turnier fait savoir qu'il reçoit de Metz pour être communiquée à l'armée française, s'il est possible, une dépêche ainsi conçue : « Nos communications sont coupées, mais faiblement, nous pourrons percer quand nous voudrons, et nous vous attendons (2) ».

---

(1) Le Ministre de la guerre au maréchal de Mac-Mahon, 29 août, 6 h. 5 soir.

(2) Cette dépêche avait été confiée par le colonel Turnier à M. Lallement, procureur impérial de Sarreguemines, de passage à Thionville. M. Lallement la remit à Sedan au général de Beurmann, commandant supérieur de cette place, qui chargea M. Hulme de l'apporter au maréchal de Mac-Mahon.

Au moment du procès Bazaine, le Maréchal ne s'est pas rappelé avoir reçu cette dépêche. Confronté avec le Maréchal, M. Hulme a persisté dans ses déclarations. Il est probable qu'au milieu des incidents de

Le maréchal de Mac-Mahon eut dans la soirée une longue conférence avec le général Ducrot à l'issue de laquelle il fut décidé que l'armée se porterait dans la direction de Thionville par la rive droite de la Chiers dont on se couvrirait, afin de tâcher de donner la main au maréchal Bazaine (1).

Les voitures de réquisition vidées et tous les hommes et chevaux indisponibles furent dirigés sur Mézières. Les bagages des corps furent réduits au strict nécessaire; du moins tel fut l'ordre du Maréchal (2).

Le même jour, à 1 heure de l'après-midi, revint de Thionville, au quartier général de l'armée de Châlons, un courageux citoyen, M. Lagosse, maire de Montgon, que le général Ducrot avait chargé de transmettre au maréchal Bazaine les renseignements ci-après par l'intermédiaire du colonel Turnier :

« Le maréchal de Mac-Mahon arrive, le général Ducrot le remplace dans le commandement de son corps d'armée. L'armée française sera le 27 au soir à Stenay. Tenez-vous prêt à marcher au premier coup de canon. »

Le colonel Turnier avait envoyé cette dépêche par trois hommes sûrs à Metz. Deux d'entre eux arrivaient au Ban Saint-Martin dans l'après-midi du 29 août (3).

M. Lagosse fut aussitôt chargé d'une nouvelle mission consistant à se rendre à Vouziers et à rapporter des nouvelles de l'armée du Prince royal. Il revint à Raucourt dans les premières heures de la matinée du 30,

---

toutes sortes qui se sont produits dans l'après-midi du 29, le souvenir de cette dépêche n'a pas laissé de trace dans la mémoire du maréchal de Mac-Mahon.

(1) Papiers du général Broye.
(2) Ordre de l'armée en date du 29 août.
(3) *Procès Bazaine*, *Rapport* du général de Rivière, p. 94.

annonçant que Vouziers était occupé par les Allemands (1).

D'après les instructions du grand quartier général, en date du 28 août, 11 heures du soir, l'armée de la Meuse devait s'abstenir « jusqu'à nouvel ordre de continuer le mouvement offensif vers la route de Vouziers-Buzancy-Stenay (2) ». Le prince royal de Saxe était autorisé toutefois à l'occuper si les troupes françaises qu'il avait devant lui étaient « insignifiantes (3) ». Le maréchal de Moltke avait même appelé son attention sur l'éventualité de réunir tout d'abord ses trois corps « dans une position défensive, entre Aincreville et Landres (4) », et cela, afin de ne pas provoquer une offensive de l'adversaire avant une concentration suffisante des forces allemandes.

Ces prescriptions étaient très sages car le maréchal de Moltke se rendait compte de la densité du groupement de l'armée de Châlons et de l'impossibilité pour la IIIe armée, de concourir à une affaire décisive le 29 août. Il ne prévoyait la coopération de celle-ci que pour le lendemain 30 août.

Or, lorsque les commandants des corps de l'armée de la Meuse se trouvèrent réunis le 29, à 8 heures du matin, à Aincreville, le prince royal de Saxe n'avait pas encore reçu, de la division de cavalerie de la Garde et de la division de cavalerie saxonne, des renseignements précis sur la situation de l'adversaire. Il jugea néanmoins que le XIIe corps et la Garde pouvaient atteindre la ligne Nouart-Buzancy et décida même qu'une avant-garde

---

(1) Notes adressées par M. Lagosse au Ministre de la guerre, le 10 octobre 1901 ; renseignements verbaux donnés par M. Lagosse.
(2) *Historique du Grand État-Major prussien*, 7º livraison, p. 965. — Cf. *Correspondance militaire du maréchal de Moltke*, t. I, nº 231.
(3) *Ibid.*
(4) *Ibid.*

saxonne suivrait la *12*ᵉ division de cavalerie, par Nouart et Osches, vers la route du Chesne à Beaumont (1). Mais ayant conscience d'avoir dépassé les instructions du grand quartier général, il rappela qu'il ne s'agissait que de se renseigner sur la situation de l'adversaire et que l'intention du commandant en chef était de ne pas livrer bataille avant le lendemain (2).

Ces restrictions ne modifiaient nullement le fait, envisagé en lui-même. Quelque nom que le prince royal de Saxe donnât aux mouvements qu'il avait ordonnés, ce n'en était pas moins une opération offensive, dont l'exécution pouvait entraîner une rencontre avec des forces dont le nombre était inconnu et peut-être supérieur à celui des troupes disponibles de l'armée de la Meuse. C'est précisément cette éventualité que les instructions du grand quartier général prescrivaient d'éviter.

Sans doute, il faut chercher les véritables causes de cet abus d'initiative dans le désir, très justifié dans certaines conditions, de joindre rapidement l'ennemi. Mais dans le cas présent, il se trouvait en opposition formelle avec les ordres reçus et, de plus, en contradiction avec les nécessités les plus essentielles de la situation stratégique.

Il s'agissait en effet, à ce moment, pour le grand quartier général allemand, de profiter des circonstances critiques où se trouvait l'armée de Châlons à proximité de la frontière belge et assez loin de Metz, pour lui faire éprouver un désastre irréparable en se saisissant de sa ligne de retraite et en l'acculant au territoire neutre. Mais, avec la certitude que l'on croyait avoir depuis le 27 août, de l'atteindre avec des forces supérieures, sur la rive

---

(1) *Historique du Grand État-Major prussien*, 7ᵉ livraison, p. 967.
(2) *Ibid.*

gauche de la Meuse (1), il fallait se garder de montrer au maréchal de Mac-Mahon la faute qu'il avait commise et éviter à cet effet, non seulement une attaque prématurée, mais même l'apparition de troupes nombreuses d'infanterie, dont la présence, sur son flanc droit, aurait pu le décider à battre en retraite vers le Nord-Ouest. Un succès comme un échec partiels, survenant le 29 août à l'armée de la Meuse, pouvaient tout compromettre. Le prince royal de Saxe n'avait pas à patienter longtemps d'ailleurs, car le grand quartier général lui faisait entrevoir le dénouement pour le lendemain (2).

Si le commandant de l'armée de la Meuse, se conformant à la pensée fondamentale des instructions du 28, se fût maintenu sur la position Aincreville-Landres, les Ve et XIe corps et la division würtembergeoise pouvaient arriver à sa hauteur le 29 au soir, tandis que les deux corps bavarois, rapprochés de son aile gauche, lui eussent fourni un appui immédiat.

Les deux armées allemandes auraient été en mesure de prendre une offensive générale le 30. Si, par hasard, les Français se fussent mis en retraite le 29, on aurait pu essayer de les devancer et de les couper de Paris, mais cette mission eût incombé évidemment à l'aile gauche de la IIIe armée et nullement aux corps de l'armée de la Meuse. Même dans cette hypothèse, la marche en avant hâtive de cette dernière ne pouvait se justifier.

Il semble donc permis de conclure que les ordres donnés par le prince royal de Saxe, le 29 au matin, et contraire aux instructions du maréchal de Moltke, constituaient une faute. Le commandant de l'armée de la Meuse y persista d'ailleurs en prescrivant à la Garde, à

---

(1) *Historique du Grand État-Major prussien*, 7e livraison, p. 934.
(2) *Ibid.*, p. 965.

2 h. 30 de l'après-midi, de tenir les positions de Bar et de Buzancy et de n'intervenir dans le combat de Nouart, que s'il prenait une plus grande extension. Il admettait donc que cette éventualité pouvait se présenter, bien qu'il commît ainsi une infraction aux instructions du grand quartier général et bien que tout, dans la situation stratégique, dût le détourner d'une rencontre sérieuse.

L'*Historique du Grand État-Major prussien* a cherché à atténuer cette faute. Il déclare que le mouvement de l'armée de la Meuse jusqu'à la route de Buzancy à Stenay « ne pouvait contrarier les vues du grand quartier général, puisque dans les circonstances présentes, on n'avait plus à craindre que ce mouvement provoquât une bataille prématurée (1) ».

L'assertion paraît aventurée si l'on considère que le prince royal de Saxe lui-même se proposait d'engager la Garde dans le cas où le combat de Nouart aurait pris un plus grand développement. Donc, si le 29 l'armée de Châlons s'était portée résolument à l'attaque, deux corps d'armée allemands, soutenus ensuite par un troisième, eussent été inévitablement entraînés dans une lutte dont l'issue ne pouvait être, en tout cas, que désavantageuse pour les projets du grand quartier général.

Dans la soirée du 29 août, l'armée de Châlons occupait les emplacements ci-après :

Grand quartier général	Raucourt.
1ᵉʳ corps	Raucourt.
5ᵉ corps	Beaumont.
7ᵉ corps	Osches et Saint-Pierremont.
12ᵉ corps	A l'Est de Mouzon, sur la rive droite de la Meuse.

---

(1) 7ᵉ livraison, p. 967.

1re division de réserve de cavalerie.		Vaux.
2e division de réserve de cavalerie.		Raucourt.
Parcs d'artillerie.	5e corps..........	Beaumont, sauf l'équipage de pont à Mézières.
	7e corps..........	Mézières, sauf l'équipage de pont à Tergnier.
	12e corps..........	Mézières.
Grand parc....................		En formation à Mézières.
Équipage de pont de réserve.....		En route de Paris à Sedan par voie ferrée.

CHAPITRE VI

Mouvements des armées opposées le 30 août.

La rive droite de la Meuse était, depuis deux jours, l'unique objectif de l'armée de Châlons. D'après les instructions du maréchal de Mac-Mahon, elle devait, le 30, franchir le fleuve, le 1er corps à Remilly, les 5e et 7e à Mouzon, et « s'établir aux environs de Carignan pour marcher ensuite sur Montmédy par la rive gauche de la Chiers (1) ». Le 12e corps resterait en position à l'Est de Mouzon, pendant tout le temps du passage. Le Maréchal pensait ainsi parer au danger le plus imminent en mettant la Meuse entre lui et ses adversaires, et il fit tous ses efforts pour activer l'opération qui constituait une période de crise (2). Il ne pouvait se dissimuler, sans doute, combien la situation de l'armée, opérant ensuite à courte distance de la frontière belge, allait être précaire, mais il continuait d'obéir aux ordres venus de Paris. Peut-être avait-il cette dernière lueur d'espoir que le maréchal Bazaine ne resterait pas inerte, et qu'une diversion de sa part rétablirait les affaires.

Des mouvements prescrits pour le 30 août, il résulta que, vers le milieu de la journée, les deux corps de droite de l'armée de Châlons, 5e et 7e, se trouvèrent à peu près isolés sur la rive gauche de la Meuse et exposés à recevoir, pendant leur marche, le choc des masses allemandes sur leur flanc droit ou leurs derrières, sans

---

(1) *Souvenirs* inédits du maréchal de Mac-Mahon.
(2) *Journal* de marche de l'armée de Châlons.

pouvoir être secourus. Tous deux devaient passer, avec des alternatives diverses, par des péripéties inattendues.

Le 1er corps, campé tout entier aux environs immédiats de Raucourt, devait franchir la Meuse à Remilly. Les compagnies du génie du corps d'armée, envoyées sur ce point dans la nuit du 29 au 30, et renforcées dans la matinée du 30 par celle de la 3e division, organisaient, pour la cavalerie et les voitures, un pont de circonstance en utilisant le bac existant, et construisaient pour l'infanterie une passerelle, un peu en avant du confluent de la Chiers (1). Tandis que ces travaux s'achevaient, la 3e division arrivait à Remilly à 7 heures du matin (2), jetait à la hâte quelques bataillons sur la rive droite et se massait sur les hauteurs qui dominent le village. Les batteries de combat de la réserve d'artillerie, les 2e et 1re divisions, la cavalerie, la 4e division, le reste des voitures de l'artillerie, les bagages, atteignirent successi-

---

(1) *Rapport* du commandant du génie de la 3e division du 1er corps sur la construction des ponts de Remilly-sur-Meuse; *Renseignements* fournis par le général Lefort.

Auprès du village de Remilly existait un bac que l'on abordait de chaque rive par une chaussée. L'intervalle entre les deux chaussées, occupé par un canal assez profond, fut rempli au moyen des deux bateaux-bacs, l'extrémité de l'un s'appuyant à la chaussée de la rive gauche, l'extrémité de l'autre à la chaussée de la rive droite, tous deux placés perpendiculairement à l'axe de la Meuse. Dans l'espace restant entre les deux bateaux, on établit des chevalets. Les rampes d'accès, partant des chaussées, furent rechargées de pierres et de fascines, et raccordées avec les bateaux au moyen de madriers. D'autre part, la passerelle pour l'infanterie fut construite au moyen des matériaux suivants en partant de la rive gauche : une voiture en travers, un bac dans sa longueur, un bateau en travers, deux longs bateaux réunis solidement et formant une portière, deux chevalets.

(2) *Journal* des marches et opérations du 1er corps. D'après l'ordre du mouvement, la 3e division devait se mettre en marche à 7 h. 30.

vement Remilly et exécutèrent le même mouvement (1).

Vers 10 heures, l'artillerie des divisions commença à passer; elle fut suivie par les batteries de la réserve et par une partie de la division de cavalerie du 1er corps puis, comme le pont destiné à l'infanterie n'était pas terminé, les 2e et 4e divisions effectuèrent leur passage, précédant le reste des voitures de l'artillerie, le convoi et les bagages. A 1 h. 30, la 1re division commença de franchir la Meuse sur la passerelle. La 3e division et la brigade de Septeuil restèrent en position jusqu'au moment où arrivèrent à Remilly, pour passer à leur tour, la division de cavalerie Bonnemains et les premières troupes du 7e corps. Les 1er et 3e escadrons du 11e chasseurs envoyés en reconnaissance sur Raucourt, le 6e sur Autrecourt, rendirent compte des événements survenus au 5e corps et à la division Conseil Dumesnil, du 7e.

La 3e division se mit en mouvement vers 8 heures (2) par la passerelle, tandis que la brigade légère de la division de cavalerie du 1er corps empruntait le pont (3). Mais l'usage en devenait de plus en plus lent. Sous le poids des voitures et sous l'influence subite d'une crue produite par la fermeture d'un barrage aux abords de Sedan, les terres avaient cédé, les bacs qui supportaient le tablier avaient été en partie submergés, et le pont, affaissé, se trouvait immergé de 4 à 5 centimètres.

---

(1) Pour gagner du temps, le général Ducrot pensa à faire passer l'artillerie par le pont du chemin de fer en aval de Remilly et la colonne des parcs et bagages par Sedan, sous la protection de la division de cavalerie. Mais la crainte de détériorer la seule voie ferrée qui reliait l'armée avec le Nord et Paris, et celle de surmener les chevaux des convois l'empêchèrent de donner suite à ce projet. (*Journal* des marches et opérations du 1er corps.)

(2) Entre 8 heures et 9 heures, disent certains *Rapports*.

(3) Le colonel Dastugue, commandant le 11e chasseurs dit, dans son rapport, que son régiment ne pût traverser la Meuse que vers 7 h. 30 du soir. Le 3e hussards le précédait.

Les troupes franchirent les prairies qui s'étendent au Sud-Est du confluent de la Meuse et de la Chiers. Pour éviter l'encombrement, le général Ducrot avait dirigé les 2e et 4e divisions, la cavalerie et la réserve d'artillerie sur Tétaigne, les 1re et 3e sur Douzy ; de ces deux points elles devaient ensuite gagner Carignan par la grande route.

Entendant le bruit du canon dans la direction de Mouzon, le général Ducrot qui marchait avec la colonne de droite fit masser les 2e et 4e divisions à Tétaigne avant de traverser la Chiers et envoya un de ses aides de camp, le capitaine Bossan, au maréchal de Mac-Mahon avec mission de prendre ses ordres et de lui rapporter les renseignements nécessaires. Au bout d'une demi-heure, le général recevait de son aide de camp un billet lui annonçant qu'il poussait sur Mouzon où se trouvait le Maréchal, disait-on, et lui faisant connaître que l'Empereur était à Carignan (1).

Le général Ducrot qui avait reçu l'ordre de se porter sur Carignan, jugea qu'il ne devait pas retarder l'exécution de ce mouvement, « ce qui eût eu pour conséquence de laisser l'Empereur isolé (2) ». Il ordonna en conséquence la reprise de la marche. En arrivant à Carignan,

---

(1) Le texte du billet est : « L'Empereur est à Carignan ; je pousse sur Mouzon où est le Maréchal, à ce qu'on dit. » Dans la *Vie militaire du général Ducrot* (p. 402), ce texte est différent : « Je viens de rencontrer l'Empereur se rendant de Mouzon à Carignan, il paraît que tout va bien. »

(2) *Journal* des marches et opérations du 1er corps d'armée, par le commandant Corbin, sous-chef d'état-major général.

La *Vie militaire du général Ducrot* (p. 402) donne le même motif pour la continuation de la marche sur Carignan.

Le *Journal* des marches et opérations du 1er corps, rédigé par le colonel Robert, chef de l'état-major général, ajoute : « le Maréchal fit répondre qu'il avait autant de troupes qu'il en pouvait désirer et l'invite à continuer sa marche sur Carignan. »

il fut rejoint par le capitaine Bossan qui lui apportait, de la part du Maréchal, l'ordre de prendre ses dispositions pour protéger sa retraite, soit sur Douzy, soit sur Carignan, et de prier l'Empereur de se rendre au plus vite à Sedan.

Le général Ducrot prescrivit aux 1re et 3e divisions de rester à Douzy ou d'y retourner si elles avaient dépassé ce point et de s'y établir de manière à couvrir la retraite du Maréchal, si elle avait lieu dans cette direction. Il établit les 2e et 4e divisions entre Carignan et Blagny, et envoya de l'artillerie au mont Tilleul à l'Est de Carignan (1). Il se rendit ensuite chez l'Empereur et essaya de le décider à se rendre à Sedan.

Napoléon III qui ignorait l'importance des événements de la journée (2) s'y refusa d'abord et déclara qu'il ferait sa retraite avec les deux divisions du 1er corps; mais plus tard il se ravisa et partit pour Sedan par chemin de fer (3).

---

(1) *Journal* des marches et opérations du 1er corps (commandant Corbin). Le *Journal* rédigé par le colonel Robert relate d'une manière un peu différente les emplacements des 2e et 4e divisions; l'une au bord de la Chiers, l'autre à mi-côte du mont Tilleul, la cavalerie et la réserve d'artillerie à l'Est de la grande route. La *Vie militaire du général Ducrot* (p. 403) adopte la version du commandant Corbin et ajoute cette disposition quelque peu surprenante : « Je fis masser à l'Ouest du village de Carignan tous les bagages, voitures, artillerie et autres *impedimenta*..... »

(2) A 5 h. 30, il télégraphiait à l'Impératrice : « Il y a encore eu un petit engagement aujourd'hui sans grande importance. Je suis resté à cheval assez longtemps. » (*Papiers et Correspondance de la famille impériale*, t. 1, p. 421.)

(3) Dans le trajet de Carignan à Sedan, la dépêche suivante du maréchal Bazaine fut remise à l'Empereur par M. de Benoist, capitaine de la garde nationale mobile de Verdun :

« Les derniers renseignements indiquent un mouvement du gros des forces ennemies..... Si ces renseignements se confirment, je pourrais entreprendre la marche que j'avais indiquée précédemment

A son arrivée dans cette ville, on lui proposa de continuer sa route jusqu'à Mézières, où sa personne eût été hors des atteintes de l'ennemi et d'où, à la tête du 13ᵉ corps, aux ordres du général Vinoy, il pouvait rétrograder sur Paris. Mais il ne voulut pas y consentir : « Il n'avait pas voulu gêner les plans des généraux en chef, il ne voulait pas non plus porter le découragement dans l'armée par son départ à l'heure suprême de la lutte ; il entendait partager les dangers et le sort de l'armée (1). »

Les troupes du 1ᵉʳ corps campèrent sur les emplacements qu'elles occupaient dans la soirée, à Carignan et à Douzy. La 3ᵉ division toutefois n'atteignit cette dernière localité que vers minuit ; elle fut d'ailleurs séparée, à dater de ce moment, de son artillerie que le maréchal de Mac-Mahon achemina directement sur Sedan, et qu'elle ne revit plus.

Le mouvement de la brigade de Septeuil ne s'était pas effectué sans peine : « Nous marchâmes en ordre parfait et par quatre pendant une demi-heure environ, nous tenant sur le côté droit de la route. Mais bientôt des hommes à pied dispersés par petits paquets, des chevaux d'attelage sans voitures, des cavaliers isolés, des convoyeurs, des blessés, des cantiniers, etc., venant en sens inverse de nous, sur cette route, la remplirent si bien qu'à un moment donné, il fut impossible de se mou-

---

vers les places du Nord. Les batteries ont été réorganisées et réapprovisionnées, ainsi que l'infanterie.

« L'armement de la place est presque au complet et j'y laisserai deux divisions. »

Cette dépêche avait été remise le 24 août 1870 à M. Machèrez, qui l'avait apportée le 27 au général Guérin de Waldersbach, commandant supérieur de Verdun. (*Procès Bazaine, Rapport*, p. 93-94.)

(1) *Relation* de la bataille de Sedan, par le général Pajol. (Général de Wimpffen, *Sedan*, p. 303.)

voir et même de s'écouler par les fossés qui, à leur tour, se trouvèrent bondés d'hommes et de chevaux. Au milieu de ce pêle-mêle inextricable, nous restâmes dans une immobilité complète pendant deux ou trois heures.

« Enfin toute cette cohue d'hommes, de voitures et d'animaux commença à se ranger un peu et j'aperçus à travers l'obscurité le général de Septeuil, commandant notre brigade, qui revenait en tête du 3e hussards marchant par un, et qui me dit de le suivre. Les deux escadrons détachés dans la journée venaient de nous rejoindre.

« Vers 1 heure du matin seulement, notre brigade parvint à s'arracher complètement de ce chaos sans pareil (1). »

La division de cuirassiers Bonnemains avait quitté Raucourt à 2 heures de l'après-midi. Arrivée à Remilly vers 5 heures, elle dut attendre jusqu'à 7 heures pour franchir la Meuse par le pont de circonstance, à la suite de la brigade de cavalerie de Septeuil. A 10 heures du soir, son passage, retardé par l'affaissement du tablier et l'obscurité, n'était pas terminé.

« Les chevaux effrayés de ne pouvoir distinguer ce plancher mouvant caché sous les eaux et qui se dérobe sous leurs pieds à chacun de leurs pas, n'avancent qu'avec répugnance, le cou tendu, les oreilles dressées. Droits sur leurs étriers, enveloppés dans leurs grands manteaux blancs, les cuirassiers passent silencieux ; ils semblent portés par les eaux. Deux feux allumés sur chacune des rives, aux deux extrémités du pont, éclairent seuls de leur lumière blafarde, hommes et chevaux ; leurs flammes se reflètent, d'une façon étrange, dans les casques brillants des cavaliers, et donnent à ce spectacle quelque chose de fantastique (2). »

---

(1) Rapport du colonel Dastugue.
(2) Prince Bibesco, *loc. cit.*, p. 115.

Après le passage de la Meuse la division Bonnemains franchit la Chiers à Douzy et prit ensuite la route de Carignan, encombrée de voitures de toute espèce, de matériel d'artillerie, de troupes de toutes armes. Déjà la tête de colonne était arrivée près de Sachy, quand, à la suite d'un contre-ordre, la division fit demi-tour et revint à Douzy où elle établit son bivouac à 2 heures du matin.

Le 7ᵉ corps avait campé, dans la nuit du 29 au 30 août, à Osches et aux environs immédiats. Le 30, dès 3 h. 30 du matin, toutes les troupes étaient sous les armes. A 4 heures, le long convoi qui accompagnait le corps d'armée commença le mouvement et s'engagea sur la route de Stonne (1). La 2ᵉ brigade de la 1ʳᵉ division formait l'avant-garde, le 99ᵉ en tête, le 47ᵉ réparti le long des voitures. La 1ʳᵉ brigade devait suivre ; avec elle se trouvaient l'artillerie de la division et deux escadrons du 4ᵉ hussards (2). Les escadrons disponibles de la division de cavalerie Ameil, au lieu d'assurer tout au moins le service de sûreté du corps d'armée, furent chargés également d'escorter le convoi.

---

(1) « Le 7ᵉ corps levait le camp à 4 heures du matin et voyait défiler devant lui la suite interminable des 1500 voitures de réquisition que l'intendance avait traînées à la remorque de nos convois..... vides pour la plupart. » (*Histoire de l'armée de Châlons*, par un volontaire de l'armée du Rhin, p. 121.)

(2) *Notes* sur les opérations de la 1ʳᵉ division du 7ᵉ corps, par le capitaine Mulotte.

D'après l'*Historique* manuscrit du 47ᵉ de ligne, la 1ʳᵉ brigade aurait pris la tête ; la 2ᵉ aurait marché sur le flanc gauche du convoi, à travers champs, en colonne à distance entière par division, les bataillons espacés de 600 mètres. C'est également la version donnée par le prince Bibesco (*loc. cit.*, p. 95).

Dans un *Mémoire*, le chef d'escadron Tassin, de l'état-major de la division Conseil Dumesnil, fait observer que c'était un ordre de marche analogue à celui qu'avait adopté Bugeaud à Isly.

Au moment du départ, de nombreux éclaireurs ennemis se montrèrent sur les hauteurs qui dominent Osches (1). Craignant une attaque, le général Douay fit prendre à la 1ʳᵉ brigade une position défensive sur les crêtes à l'Ouest du village ; elle y resta quelque temps et, constatant que l'ennemi ne faisait que des démonstrations, se mit en marche à son tour. Le général Douay prescrivit en même temps au général Conseil Dumesnil de prendre le commandement de la 2ᵉ brigade et de hâter le plus possible la marche du convoi en se gardant sur sa gauche et en s'arrêtant au besoin sur les emplacements avantageux. Les voitures d'ambulance et celles du train, qui étaient bien attelées, marchaient les premières et avançaient rapidement. Mais, à la sortie de La Berlière, quand il s'agit de gravir une côte que les pluies des derniers jours avaient rendue glissante, il fallut doubler les attelages des voitures de réquisition. On perdit là un temps précieux.

Le mouvement continua néanmoins ; la 2ᵉ division et la réserve d'artillerie devaient succéder à la 1ʳᵉ division, et la 3ᵉ former l'arrière-garde. Vers 8 heures, au moment où le général Douay allait partir d'Osches avec la 2ᵉ division, le maréchal de Mac-Mahon arriva, venant de Beaumont, par Stonne, très préoccupé du retard qu'il constatait dans la marche du 7ᵉ corps (2). Il déclara au général Douay qu'il fallait franchir la Meuse « coûte que coûte (3) » le soir même, et se débarrasser en arrivant au bivouac du lourd convoi qui entravait la marche. Toutes

---

(1) Ces éclaireurs appartenaient à deux escadrons du 1ᵉʳ régiment de uhlans de la Garde qui avaient suivi la veille le 7ᵉ corps.

(2) Dans ses *Souvenirs inédits*, le maréchal de Mac-Mahon dit qu'il rencontra le général Douay à La Berlière.

(3) Prince Bibesco, *loc. cit.*, p. 95.

les voitures vides devaient, sans plus tarder, être évacuées sur Mézières (1).

Le Maréchal indiqua trois points de passage : l'un à Mouzon, sur un pont de pierre où le 12ᵉ corps avait déjà passé et qui devait servir au 5ᵉ ; le second, à Villers-devant-Mouzon, où le génie terminait un pont de bateaux ; le troisième à Remilly, destiné au 1ᵉʳ corps et à la 2ᵉ division de cavalerie de réserve. Le général Douay hésita entre Mouzon et Villers. Mais comme la tête du convoi était déjà engagée sur le chemin de La Besace, il parut préférable, pour ne pas retarder la marche du corps d'armée, de le faire accompagner par la 1ʳᵉ division, qui suivait aussi la route de Mouzon par Yoncq. Les deux autres divisions et l'artillerie devaient prendre la route de Raucourt et d'Autrecourt, qui aboutit à Villers-devant-Mouzon. Le convoi et la 1ʳᵉ division semblaient suffisamment protégés par le 5ᵉ corps que l'on savait encore à Beaumont et qui allait s'avancer sur la droite. Ces résolutions prises par le général Douay, le Maréchal partit en insistant encore sur la nécessité de franchir la Meuse le soir même (2).

Le lieutenant-colonel Davenet, sous-chef d'état-major du 7ᵉ corps, et le capitaine Danès furent envoyés au général Conseil Dumesnil pour le prévenir des dispositions arrêtées et guider le convoi vers Mouzon. La division de cavalerie Ameil devait faire une halte à Stonne, laisser défiler les voitures et franchir également la Meuse à Mouzon.

Aussitôt après, on entendit le canon sur les derrières du corps d'armée. La brigade Bittard des Portes, 2ᵉ de

---

(1) *Ordre* du général Douay, daté d'Osches, 30 août.
(2) Le Maréchal aurait dit : « Vous aurez 60,000 hommes sur les bras ce soir si vous n'êtes pas au delà de la Meuse. » (Prince Bibesco, *loc. cit.*, p. 96-97.)

la 3ᵉ division, qui, renforcée par l'artillerie divisionnaire, formait l'arrière-garde, s'était à peine mise en mouvement, à 10 heures du matin, que des patrouilles de cavalerie ennemie qui l'observaient, l'avaient suivie en tenant les hauteurs (1). Les deux régiments s'étaient mis en marche, formés en colonnes par pelotons, le 82ᵉ en tête, puis venaient les deux premiers bataillons du 83ᵉ, l'artillerie, et enfin le IIIᵉ bataillon du 83ᵉ (2). Vers 11 heures, des troupes de cavalerie plus considérables apparurent au Nord d'Osches et, une demi-heure plus tard, deux batteries, en position à la cote 278 au Nord de Saint-Pierremont, ouvrirent le feu sur la colonne (3).

Le général Bittard des Portes arrêta les derniers pelotons du 83ᵉ de ligne et fit riposter par les deux batteries de 4 de la division (8ᵒ et 9ᵉ du 6ᵉ) établies près de La Berlière. Mais le général Douay survint, fit cesser le feu et reprendre la marche. « En effet, répondre, c'était perdre un temps précieux ; c'était se prêter aux manœuvres de l'ennemi dont le but était de retarder notre marche à tout prix, tandis que notre intérêt était d'avancer quand même (4). » Un peu plus loin, alors que le 82ᵉ était déjà engagé dans Stonne, la cavalerie allemande essaya de pousser sur le bois du Fay, mais elle fut dispersée par quelques salves de la batterie de canons à balles de la 3ᵉ division (10ᵉ du 6ᵉ), qui avait pris position à l'Ouest de Stonne, couverte par trois compagnies du 83ᵉ déployées en tirailleurs.

---

(1) Ces patrouilles appartenaient au 4ᵉ régiment de cavalerie würtembergeoise, qui faisait partie de l'avant-garde du Vᵉ corps.

(2) *Historique* de la brigade Bittard des Portes.

(3) C'étaient les deux batteries de l'avant-garde du Vᵉ corps $\left(\frac{I, II}{5}\right)$. Un officier et sept ou huit hommes furent mis hors de combat.

(4) Prince Bibesco, *loc. cit.*, p. 97.

Sur ces entrefaites, en approchant de Stonne, le général Douay entendit sur sa droite le bruit du canon qui devenait de plus en plus distinct à mesure qu'il avançait. Sa première pensée fut de marcher dans cette direction. Mais, des hauteurs voisines du village, il constata qu'une ligne de feux demi-circulaire entourait Beaumont et qu'une partie des troupes du 5ᵉ corps était déjà en retraite sur Mouzon. Pour lui porter secours, il fallait, pensa le général Douay, faire halte, réunir en toute hâte les éléments du 7ᵉ corps échelonnés sur la route de Stonne à Raucourt, leur frayer un passage à travers la colonne Conseil Dumesnil qui encombrait la route de Beaumont et franchir sans se désunir les dix kilomètres qui séparaient Stonne du champ de bataille. C'était, à son avis, risquer d'arriver trop tard et de se faire écraser en détail. Or, on avait déjà l'ennemi sur ses derrières et l'ordre était de gagner la Meuse au plus tôt. Le maréchal de Mac-Mahon ne l'avait pas modifié depuis que le canon avait retenti. Au surplus, le commandant en chef n'ignorait pas que le 5ᵉ corps était exténué par les marches, les contremarches, les combats et les privations des trois jours précédents ; il avait certainement pris les mesures nécessaires pour assurer son passage à Mouzon et tenir tête à une attaque éventuelle. S'il ne faisait donner aucun avis au 7ᵉ corps, c'est que la Meuse était toujours l'objectif à atteindre dans la journée. Il n'y avait donc qu'à se conformer à ses instructions ; marcher et se hâter vers les points de passage du fleuve.

C'est ainsi du moins que le général Douay jugea la situation (1). Il poursuivit donc sa marche, l'arrière-garde toujours escortée de patrouilles de cavalerie ennemie que deux compagnies du 83ᵉ obligèrent à s'éloigner. En

---

(1) Prince Bibesco, *loc. cit.*, p. 104-105.

approchant de Raucourt, l'état-major du 7ᵉ corps aperçut tout à coup, sur le chemin qui conduit d'Yoncq à Raucourt, des voitures du train roulant à bride abattue, des officiers et des soldats blessés, d'autres se traînant à peine, enfin une grande quantité de fuyards appartenant surtout à la 1ʳᵉ brigade de la division Conseil Dumesnil. Ces troupes avaient été englobées, entre Warniforêt et la Thibaudine, dans la lutte que livrait le 5ᵉ corps.

A la vue de cette déroute, le général Douay hésita sur la direction qu'il convenait de suivre. Craignant de trouver le pont de Villers-devant-Mouzon obstrué par le 5ᵉ corps, ou peut-être au pouvoir de l'ennemi, il prit le parti de se porter sur Remilly. Il rappela donc sa cavalerie en marche sur Villers (1) et engagea toutes ses troupes dans l'étroit vallon d'Haraucourt. Malgré la fatigue, les soldats avaient le sentiment du danger que leur aurait fait courir une attaque inopinée; aussi, dans tous les corps, activa-t-on la marche.

Vers 5 h. 15, au moment où la brigade d'arrièregarde atteignait Raucourt, dont les rues étaient assez encombrées, trois batteries de la 1ʳᵉ division bavaroise ouvrirent le feu sur le village. Le général Bittard des Portes arrêta ses deux régiments et fit prendre position : au 83ᵉ au Sud, au 82ᵉ à l'Ouest du village, tous deux abrités et dissimulés par des talus et des taillis. Puis le 82ᵉ reprit sa marche, tandis que le 83ᵉ, dont la plupart des compagnies étaient déployées en tirailleurs, arrêtait l'ennemi par sa ferme contenance, et se repliait, après l'écoulement de la colonne par les bouquets de bois situés à l'Ouest et au Nord-Ouest de Raucourt. A son tour, le 82ᵉ établissait son IIᵉ bataillon à la

---

(1) Prince Bibesco, *loc. cit.*, p. 109. Il semble que l'ordre ne soit pas parvenu, car il paraît résulter du *Rapport* du général Ameil qu'après avoir protégé le passage du convoi à Villers-devant-Mouzon, la cavalerie du 7ᵉ corps franchit la Meuse à son tour en ce point.

lisière du Gros Bois et une compagnie (1re du IIIe) sur une croupe à l'Ouest du vallon; ces unités, après avoir échangé quelques coups de fusil avec l'infanterie ennemie, rétrogradèrent ensuite sur Angecourt, accompagnées par quelques obus inoffensifs.

En arrivant à 1 kilomètre de Remilly, la tête de colonne du 7e corps trouva le chemin obstrué par la division de cuirassiers Bonnemains qui n'avait pas terminé son passage. Le général Douay fit déboîter les troupes des deux côtés de la route et continuer la marche vers le pont de Remilly. Mais il trouva le village encombré de troupes et constata qu'il fallait attendre que la division L'Hériller du 1er corps et la division de cuirassiers Bonnemains eussent achevé de franchir la Meuse. Il était 7 h. 15; la nuit arrivait; il fallait compter sur plus de deux heures d'attente. Les troupes du 7e corps reçurent l'ordre de former les faisceaux sur les emplacements mêmes qu'elles occupaient. Des grand'gardes furent établies et la réserve d'artillerie, rassemblée sur un vaste espace à l'Est de la route, fit face au Sud pour battre au besoin le débouché d'Angecourt.

La situation était grave; chacun le sentait et gardait une attitude silencieuse. Les troupes profitèrent de ce temps d'arrêt pour prendre quelques instants de repos. Mais le général Douay était dans une anxiété extrême, comprenant les dangers auxquels le corps d'armée était exposé s'il n'avait pas franchi la Meuse avant le jour.

Enfin, vers 10 h. 15, le mouvement put commencer. Mais, à 2 heures du matin, en raison des dégradations sans cesse croissantes que subissaient les ponts, seules l'infanterie de la 3e division et l'artillerie de la 2e avaient effectué leur passage.

A ce moment, le commandant de Bastard, attaché à l'état-major du maréchal de Mac-Mahon, vint apprendre au général Douay que l'armée entière se dirigeait sur Sedan.

A cette nouvelle, le commandant du 7ᵉ corps fit donner l'ordre à chaque chef de corps de se porter immédiatement sur cette ville, chacun pour son compte et par la voie la plus prompte. Le général Doutrelaine, commandant le génie du corps d'armée, fut chargé de veiller à ce que les troupes en train d'effectuer leur mouvement l'eussent terminé avant le jour, après quoi il devait détruire les ponts. Le général Douay prit ensuite la direction de Sedan, par la rive gauche de la Meuse, avec la 2ᵉ division, l'artillerie de la 3ᵉ division et la réserve d'artillerie.

« On commença alors une marche insensée, les voitures se doublant l'une l'autre dans la nuit noire et bousculant sans merci des groupes d'hommes épars de tous les régiments et de tous les corps, marchant au hasard droit devant eux, sans ordres et sans chefs (1). »

Le général Douay atteignit Sedan le 31, vers 5 heures du matin, suivi de près par la colonne qui avait longé la rive droite. Le général Conseil Dumesnil qui, avec le 99ᵉ de ligne, avait escorté le convoi et passé la Meuse à Villers, était arrivé à Balan à 2 heures du matin, précédé par la division de cavalerie Ameil.

« Hommes et chevaux étaient brisés par la fatigue, la faim, le froid, et les émotions qu'ils subissaient sans relâche depuis vingt-quatre heures. Les chevaux faisaient pitié ; ils se traînaient plutôt qu'ils ne marchaient. Quant aux hommes, la lassitude était arrivée à ce point qu'à peine assis les plus énergiques succombaient au sommeil (2). »

Le 12ᵉ corps devait rester en position près de Mouzon, sur les hauteurs de la rive droite de la Meuse, pendant

---

(1) *Histoire de l'armée de Châlons*, par un volontaire de l'armée du Rhin, p. 131.
(2) Prince Bibesco, *loc. cit.*, p. 17.

tout le temps qu'emploieraient les autres éléments de l'armée pour franchir le fleuve. Sa 1ʳᵉ division était campée au Nord-Est de la ville; la 2ᵉ entre la route de Stenay et la Meuse, sa 1ʳᵉ brigade sur deux lignes, sur les collines à l'Ouest du ruisseau de Moulins, sa 2ᵉ brigade en colonne au Nord du bois des Flaviers; la 3ᵉ division sur les crêtes au Nord-Ouest de Vaux, à cheval sur la route de Carignan, faisant face à l'Est. La division de cavalerie était établie au Sud-Est de Mouzon, entre la route de Stenay et la Meuse; les réserves d'artillerie et du génie au Nord-Ouest de la ville, entre la route de Sedan et la Meuse. La division de cavalerie Margueritte bivouaquait à Vaux, détachant le 4ᵉ régiment de chasseurs d'Afrique à Moulins, d'où il se couvrait par des grand'gardes dans la direction de Stenay.

Dans la matinée, deux escadrons de la division Lichtlin exécutèrent une reconnaissance: l'un sur Malandry et Olizy; l'autre sur Inor et Martincourt. L'ordre spécifiait qu'ils seraient rentrés au camp à 2 heures de l'après-midi et que, si Inor était occupé par l'infanterie ennemie, on ne devait pas y pénétrer.

La 5ᵉ compagnie du 3ᵉ régiment du génie, qui avait commencé, le 29 au soir, les travaux nécessaires à l'établissement d'un pont de chevalets à Villers-devant-Mouzon les reprit le 30, à 6 h. 30 du matin. Elle fut renforcée, un peu plus tard, par la 11ᵉ compagnie du même régiment (1). Le pont fut terminé un peu après 4 heures de l'après-midi.

Dans la soirée du 29 août, le grand quartier général allemand évaluait à deux ou trois corps d'armée les troupes françaises occupant le terrain compris entre les Champy et Saint-Pierremont, par Belval. Il apprenait,

---

(1) Appartenant à la réserve du génie du 12ᵉ corps.

d'autre part, que Beaumont était encore occupé, mais qu'une partie de l'armée française avait déjà franchi la Meuse et poussé des détachements jusqu'à Inor. De ces renseignements et de l'attitude générale des Français, le prince royal de Saxe concluait que l'intention du maréchal de Mac-Mahon était de masser, le lendemain, toutes ses forces sur la rive droite de la Meuse. Il espérait qu'en se portant vivement en avant lui-même, il pourrait encore atteindre quelques corps isolés et les écraser sur la rive gauche. Il fit donc prendre des dispositions préparatoires à cet effet, dès le 29 au soir.

Entre minuit et le point du jour, les avant-postes du XIIe corps remarquèrent que l'adversaire évacuait les Champy et Belval. Ce mouvement leur sembla tout d'abord dirigé vers Stenay mais, en même temps, on sut que cette ville était toujours gardée par un bataillon saxon (1), et que l'ennemi n'occupait pas la forêt de Dieulet. On pouvait en inférer qu'il avait dû se retirer de Belval et des Champy vers le Nord.

Les patrouilles de la cavalerie de la Garde vinrent d'ailleurs confirmer cette hypothèse. On n'avait point de nouvelles du 7e corps signalé à Osches, mais on considérait comme très vraisemblable que les Français tiendraient d'abord à Beaumont afin de protéger le passage du fleuve.

Cependant, le commandant de l'armée de la Meuse avait reçu les instructions du grand quartier général datées du 29, 11 heures du soir, et relatives à la marche offensive des deux armées allemandes sur Beaumont et Le Chesne. Il prescrivit en conséquence, dès 3 heures du matin : au IVe corps de marcher de Rémonville, Bayonville, sur Nouart et Fossé ; au XIIe de se concentrer par division à Beauclair et à l'Ouest du bois de

---

(1) Ier du *108e*, remplacé ensuite par le IIIe du *103e*.

Nouart. Ces troupes devaient faire halte en ces points à 10 heures du matin et se tenir prêtes à poursuivre leur mouvement.

Vers 6 heures du matin, à la réception des renseignements envoyés par les avant-postes, un second ordre régla, avec plus de détails, la marche vers Beaumont. Elle devait s'exécuter en quatre colonnes.

La *12*e division de cavalerie, la *23*e division d'infanterie et l'artillerie de corps saxonne devaient, de Beauclair, aller rejoindre, à Laneuville, la grande route de Stenay à Beaumont.

La *24*e division, partant du bois de Nouart, prendrait le chemin qui passe par Beaufort pour aboutir à la ferme de Belle Tour en traversant la forêt de Dieulet.

La *7*e division avait reçu l'ordre de se diriger de Nouart sur le Champy Haut et, à travers le bois de Belval, sur Belle Tour.

La *8*e marcherait directement de Fossé sur Beaumont, par Belval et le bois du Petit Dieulet.

Le terrain qu'avait à parcourir le centre étant particulièrement boisé, le commandant en chef recommandait d'attribuer l'artillerie de corps aux colonnes des ailes.

La Garde, déjà avisée dans le courant de la nuit, d'avoir à dégager la route de Buzancy à Beaumont, afin d'en laisser la disposition à la IIIe armée, recevait en outre l'ordre de venir s'établir en position de rendez-vous à l'Ouest de Nouart, à 10 heures du matin.

Le prince royal de Saxe réunissait ses commandants de corps d'armée à Bayonville à 8 heures du matin, et leur communiquait ses appréciations sur la situation. La difficulté consistait évidemment dans le débouché concordant des colonnes au Nord de la forêt de Dieulet. Il importait à cet égard d'éviter des affaires partielles contre un ennemi supérieur en nombre et dont les forces étaient vraisemblablement groupées. Aussi le commandant en chef de l'armée de la Meuse prescrivit-il que chaque division d'infanterie, après avoir atteint la lisière Nord des bois, n'engagerait provisoirement l'action que par son artillerie et attendrait que les colonnes latérales eussent débouché à leur tour. Dans le cas où les chemins marqués sur la carte se trouveraient être impraticables dans les bois, le prince de Saxe recommandait de maintenir au moins la direction prescrite. Il annonçait enfin l'arrivée en ligne prochaine, du IVe corps sur la gauche. De sa personne, il se rendait par Nouart aux environs de Fossé.

A la réception des instructions du grand quartier général, le commandant de la IIIe armée avait désigné les deux corps bavarois pour appuyer l'attaque sur Beaumont. Ils devaient, à cet effet, se mettre en marche : le Ier, à 6 heures du matin, en deux colonnes, pour venir, de Sommerance et Saint-Juvin, sur Buzancy et Bar, puis gagner, par Sommauthe, la grande route de Beaumont à Stonne ; le IIe, à 7 heures du matin, pour se porter des environs de Cornay à 2 kilomètres au Sud de Sommauthe et y rester en réserve.

Le prince royal de Prusse avait prescrit en outre :
Au Ve corps, de se diriger de Grand Pré et Beffu, par Briquenay et Authe, sur Oschcs, afin de pouvoir s'engager ensuite, soit à droite, soit à gauche, suivant les circonstances ;

A la division würtembergeoise, de marcher de Grand Pré sur Le Chesne par Longwé, Boult-aux-Bois et Châtillon ;

Au XIe corps de se porter, de Monthois et Saint-Morel, également sur Le Chesne, par Vouziers et Quatre-Champs, avec une colonne latérale passant par Terron ;

Au VIe corps, de suivre de Vienne jusqu'à Vouziers et d'y prendre des cantonnements très resserrés sur la rive gauche de l'Aisne.

Le départ était fixé à 6 heures du matin pour les Würtembergeois, le Ve corps et le XIe ; toutefois il était recommandé à leurs avant-gardes respectives, ainsi qu'à celle du Ier corps bavarois, de rompre de meilleure heure.

Les troupes ne devaient se faire suivre que des voitures nécessaires en cas de combat. Tout le reste devait demeurer au loin en arrière.

Deux des divisions de cavalerie étaient appelées dans le voisinage du théâtre de la lutte éventuelle; la 2e de Gratreuil, par Senuc, jusqu'au Nord de Buzancy; la 4e suivant, depuis Vouziers, le XIe corps jusqu'à Quatre-Champs, et se portant ensuite sur Châtillon. Les deux autres étaient destinées à inquiéter les communications de l'armée française. A cet effet, la 5e devait, d'Attigny, gagner les environs de Tourteron; la 6e, de Vouziers, se porter par Voncq sur Semuy, jeter de là des partis vers le Nord et surveiller en même temps les troupes ennemies récemment signalées à Reims.

L'intention du Prince royal était, en cas d'engagement, de s'établir de sa personne à Saint-Pierremont.

CHAPITRE VII

Bataille de Beaumont.

§ 1ᵉʳ. — *Description du champ de bataille.*

Le champ de bataille de Beaumont est une zone de terrain relativement étroite comprise entre la Meuse au Nord et à l'Est, le ruisseau marécageux de la Wamme et un de ses affluents de gauche au Sud, le ruisseau d'Yoncq à l'Ouest. Large d'environ 6 kilomètres dans sa partie Sud, cette bande se rétrécit jusqu'à en présenter moins de 4, sous le parallèle du village d'Yoncq au delà duquel elle s'agrandit légèrement à hauteur d'une colline improprement appelée le mont de Brune. Les routes du Chesne à Stenay et de Buzancy à Mouzon coupent cette zone de l'Ouest à l'Est et du Nord au Sud. Le bourg de Beaumont, bâti à l'intersection de ces deux voies de communications, est situé au fond d'une sorte de cuvette bordée au Sud par la forêt de Dieulet, dont la lisière forme une sorte de courtine flanquée par deux bastions, la forêt de Jaulnay à l'Est, le bois du Grand Dieulet à l'Ouest. Le terrain au Nord, à l'Ouest et au Sud du bourg est légèrement mamelonné et entièrement découvert. Immédiatement à l'Est s'élèvent les hauteurs dominantes dites des Gloriettes, parsemées de bouquets de bois. Au Nord la route de Mouzon gravit des pentes généralement dénudées que termine une crête jalonnée par la ferme de la Harnoterie, le bois Failly et le promontoire de Sainte-Hélène, surplombant une boucle tracée par la Meuse en aval de Létanne. Plus loin, elle laisse à l'Est le bois Givodeau qui projette deux avancées vers le Sud et le Sud-Ouest, de part et d'autre de la ferme de la Sartelle, et dont le versant oriental tombe sur la Meuse par des pentes relativement raides. La route borde ensuite le bois du Fond de Limon, impraticable, comme le précédent, en dehors des chemins. Elle contourne dans une dépression un mamelon boisé coté 295, qui la sépare de la vallée d'Yoncq et du moulin de Grésil, et se dirige vers le faubourg de Mouzon, dominée à droite par les hauteurs de Villemontry et du bois Luquet, à gauche par le mont de Brune, dont le point culminant ne dépasse pas 222 mètres et que franchit la voie romaine de Reims à Carignan.

Dans la nuit du 29 au 30, les camps du 5e corps avaient été établis aux abords mêmes de Beaumont; ceux des 1re et 3e divisions et de la réserve d'artillerie au Sud, entre le chemin qui conduit à la ferme Beauséjour et la route de Stenay, les troupes les plus avancées vers la cote 212; ceux de la 2e division et de l'artillerie de la 3e immédiatement au Nord du bourg et à l'Ouest de la route de Mouzon ; ceux de la division de cavalerie entre la route de Stonne et celle de Sommauthe (1). Les fermes qui parsèment le terrain compris entre Beaumont et la lisière Nord de la forêt de Dieulet n'étaient pas occupées. Sauf sur la route de Stenay où se trouvait une grand'garde du 17e de ligne, le 5e corps n'avait aucun service de sûreté.

---

(1) Les emplacements indiqués sur la carte pour chaque corps ne sont qu'approximatifs, faute de documents permettant de les préciser.

§ 2. — *Le 5ᵉ corps dans la matinée.*

Le 30 août, de grand matin, le maréchal de Mac-Mahon se rendit de Raucourt à Beaumont où il arriva à 6 h. 30. Son but était, à la fois, de se rendre compte de la situation des 5ᵉ et 7ᵉ corps qui étaient en présence de l'ennemi (1) et d'accélérer, autant que possible, leur marche et leur passage de la Meuse (2). En dépit des événements de la veille et bien qu'il ignorât « s'il avait devant lui une division ou plusieurs corps d'armée », le général de Failly ne se montrait nullement préoccupé (3). Le Maréchal lui expliqua que, dans les circonstances présentes, il ne s'agissait plus de combattre, mais de franchir la Meuse dans le plus bref délai (4). Il lui prescrivit en conséquence de marcher sur Mouzon, où il traverserait le fleuve sous la protection du 12ᵉ corps qui y était déjà établi depuis la veille.

En recevant cet ordre, le commandant du 5ᵉ corps crut devoir rendre compte au Maréchal de l'état d'épuisement dans lequel se trouvait son corps d'armée, dont les derniers détachements venaient d'arriver au bivouac depuis deux heures à peine (5). Il lui fit connaître qu'après toutes les pénibles journées de marche et de combat, pendant lesquelles son corps d'armée surmené n'avait pas reçu de distributions régulières, il lui était de toute impossibilité de le remettre en route, sans lui avoir donné quelques heures de repos et des vivres. La plupart des officiers et des soldats étaient arrivés au bivouac à jeun. Mais le convoi qui avait été laissé au Chesne le 27

---

(1) *Souvenirs* inédits du maréchal de Mac-Mahon.
(2) *Journal* de marche du 5ᵉ corps rédigé par le colonel Clémeur.
(3) *Enquête*, t. I, p. 36, Déposition du maréchal de Mac-Mahon.
(4) *Ibid*.
(5) Voir p. 36.

devait rejoindre dans la matinée à Beaumont, et l'on pourrait alors faire quelques distributions. « Cette opération aussitôt terminée, déclara le général de Failly, dès que les hommes se seront un peu reposés, séchés, et qu'ils auront pris quelque nourriture, le 5ᵉ corps se mettra en marche pour Mouzon (1). »

Le Maréchal n'insista pas et quitta le général de Failly en lui recommandant de franchir la Meuse dans le plus bref délai, pour trouver un abri derrière cette ligne de défense.

Le commandant du 5ᵉ corps donna aussitôt une série d'ordres préparatoires au départ. Les chefs de corps devaient remettre leurs troupes en état, faire rejoindre les hommes dispersés dans les différents bivouacs, renouveler les munitions, prescrire des appels, nettoyer les armes, qui en avaient le plus grand besoin, par suite des pluies des jours précédents et du combat de la veille. Les malades, les blessés, les chevaux indisponibles seraient dirigés sur Mézières.

Le général de Failly convoqua, à 9 heures, auprès de lui les généraux de division et les chefs de service. Leurs rapports ne signalèrent aucun incident de nature à faire supposer que la marche du 5ᵉ corps avait été suivie par l'ennemi. Les grand'gardes n'avaient pas rendu compte de sa présence, ce qui n'avait rien de surprenant en raison de la faible distance à laquelle elles se trouvaient en avant des camps. D'après tous les renseignements, il y avait lieu de croire que les différentes colonnes allemandes avaient continué leur mouvement sur Stenay, dont le pont avait été rétabli (2). On ajouta d'autant plus foi à ces informations que la cavalerie n'en avait pas

---

(1) *Journal* de marche du 5º corps rédigé par le colonel Clémeur.
(2) *Ibid.* — Cf. général de Failly, *Opérations et marches du 5ᵉ corps*, p. 45.

d'autres et que le général de Failly avait confiance en elle, « après tous les ordres qu'il lui avait donnés et renouvelés pendant tout le courant de la campagne, au sujet des reconnaissances journalières du matin (1) ». Toutefois, malgré le combat de la veille, on négligea de lui en demander le résultat, ce qui eût fait constater leur inanité ou leur absence.

On n'avait donc, pour le moment, aucune appréhension et les généraux n'avaient d'autre sujet de préoccupation que les mesures à prendre immédiatement pour reconstituer leurs régiments, pourvoir à leurs besoins, resserrer les liens tactiques un peu relâchés et faire remettre en état les armes rouillées. On reconnut que l'emplacement des bivouacs au Sud de Beaumont était défectueux, mais on jugea inutile d'y apporter des modifications pour ne pas fatiguer les troupes sans nécessité, puisque ces camps devaient être levés dans quelques heures. Le convoi, venant du Chesne, était signalé en effet; les distributions allaient avoir lieu et le corps d'armée se mettrait en marche à midi.

Pendant ce rapport, les généraux commandant les divisions insistèrent sur la nécessité de modifier la direction imprimée jusqu'alors à la conduite des troupes. Les marches forcées qu'elles avaient exécutées, sans trêve ni repos, depuis un mois, les démoralisaient et avaient développé en elles un esprit d'indiscipline qui avait déjà produit les plus fâcheux résultats. L'insuffisance et parfois l'absence totale des distributions, ainsi que l'abus des réquisitions irrégulières avaient commencé à répandre des habitudes de maraude qui ne pouvaient plus être tolérées. Les généraux conclurent en déclarant qu'il était plus que temps de modifier un pareil état de choses, sinon, n'ayant plus leurs troupes dans la main,

---

(1) *Journal* de marche du 5ᵉ corps rédigé par le colonel Clémeur

ils ne pouvaient plus répondre de rien au jour d'une grande affaire. On verra néanmoins, qu'en dépit de ces déclarations pessimistes, les soldats du 5ᵉ corps se comportèrent le 30 août avec une vaillance que dépassèrent rarement des troupes surprises dans des conditions aussi critiques.

A la fin de ce rapport, et pour répondre aux observations qui lui avaient été présentées, le général de Failly donna, pour le départ, les instructions suivantes :

« .... Le maréchal de Mac-Mahon, commandant l'armée, a donné l'assurance positive que les vivres pour le 5ᵉ corps étaient assurés pour quatre jours, sur la rive droite de la Meuse, à environ 2 kilomètres sur le chemin qui va de Mouzon à Vaux, pays non encore dévasté. Sur la rive gauche de la Meuse, il est impossible de trouver des vivres ; le pays est épuisé par les deux armées. Il y a donc urgence d'aller aux vivres, outre la nécessité militaire de rejoindre promptement le maréchal Bazaine et d'éviter, sur ses derrières, des combats qui arrêtent la marche sans grand résultat militaire.

« Les officiers et les soldats comprendront la nécessité de marcher en avant aujourd'hui même.

« En conséquence, le 5ᵉ corps se mettra en marche aujourd'hui pour se porter sur Mouzon (8 kilomètres), traverser la Meuse et prendre position à 2 kilomètres : position sur laquelle les vivres sont rassemblés. »

Ces instructions étaient suivies d'un ordre de mouvement. Le 5ᵉ lanciers, partant à midi, devait hâter sa marche sur Mouzon et atteindre rapidement le camp du 30 au soir, afin de garder le convoi de vivres destiné au 5ᵉ corps. La division de L'Abadie s'ébranlerait ensuite, « entre 1 heure et 2 heures (1) », avec le parc d'artillerie,

---

(1) *Ordre* de mouvement pour le 30 août. « Un planton, ajoutait l'ordre, sera envoyé à l'état-major général pour l'heure exacte du départ, qui

les bagages et les grosses voitures d'ambulance. Puis viendraient : la division de Lespart ; la réserve d'artillerie, moins les deux batteries de 12 ; la brigade Nicolas de la division Goze. La brigade Saurin, de cette dernière division, constituerait l'arrière-garde, suivie elle-même de trois escadrons du 5ᵉ hussards et du 12ᵉ chasseurs, renforcés par une batterie à cheval. Les batteries de 12 devaient prendre position (1) et y rester jusqu'à l'écoulement complet du gros de la colonne ; la brigade Saurin était chargée de les emmener.

Sur ces entrefaites, le convoi était arrivé du Chesne vers 9 heures, et une distribution de vivres avait eu lieu aussitôt. Le parc d'artillerie, composé de 60 voitures, avait rejoint en même temps et s'était installé auprès de la réserve d'artillerie. Les troupes avaient fait la soupe ; les hommes réparaient leurs effets et nettoyaient leurs armes ; le temps redevenait beau et, sous ces influences, la confiance semblait renaître quand la situation s'assombrit tout à coup.

De graves nouvelles commençaient à circuler. Des paysans, fuyant devant les troupes allemandes, accouraient de Stenay, de Belval, de Bois des Dames et annonçaient que des colonnes ennemies s'avançaient à travers les forêts de Dieulet et de Belval (2). Dans sa conviction, peu fondée du reste, que l'adversaire de la veille marchait sur Stenay, le général de Failly ne trouva rien d'étonnant à ce que les bois au Sud de Beaumont fussent traversés par quelques-unes de ses colonnes. Il ne jugea pas utile d'ailleurs d'envoyer des reconnais-

---

ne peut s'effectuer qu'après la distribution et la soupe mangée. Pour les autres parties de la colonne, les généraux..... enverront des officiers au camp pour suivre le mouvement des troupes et prévenir leur chef du moment où ils devront partir. »

(1) L'*ordre* de mouvement ne spécifiait pas en quel point.
(2) *Rapport* du colonel Weissenburger, commandant le 17ᵉ de ligne.

sances pour vérifier le fait et pour observer leur marche.

Une femme énergique, Mme Bellavoine, fondatrice du petit hospice de Beauséjour, n'hésita pas à se rendre auprès du général de Failly pour le prévenir des dangers qui menaçaient les troupes françaises. Elle ne put le joindre qu'avec difficulté et fut à peine écoutée (1).

Il en fut de même de M. Lagosse, maire de Montgon, qui signala l'arrivée de colonnes allemandes par la route de Stenay, et aux affirmations duquel le général de Failly ne voulut pas ajouter foi (2).

Pleinement rassuré par les renseignements sans valeur qu'il tenait de reconnaissances insuffisantes et d'avant-postes trop rapprochés, le général de Failly demeura convaincu que les Allemands avaient renoncé à le suivre.

Peu de temps après, vers midi 15, au moment où l'avant-garde allait se mettre en route, des obus éclatèrent à Beaumont et dans les camps situés au Sud, où les troupes étaient occupées, pour la plupart, à préparer ou à prendre leur repas, à nettoyer leurs fusils, à passer des revues d'armes, à exécuter diverses corvées, à conduire les chevaux à l'abreuvoir.

§ 3. — *Le IVe corps engage l'action.*

Les deux divisions du IVe corps avaient quitté, le 30 août, dès l'aube, leurs bivouacs des environs d'Andevanne et de Bayonville et, à 10 heures du matin, après

---

(1) Defourny, curé de Beaumont, *L'Armée de Mac-Mahon et la bataille de Beaumont*, p. 96-97 ; Cf. *Journal* de marche du 5e corps, rédigé par le capitaine de Piépape.

(2) *Note* adressée à la Section historique, le 11 février 1902, par M. Lagosse qui, en 1870, remplit avec le plus grand dévouement plusieurs missions dont il fut chargé par le maréchal de Mac-Mahon et le général Ducrot.

une courte halte à Nouart et à Fossé, elles s'étaient remises en marche sur Beaumont. Le mauvais état des chemins, encombrés d'ailleurs par d'autres voitures, causait quelque retard à l'artillerie de corps, à la traversée du bois de la Folie ; elle ne tarda pas cependant à rejoindre, par Fossé, la *8ᵉ* division, avec laquelle marchait également le général d'Alvensleben I commandant le IVᵉ corps.

A Belval, la division rencontra le *17ᵉ* régiment de uhlans saxons, en reconnaissance de ce côté depuis 5 heures du matin. D'une hauteur voisine de Bois des Dames, le colonel avait remarqué des camps français à Beaumont. Afin de se renseigner plus complètement, il avait envoyé, à travers le bois du Petit Dieulet, un escadron qui était arrivé jusqu'à la lisière Nord et, de là, avait fait savoir « qu'on n'apercevait pas de postes avancés sur le front des campements et, qu'au dire d'un paysan, les troupes françaises se reposaient en toute confiance (1) ». Ces nouvelles importantes furent aussitôt transmises au commandant de la *8ᵉ* division.

Tandis que le *17ᵉ* uhlans se portait sur Laneuville pour rallier le XIIᵉ corps, la *8ᵉ* division continuait, aussi silencieusement que possible, sa marche à travers la forêt, par la Forge et la ferme de la Belle Volée. Au débouché du bois, le 2ᵉ escadron du *12ᵉ* régiment de hussards, qui formait la pointe d'avant-garde, se met à l'abri des vues ; la 1ʳᵉ compagnie du *4ᵉ* bataillon de chasseurs se glisse jusqu'à la ferme de Petite Forêt.

De la hauteur située immédiatement au Nord-Est on distinguait, à 500 mètres environ, un premier camp au Sud de Beaumont, puis un second au Nord-Ouest. On évaluait les forces occupant la partie visible de ces camps à une brigade d'infanterie et un régiment de cavalerie.

---

(1) *Historique du Grand État-Major prussien*, 7ᵉ livraison, p. 992.

On constatait d'ailleurs que les Français n'avaient pas établi d'avant-postes et qu'ils reposaient dans une quiétude absolue (1).

D'après les recommandations du prince royal de Saxe, la *8e* division eût dû attendre, pour continuer son mouvement en avant, que les colonnes latérales fussent arrivées à sa hauteur (2). Mais le général d'Alvensleben I, qui avait rejoint son avant-garde, jugea que les Français ne tarderaient pas à s'apercevoir du danger et craignit de laisser échapper une si belle occasion de surprise. Aussi prit-il la responsabilité d'une attaque immédiate (3).

Vers 11 h. 30 il ordonna en conséquence :

Au *4e* bataillon de chasseurs, de rejoindre en silence sa 1re compagnie sur la hauteur située au Nord-Est de Petite Forêt, et derrière laquelle la *16e* brigade viendrait se rassembler ;

Au commandant de l'artillerie divisionnaire, d'établir les deux batteries d'avant-garde à l'Est de la ferme Beauséjour ; d'y amener aussi, le plus vivement possible, les deux batteries du gros, puis, le rassemblement de la *16e* brigade terminé, d'ouvrir brusquement le feu pour appuyer le mouvement offensif de l'infanterie ;

Au *12e* hussards, de rester provisoirement défilé aux vues.

Ces mouvements commencèrent aussitôt, sans que les Français en eussent aucun soupçon. Déjà les deux batteries de l'avant-garde (4, III/4) avaient pris position entre la ferme de Petite Forêt et Maison Blanche, et le *4e* bataillon de chasseurs avait atteint Petite Forêt, quand une vive agitation se produisit tout à coup dans

---

(1) *Historique du Grand État-Major prussien*, 7e livraison, p. 993.
(2) Voir p. 72-73.
(3) *Das Abbrechen von Gefechten, herausgegeben vom grossen Generalstabe*, p. 74.

les camps les plus proches, occupés par les 11e et 46e de ligne (1).

Ce dernier régiment avait été prévenu, en effet, de l'arrivée des Allemands par un soldat isolé qui était accouru en criant « *Aux armes !* », et cet appel semble s'être répercuté dans le camp du 11e (2).

Le général d'Alvensleben I, constatant le fait, ne crut pas devoir attendre que la *16e* brigade fût déployée et, à midi 15 environ, il prescrivit aux batteries d'avant-garde d'ouvrir le feu.

Ces coups de canon déterminèrent la 7e division à entrer en ligne (3). Le peloton de dragons qui marchait à la pointe d'avant-garde de cette division était arrivé, vers 11 h. 30, à la ferme de Belle Tour qu'il trouvait inoccupée mais il ne tardait pas à rencontrer, sur une hauteur au Nord, une fraction d'infanterie française (4).

Le *66e* sortait à ce moment des bois et se déployait :

---

(1) Ces deux régiments constituaient, avec le 4e bataillon de chasseurs, la 1re brigade de la division Goze.

(2) *Historiques* manuscrits des 11e et 46e de ligne.

(3) *Ordre* de marche de la 7e division d'infanterie :

Avant-garde....
- 1 peloton du 3e escadron du 7e dragons ;
- IIIe bataillon du *66e* ;
- 3e compagnie de pionniers de campagne ;
- 2e batterie du *4e*.

Gros..........
- Ier et IIe bataillons du *66e* ;
- 1re, 1re, IIe batteries du *4e* ;
- Ier, IIe, IIIe bataillons du *26e* ;
- Ier, IIe, IIIe bataillons du *93e* ;
- Ier, IIe, IIIe bataillons du *27e* ;
- 7e dragons.

(4) C'était peut-être — sans qu'on puisse l'affirmer — la compagnie de grand'garde du 17e de ligne (6e du IIe bataillon). L'*Historique du Grand État-Major prussien* dit à ce sujet (7e livraison, p. 995), que le « gros d'infanterie », comme il l'appelle, se replia aussitôt devant le peloton de dragons prussiens. Le fait paraît quelque peu invraisem-

le III⁰ bataillon sur le versant Sud de la hauteur, à cheval sur le chemin de Belle Tour à Beaumont, les tirailleurs poussant jusqu'à la crête ; le I⁰ʳ bataillon à l'Est, le II⁰ à l'Ouest de ce chemin.

De Belle Tour on n'apercevait ni les camps français de Beaumont, ni les mouvements de la *8*⁰ division. Aussi le général de Schwarzhoff, commandant la *7*⁰, se conformant aux instructions du général d'Alvensleben, avait-il l'intention de rassembler d'abord toutes ses troupes et d'attendre l'arrivée des colonnes latérales. Mais les bataillons de tête étaient à peine formés que les premiers coups de canon se faisaient entendre du côté de la *8*⁰ division. Le général de Schwarzhoff se décida alors à intervenir et ordonna à la batterie d'avant-garde (*2/4*) de venir prendre position sur la hauteur qu'occupaient déjà les tirailleurs du III⁰ bataillon du *66*⁰.

§ 4. — *Premières dispositions prises au 5⁰ corps.*

Au premier coup de canon, suivi d'un court silence puis d'une immense clameur, chacun, dans le camp français, avait couru aux armes. Ce furent tout d'abord un désarroi et une confusion inexprimables dans cette masse d'hommes s'équipant à la hâte, se précipitant aux faisceaux, sellant ou harnachant les chevaux parfois affolés, courant en tous sens avec leurs attelages. La population de Beaumont, saisie d'épouvante, augmentait encore le désordre en fuyant à travers les tentes et les

---

blable. L'*Historique* ajoute d'ailleurs que le peloton rétrograda également.

L'*Historique* du 7⁰ régiment de dragons relatant textuellement le *Rapport* sur la bataille de Beaumont s'exprime ainsi (p. 54) : « Le peloton d'avant-garde, sous les ordres du lieutenant de Gustedt, se heurta d'abord au débouché des bois et, en se dirigeant sur Beaumont, à une grand'garde ennemie qui, immédiatement après, s'engagea contre notre infanterie. Le 3⁰ escadron perdit là trois chevaux. Le régiment déboucha de la forêt vers 1 heure. »

parcs. Partout les officiers faisaient des prodiges de vigueur et de sang-froid, et se multipliaient pour conjurer les effets de cette crise ; pour empêcher leurs unités de se débander ; pour les réunir et les former en bataille. Grâce à leurs efforts et à la proportion des cadres et des soldats éprouvés par plusieurs campagnes, la panique fut évitée.

Revenues de leur première surprise, les troupes parvinrent à se ressaisir assez vite et à se former à la voix de leurs chefs, en dépit d'une grêle d'obus et même de balles dont l'intensité augmentait sans cesse. Les généraux, montés immédiatement à cheval, parcouraient les camps, donnant l'exemple du calme et du mépris de la mort, et prenaient leurs dispositions pour parer, dans la mesure du possible, à cette attaque imprévue.

Les troupes qui avaient bivouaqué au Nord de Beaumont, 2e division et artillerie de la 3e, furent relativement soustraites au désarroi, en raison de leur éloignement et des préparatifs de leur mise en route prochaine. Tout d'abord, le général de L'Abadie d'Aydrein s'était contenté de prendre quelques mesures « pour défendre le camp (1) ».

Au 14e bataillon de chasseurs, les 5e et 6e compagnies avaient été envoyées auprès de l'artillerie de la 2e division pour lui servir de soutien ; les 1re et 3e s'étaient portées à 500 mètres environ en avant du front de bandière et s'étaient embusquées dans des jardins de Beaumont, derrière des haies et des murs de clôture ; la 4e était restée au camp (2). Le 49e de ligne, de son côté, s'échelonna par bataillons, la gauche aux premières maisons du bourg.

Une panique faillit avoir lieu au 88e de ligne. L'artil-

---

(1) *Journal* de marche de la 2e division.
(2) La 2e compagnie était à Metz avec la brigade Lapasset.

lerie, qui avait formé son parc derrière ce régiment, présentait une masse de chevaux et de voitures qui attirait les obus de l'artillerie prussienne. Un certain nombre de caissons font explosion; des chevaux affolés se jettent dans les bivouacs du 88e; quelques voitures attelées à la hâte se lancent à toute allure parmi les tentes. Surexcités, les soldats se précipitent aux faisceaux et les rompent, les uns pour faire le coup de feu, les autres pour s'enfuir. Le régiment, en tout cas, allait être disloqué, désorganisé, quand le lieutenant-colonel Demange, grâce à son imperturbable assurance, empêcha le désordre imminent de se produire. Le premier, il s'était porté devant le front de bandière, avait ordonné de reformer les faisceaux et de rester sur deux rangs en arrière. Puis, d'une voix très calme, il avait demandé son cheval et ses armes.

« Je le vois encore, dit un témoin oculaire, entourant lentement et méthodiquement sa taille d'une ceinture de zouave, tout en rassurant les hommes qui se trouvaient le plus près de lui. Enfin, montant à cheval et dressant sa haute stature, il tire son épée, fait faire un roulement, puis il commande : « Rompez les faisceaux ! »

« *Cette attitude avait déjà produit son effet.* Les hommes sont immobiles et s'alignent, quelques-uns plaisantent; les officiers sont à leurs places de bataille et achèvent de remonter par leur exemple le moral de leurs soldats (1). »

Constatant « que c'était une véritable bataille qui s'engageait (2) », le général de L'Abadie laissa les tentes

---

(1) Récit rédigé en 1881 par le capitaine Guèze, qui était sous-lieutenant au 88e, à Beaumont. (Cité par le général Canonge, *Traité d'histoire et d'art militaire*, t. II, livraison 49.)

(2) *Journal* de marche de la 2e division. Cf. *Relation* du colonel en retraite Lespinasse, commandant alors le IIIe bataillon du 88e.

dressées, fit mettre sac au dos et, disposant ses troupes par échelons, prescrivit d'occuper la ligne de hauteurs qui dominent au Nord Beaumont et Létanne. Le mouvement fut exécuté « avec beaucoup d'ordre (1) ». Le 88e de ligne s'établit vers Sainte-Hélène après une marche « admirable d'ordre et de silence (2) » sous le feu de l'artillerie ennemie ; successivement les Ier, IIe et IIIe bataillons du 49e se déployèrent à sa droite ; le 14e bataillon de chasseurs en réserve à 500 mètres en arrière (3).

Les deux batteries de la 2e division prirent immédiatement position : la 5e du 2e à 400 mètres environ au Nord du moulin à vent, à l'abri d'un talus bordant la route de Mouzon ; la 8e du 2e à 100 mètres seulement du camp, près du moulin à vent même (4). Cette dernière, prise en écharpe, changea bientôt d'emplacement ; elle s'établit non loin du premier, où elle subit les mêmes inconvénients, puis près de la route de Mouzon, à hauteur de la lisière méridionale du bois Failly. La 5e du 2e, exposée, elle aussi, à des coups d'écharpe, vint l'y rejoindre.

Les batteries de la 3e division $\left(\frac{9, 11, 12}{2}\right)$, qui avaient campé à la sortie Nord de Beaumont, à côté de celles de la 2e, se placèrent d'abord près de la 5e du 2e, à 400 mètres environ au Nord du moulin à vent, les 11e et 12e à l'Est, la 9e à l'Ouest de la route de Mouzon.

La 12e batterie du 2e n'avait que cinq pièces ; la sixième, dont l'attelage de derrière avait été tué, était restée au parc. Sans hésiter, le maréchal des logis

---

(1) Journal de marche de la 2e division.
(2) Récit du capitaine Guèze.
(3) Les 5e et 6e compagnies étaient restées auprès de l'artillerie ; les 1re et 3e avaient rallié la 4e.
(4) La troisième batterie divisionnaire (7e du 2e) était à Metz avec la brigade Lapasset.

Pourchaire, suivi du 1ᵉʳ conducteur Simplot, retourna au parc, parvint à atteler cette bouche à feu sous une grêle de projectiles et la ramena à sa place de batterie (1).

Déjà, d'ailleurs, une des batteries de la 1ʳᵉ division, la 6ᵉ du 6ᵉ, qui avait campé dans le vallon au Nord-Ouest de Beaumont et qui, devant marcher à l'avant-garde, avait ses chevaux harnachés, s'était établie, dix minutes après le premier coup de canon, sur les hauteurs au Sud de la cote 225.

La division de cavalerie Brahaut, dont le 5ᵉ lanciers, était en marche sur Mouzon (2), était réduite au 5ᵉ hussard et au 12ᵉ chasseurs. Dans ces deux régiments, bivouaqués à la sortie Nord-Ouest de Beaumont, les chevaux furent sellés sous les projectiles avec un sang-froid tel qu'au 5ᵉ hussards, par exemple, un seul homme démonté manqua à l'appel. Le rassemblement des escadrons s'effectua au Nord de Beaumont derrière les batteries de la 2ᵉ division.

Parmi les troupes stationnées au Sud de Beaumont, divisions Goze et de Lespart, « la défense s'était bientôt organisée, prompte et vigoureuse (3) ». Non sans une certaine confusion, il est vrai, les brigades Saurin, à droite, et de Fontanges, à gauche, se forment en première ligne, les brigades Nicolas et Abbatucci derrière celles-ci.

A la brigade Saurin campée à l'Ouest du chemin de Petite Forêt, le 4ᵉ bataillon de chasseurs, prêt le premier, se porte rapidement en avant vers la crête à l'Ouest de la cote 212 et s'engage contre le 4ᵉ bataillon

---

(1) *Historique* manuscrit du 2ᵉ régiment d'artillerie.
(2) Il devait y prendre et escorter un convoi de vivres destiné au 5ᵉ corps.
(3) *Historique du Grand État-Major prussien,* 7ᵉ livraison, p. 1002.

de chasseurs prussiens, qui débouche de la ferme de Petite Forêt. Il est soutenu bientôt à sa gauche par le 11e de ligne, dont les trois bataillons se déploient dans l'ordre de leurs numéros, de la droite à la gauche, le IIe formant échelon en arrière. Le 46e de ligne, gêné dans son déploiement par le 11e, n'intervient tout d'abord dans l'action que par quelques tirailleurs (1).

A la brigade de Fontanges, le 68e de ligne, campé à l'Ouest du chemin de Belle Tour, passait, par un heureux hasard, la revue des armes et des cartouches au moment même où le premier coup de canon fut tiré. Deux compagnies du Ier bataillon, aussitôt déployées en tirailleurs, se portèrent sur les hauteurs au Sud, où elles se trouvèrent face à face avec les tirailleurs prussiens du 66e, qu'elles chargèrent à la baïonnette. Les IIe et IIIe bataillons se déployèrent derrière ces compagnies, le reste du Ier demeurant en réserve (2).

Le 17e de ligne, campé à l'extrême gauche entre le chemin de Belle Tour et la route de Stenay, avait placé en grand'garde la 6e compagnie du IIe bataillon, qui résista énergiquement à l'attaque et eut deux officiers blessés, le capitaine Le Pape et le sous-lieutenant de La Pena. Dès le début, le Ier bataillon, qui n'avait pu encore remplacer ses cartouches épuisées la veille, fut renvoyé en arrière ; les IIe et IIIe se déployèrent entre la route de Stenay et la gauche du 68e, poussant en avant, en tirailleurs, les 2e et 3e compagnies plus une section de la 4e compagnie du IIe bataillon et la 1re du IIIe, celle-ci destinée plus particulièrement à appuyer la grand'garde sur sa gauche (3).

---

(1) *Historique* manuscrit du 11e de ligne.
(2) *Historique* manuscrit du 66e de ligne.
(3) *Rapport* du colonel Weissenburger du 17e de ligne ; *Historique* manuscrit du 17e de ligne.

Cependant, les batteries de la réserve d'artillerie (1), campées au Sud de Beaumont, dans le vallon au Nord-Ouest de la cote 212, se hâtaient d'atteler leur matériel et y parvenaient en moins d'un quart d'heure.

« Inexprimable fut la confusion du premier moment de cette surprise ; toutefois, officiers et canonniers firent admirablement leur devoir ; les chevaux, non tués à la corde, furent garnis, sellés, bridés et attelés sous le feu même de l'ennemi (2). »

Les deux premières pièces prêtes appartiennent à la 6ᵉ batterie du 2ᵉ ; elles sont conduites, l'une par le chef d'escadron Cailloux et le lieutenant en second Courtès-Bringou un peu au delà de la crête située au Sud du camp ; l'autre par le lieutenant en premier Nicollet, un peu plus en arrière. Le colonel de Salignac-Fénelon, commandant la réserve d'artillerie et le capitaine commandant de Tessières accompagnent cette dernière pièce (3).

Pendant ce temps, l'adjudant Morel a rassemblé les quatre autres bouches à feu et les met en batterie (4). A peine le lieutenant Courtès-Bringou a-t-il ouvert le feu qu'un de ses servants est blessé et deux chevaux atteints. Le colonel de Salignac-Fénelon est renversé avec son cheval par un obus qui éclate dans la terre près de lui. Il faut quitter cette position si aventurée. La 6ᵉ batterie se replie et vient s'établir à côté de la 10ᵉ du 2ᵉ, vraisemblablement sur les hauteurs du moulin à vent (5).

Des deux batteries de 12, la 11ᵉ du 10ᵉ dont les conduc-

---

(1) 6ᵉ et 10ᵉ (de 4) du 2ᵉ ; 11ᵉ (de 12) du 10ᵉ ; 11ᵉ (de 12) du 14ᵉ ; 5ᵉ et 6ᵉ (à cheval) du 20ᵉ.
(2) *Journal* de marche de la réserve d'artillerie.
(3) *Rapport* du chef d'escadron Cailloux (sans date).
(4) *Historique* manuscrit du 2ᵉ régiment d'artillerie.
(5) Le *Rapport* du chef d'escadron Cailloux dit : « Au delà de Beau-

teurs étaient au fourrage, mit ses pièces en batterie à bras et ouvrit le feu sur l'emplacement même du camp; elle y resta jusqu'au moment où elle put disposer de ses attelages et recula ensuite jusqu'à une deuxième crête (1) située un peu au Nord de l'intersection du chemin de Petite Forêt avec un autre chemin venant de la sortie Sud-Ouest de Beaumont. Moins heureuse, la 11e du 14e fut forcée d'abandonner trois pièces dont les attelages avaient été tués; le reste gagna le carrefour au Nord-Est de la Harnoterie.

Aux deux batteries à cheval (5e et 6e du 20e) les hommes avaient pris toutes leurs dispositions « avec le plus grand sang-froid et sans désordre (2) ». Le lieutenant en second Majorelle de la 6e batterie, dont la section avait été prête la première, fit ouvrir le feu derrière la crête qui masquait le camp, au jugé, pour faire comprendre à l'infanterie qu'elle était appuyée par l'artillerie (3). Les deux batteries s'établirent bientôt, moins de dix minutes après le premier coup de canon, « à hauteur et à droite de leur campement (4) », puis auprès de la 11e du 10e, sur la deuxième crête au Sud de Beaumont (5).

Plusieurs caissons de la réserve d'artillerie dont les conducteurs et les attelages avaient été tués ou dont les chevaux effrayés s'étaient détachés et enfuis, furent laissés au camp. Il en fut de même des tentes et des bagages,

---

mont....., dans une position assez avantageuse....., le terrain s'élevant en pente douce en arrière, sans présenter de dépression. »

(1) Les vues de cette deuxième crête sont très limitées. On n'aperçoit pas le terrain situé au delà de la première crête (celle de la cote 212), vers Petite Forêt.

(2) *Historique* manuscrit du 20e régiment d'artillerie.

(3) Renseignements communiqués sur le terrain même par le colonel Majorelle.

(4) Renseignements fournis à la Section historique le 8 novembre 1903 par M. le général Macé; *Historique* du 20e régiment d'artillerie.

(5) *Journal* de marche de la réserve d'artillerie.

ainsi que d'une trentaine de voitures du parc d'artillerie qui, pourvues de conducteurs moins solides et moins expérimentés que ceux des batteries, tombèrent un peu plus tard aux mains de l'ennemi.

La 5ᵉ batterie du 6ᵉ de la 1ʳᵉ division prit une première position (1) où elle se maintint environ une demi-heure, tirant tantôt sur l'artillerie, tantôt sur l'infanterie ennemie. Elle se replia ensuite au Nord-Ouest de Beaumont. La 7ᵉ du 6ᵉ, de la même division, traversant le bourg, s'établit à 800 mètres environ au Nord-Ouest.

§ 5. — *Combats au Sud de Beaumont.*

Sur tout le front, les troupes françaises campées en première ligne s'étaient portées en avant, avec un sentiment très remarquable de l'offensive et une bravoure à laquelle il faut rendre hommage. Mais sous la pression des circonstances, chaque chef de corps, de bataillon, quelquefois même de compagnie, avait pris le commandement des troupes sous ses ordres et les avait engagées selon ses vues. De là un désordre inévitable qui, joint à la confusion provenant de la surprise, avait rendu toute direction impossible.

Bientôt, le 4ᵉ bataillon de chasseurs, les 11ᵉ, 46ᵉ, 68ᵉ et 17ᵉ de ligne eurent constitué, à 1000 mètres environ au Sud de Beaumont, entre le chemin de la ferme Beauséjour et la route de Stenay, d'épaisses lignes de tirailleurs qui firent subir, en quelques instants, des pertes considérables à leurs adversaires. Les deux batteries d'avant-garde de la 8ᵉ division $\left(\frac{III, 4}{4}\right)$ ne disposèrent plus, au bout de peu de temps, que de deux ou trois servants par pièce; celle de l'avant-

---

(1) Les documents existants ne permettent pas de la définir.

garde de la $7^e \left(\dfrac{2}{4}\right)$ fut également très éprouvée (1).

Vers midi et demi, les deux autres batteries de la 8e division $\left(\dfrac{3,\text{ IV}}{4}\right)$ vinrent s'établir à côté des deux premières en s'intercalant entre elles; elles tirèrent tant contre l'artillerie française établie à l'Ouest de Beaumont que contre l'infanterie.

Des cinq bataillons restants (2) de la *16*^{e} brigade : le IIIe du *96*^{e} était employé à couvrir l'artillerie, le IIIe du *86*^{e} demeurait en réserve à la ferme de Belle Volée, les Ier et IIe du *86*^{e}, le IIe du *96*^{e} se formaient auprès de la Tuilerie.

A la 7e division, les trois batteries du gros de la colonne $\left(\dfrac{1,\text{ I, II}}{4}\right)$ n'avaient pas tardé à renforcer celle de l'avant-garde, non loin de la cote 217, au Nord de la ferme de Belle Tour; les deux batteries lourdes à droite, la 1re légère à gauche de celle-ci. Plus en arrière, le *26*^{e}, deuxième régiment de la *13*^{e} brigade, commençait à se déployer.

Vers midi 45, les trois corps de la brigade Saurin (3), 4e bataillon de chasseurs, 11e et 46e de ligne, fondus tout entiers en tirailleurs, exécutent un mouvement offensif sous l'impulsion de la brigade Nicolas (4) dont les régiments, campés en arrière, sont parvenus à constituer quelques unités tactiques. Sous la vigoureuse direction du colonel de Béhagle, le 11e de ligne se lance sur Petite Forêt; le 46e, à sa gauche, se conforme à ce mouvement.

---

(1) *Historique du Grand État-Major prussien*, 7e livraison, p. 994 et 996.

(2) Le 4e bataillon de chasseurs avait été engagé dès le début; le Ier du *96*^{e} était avec l'artillerie de corps.

(3) 1re de la division Goze.

(4) 2e de la division Goze.

Le major de Lettow, commandant le 4ᵉ bataillon de chasseurs, appelle sa 4ᵉ compagnie, maintenue jusque-là en arrière; elle parvient, par des feux de salve et à volonté, à arrêter quelque temps les tirailleurs français qui lui font face. A leur tour, les trois bataillons prussiens qui se sont formés près de la Tuilerie se portent en avant et, dépassant les chasseurs, couronnent la crête de la hauteur au Nord-Est de Petite Forêt : le IIᵉ bataillon du *96*ᵉ se déploie entre le Iᵉʳ du *86*ᵉ à sa droite et le IIᵉ du *86*ᵉ à sa gauche. Deux compagnies du 4ᵉ bataillon de chasseurs, les 2ᵉ et 3ᵉ, viennent s'intercaler sur le front, une à chaque aile du IIᵉ bataillon du *96*ᵉ; les deux autres organisent défensivement la ferme de Petite Forêt (1).

Le mouvement offensif de la brigade Saurin est arrêté par une violente fusillade et par l'artillerie de la *8*ᵉ division, dont l'efficacité augmente en proportion de la densité sans cesse croissante des groupements français. Au 11ᵉ de ligne, le colonel de Béhagle et un grand nombre d'officiers sont mortellement atteints; le commandant Friant du IIᵉ bataillon, blessé une première fois, est forcé, à la suite d'une blessure nouvelle, de confier le commandement au capitaine adjudant-major Bonnet. Au 46ᵉ, les pertes sont également très fortes.

L'entrée en action des deux régiments de la brigade Nicolas détermine néanmoins un mouvement en avant général. Les deux bataillons présents du 86ᵉ qui se trouvaient d'abord l'un derrière l'autre, se forment en bataille sur une seule ligne, le Iᵉʳ à la droite du IIIᵉ. Dès les premiers coups de feu, le commandant Mathis du Iᵉʳ bataillon, et les capitaines Perken et Bourdel sont frappés mortellement; le commandant Maly a son cheval tué sous lui; bientôt après, le colonel Berthe déjà blessé une première fois est grièvement atteint; les capitaines

---

(1) *Historique du Grand État-Major prussien*, 7ᵉ livraison, p. 994-995.

Cuny, Schram et Houlès sont hors de combat. L'offensive du 86ᵉ est secondée à gauche par le 64ᵉ, qui forme brigade avec lui.

Mais quatre nouveaux bataillons prussiens interviennent dans la lutte. Le général de Schöler, commandant la 8ᵉ division, ordonne au IIIᵉ bataillon du 96ᵉ, employé jusque-là à couvrir l'artillerie, de venir renforcer la première ligne, et au 31ᵉ, qui marche en tête de la 15ᵉ brigade, de s'engager sur-le-champ. Le 71ᵉ s'établit en réserve à la sortie de la forêt. Enfin, les six batteries de l'artillerie de corps qui suivent la 15ᵉ brigade débouchent du couvert et viennent prendre position près de celles de la 8ᵉ division. Elles n'avaient pas ouvert le feu toutefois que déjà l'offensive des Français était enrayée.

Les troupes prussiennes qui combattaient au Nord de Petite Forêt avaient reçu également un appui sur leur droite. La 8ᵉ division avait fait connaître en effet à la 7ᵉ qu'elle s'était heurtée à une vigoureuse résistance au Nord de Petite Forêt. Aussi le général de Schwarzhoff avait-il donné l'ordre de faire avancer aussitôt toutes les troupes déjà sorties du couvert. Tandis que le Iᵉʳ bataillon du 66ᵉ se dirigeait vers la route de Stenay, les IIᵉ et IIIᵉ prolongeaient l'extrême droite de la première ligne de la 8ᵉ division. Le 26ᵉ déployait ses deux premiers bataillons, en quatre demi-bataillons, derrière cette aile, entre le chemin de Belle Tour et la route de Stenay, et faisait tenir par deux compagnies du IIIᵉ le bouquet de bois voisin de la ferme de Beaulieu pour faciliter aux divisions saxonnes le débouché de la forêt (1).

Les deux régiments de la 14ᵉ brigade s'établissaient : le 93ᵉ derrière l'artillerie de la division, près de la pointe boisée la plus en saillie vers le Nord, le 27ᵉ en réserve près de Belle Tour. C'est sur ce point que s'était porté le général d'Alvensleben I, commandant le IVᵉ corps. Son

---

(1) *Historique du Grand État-Major prussien*, 7ᵉ livraison, p. 996.

chef d'état-major envoyait des officiers au XII⁰ corps saxon et au 1ᵉʳ corps bavarois « pour les mettre au courant des événements et leur demander de s'inspirer de la situation pour entrer en ligne dans la bataille engagée à Beaumont (1) ».

L'arrivée de renforts sur le front et à l'aile droite de la première ligne de la *8⁰* division détermine un mouvement en avant général, efficacement appuyé par l'artillerie. Le combat oscille quelque temps sur la crête au Nord-Est de Petite Forêt avec des alternatives diverses. Par deux fois, le 86⁰ de ligne tente une charge à la baïonnette qui échoue « sous un feu écrasant d'écharpe et de face (2) ». Il parvient cependant à ne pas céder de terrain. A trois reprises le 46⁰, très éprouvé par l'artillerie ennemie, recule, puis se reporte en avant. L'espace perdu est reconquis « au prix de grands efforts et de nouvelles victimes (3) ». Neuf officiers sont tués, parmi lesquels le commandant de Lacvivier.

Pressentant l'issue de ce combat inégal, le général Liédot, commandant l'artillerie du 5ᵉ corps, avait prescrit aux batteries de la réserve de quitter leurs positions à l'Ouest et au Sud de Beaumont, et de venir s'établir sur les hauteurs au Nord-Est du bourg. Cette retraite, nécessaire sans doute en raison des progrès de l'adversaire, allait priver l'infanterie de la division Goze de l'appui de l'artillerie et la laisser exposée aux feux de l'infanterie et des batteries adverses à la fois.

La 6ᵉ batterie du 6ᵉ se maintint encore, pendant un quart d'heure environ, au Sud de la cote 225, puis, considérant qu'elle n'avait pour soutien qu'une compagnie de chasseurs et qu'elle était « complètement isolée (4) »,

---

(1) *Historique du Grand État-Major prussien*, 7ᵉ livraison, p. 997.
(2) *Historique* manuscrit du 86ᵉ de ligne.
(3) *Historique* manuscrit du 46ᵉ de ligne.
(4) *Rapport* du chef d'escadron Pérot.

elle s'établit d'abord au Nord-Est de la cote 225, puis elle fit sa retraite par section, pour gagner le sommet de l'angle formé par la route de Mouzon et le chemin de la Harnoterie. Elle y retrouva les deux autres batteries de la 1re division (5e et 7e du 6e).

Des péripéties analogues caractérisaient le combat livré par les deux régiments de la brigade de Fontanges, (68e et 17e de ligne), déployés à la gauche des troupes de la division Goze.

Les deux compagnies du Ier bataillon du 68e déployées primitivement en tirailleurs avaient été refoulées par le IIIe du *66*e (1) sur la ligne formée par les IIe et IIIe bataillons établis à cheval sur le chemin de Belle Tour. Ceux-ci avaient dû céder ensuite peu à peu sous l'effort produit par les IIe et IIIe du *66*e, soutenus en arrière par les quatre demi-bataillons du *26*e et appuyés par l'artillerie.

Le lieutenant-colonel Paillier, commandant le 68e, dont le courage et le sang-froid furent au-dessus de tout éloge (2), parvint cependant à reconquérir le terrain perdu « par différentes charges à la baïonnette exécutées à propos (3) ». Au cours de l'une d'elles, les tirailleurs faisant plier le IIe bataillon et la 4e compagnie du *66*e poussèrent « jusqu'à 50 pas des pièces prussiennes (4) ». Mais le IIIe bataillon du *66*e intervient à droite et à gauche ; en outre « toutes les troupes de soutien sont successivement appelées en première ligne (5) » ; le 68e recule à son tour.

Le lieutenant-colonel Paillier fait entrer en ligne les quatre dernières compagnies du 1er bataillon maintenues

---

(1) Tête de colonne de la 7e division. Voir p. 97.
(2) *Rapport* du général de Fontanges, 9 septembre 1870.
(3) *Ibid.*
(4) *Historique du Grand État-Major prussien*, 7e livraison, p. 997.
(5) *Ibid.*

jusque-là en réserve et parvient ainsi à enrayer les progrès de l'ennemi sur ce point. Mais ce résultat n'est obtenu qu'au prix de pertes considérables en hommes de troupe et en officiers; parmi ceux-ci sont le commandant Lacazedieu tué et le commandant Frelaut blessé grièvement de trois coups de feu (1).

A l'extrême gauche, entre le chemin de Belle Tour et la route de Stenay, l'ennemi, qui n'avait engagé dans ce secteur que les trois premières compagnies du 66e, était facilement contenu par les IIe et IIIe bataillons du 17e de ligne.

La moindre intensité de l'attaque à l'aile gauche française avait déterminé le général Guyot de Lespart à ne laisser au Sud de Beaumont que sa 2e brigade et à diriger la 1re sur les hauteurs au Nord.

Le commandant du 19e bataillon de chasseurs donna l'ordre d'abattre les tentes, de faire les sacs, et « quand on eut ramassé jusqu'au dernier ustensile de campement (2) », le bataillon se forma en bataille, rompit par sections dans le plus grand ordre et se mit en mouvement sous un feu d'artillerie très vif. Il descendit au fond du vallon parcouru par le ruisseau de Beaumont et laissant le bourg à l'Ouest, gravit les pentes opposées, puis vint se placer à droite de la ligne de bataille que constituaient les troupes de la 2e division. Le 27e de ligne avait pris, au Nord de Beaumont, la route de Mouzon. Le 30e, à sa droite, marchait à travers champs; les trois premières compagnies du IIe bataillon s'arrêtèrent un moment « pour protéger de leurs feux l'établissement d'une batterie à mi-côte, destinée à retarder la marche de l'ennemi (3) ».

---

(1) *Historique* manuscrit du 68e de ligne.
(2) *Historique* manuscrit du 19e bataillon de chasseurs.
(3) *Historique* manuscrit du 30e de ligne.

De fait, l'héroïque résistance de la division Goze touchait à sa fin. Débordé sur son flanc gauche, le 46ᵉ dut battre en retraite. Le Iᵉʳ bataillon reconstitua à l'Ouest de Beaumont quelques compagnies qui se reportèrent encore une fois en avant à l'entrée d'une des rues principales, mais durent bientôt évacuer définitivement le bourg et se diriger vers le Nord. L'une d'elles servit de soutien à la batterie de mitrailleuses (9ᵉ du 2ᵉ) de la 3ᵉ division (1). Des portions des IIᵉ et IIIᵉ bataillons se replièrent directement sur Beaumont ou entre Beaumont et Létanne. Quelques détachements furent rejetés encore plus vers l'Est sur les hauteurs qui s'étendent entre le ruisseau de Beaumont, la Meuse et la route de Stenay (2). Ils occupèrent la lisière des bouquets de bois qui les parsèment, et ouvrirent le feu contre deux compagnies du IIIᵉ bataillon du *26ᵉ* qui tenaient le bois de la Vache.

Les Iᵉʳ et IIIᵉ bataillons du 11ᵉ de ligne, dont le flanc gauche était découvert par la retraite du 46ᵉ, se replient d'abord un peu en désordre, mais parviennent pourtant à se rallier à hauteur du IIᵉ bataillon, qui forme échelon en arrière. Les compagnies furent reconstituées et le régiment tout entier, laissant Beaumont à sa gauche, rétrograda vers les hauteurs au Nord du bourg.

A son tour, le 61ᵉ, « tourné par sa gauche (3) », exécuta sur sa droite, appuyée au 86ᵉ, un changement de front en arrière, mais, dans ce mouvement, fait sans soutien en seconde ligne, « sous un feu écrasant d'écharpe et de face, le désordre se mit dans ses rangs (4) ». Le lieutenant-colonel Vichery, faisant placer le drapeau

---

(1) *Historique* manuscrit du 46ᵉ de ligne.
(2) Pour abréger, on appellera désormais ces hauteurs : hauteurs de Beauregard ou les Gloriettes.
(3) *Journal* de marche de la 2ᵉ brigade de la 1ʳᵉ division du 5ᵉ corps.
(4) *Ibid.*

auprès de lui, rallia d'abord les hommes sur un mamelon situé au Sud de Beaumont, puis sur les hauteurs au Nord.

Le 86ᵉ, sous l'impulsion énergique du lieutenant-colonel de Montcets, secondé par le commandant Maly, du IIIᵉ bataillon, fit les efforts les plus héroïques pour arrêter l'ennemi et abandonna le dernier le terrain où avait lutté la division Goze, après avoir épuisé toutes ses cartouches et perdu 13 officiers et 400 hommes de troupe (1). Le lieutenant-colonel de Montcets et le drapeau ne se retirèrent qu'au moment où les Prussiens n'étaient plus qu'à 50 mètres. Les capitaines Bourseul et Schram, celui-ci déjà blessé, furent tués. Les débris du régiment traversèrent Beaumont et se rallièrent au Nord.

Surprises dans leurs camps, équipées, armées et formées à la hâte sous le feu de l'ennemi, les troupes de la division Goze avaient eu une attitude au-dessus de tout éloge dans ce combat inégal et infligé à l'adversaire de lourdes pertes « qui, pour certains bataillons, s'élevaient à plus du quart de l'effectif (2) ».

§ 6. — *Prise de Beaumont.*

Après la retraite de la division Goze, les régiments de la *8ᵉ* division et le *66ᵉ* de la *7ᵉ* marchent concentriquement sur Beaumont.

A l'aile droite de la *8ᵉ*, trois compagnies du Iᵉʳ bataillon du *86ᵉ* pénétrent dans le camp français par sa face orientale, en même temps que le IIᵉ bataillon du *66ᵉ* ; celui-ci enlève deux bouches à feu qui avaient continué à tirer jusqu'à la dernière extrémité.

---

(1) Pour deux bataillons.
(2) *Historique du Grand État-Major prussien*, 7ᵉ livraison, p. 999.

A gauche de ce groupe, le II‍e bataillon du *96*e atteint la face Sud du camp et s'empare de deux pièces. Plus à gauche encore, le II‍e bataillon du *86*e y pénètre par la face Sud-Ouest et trouve trois canons et quelques avant-trains abandonnés (1).

Le *31*e, qui avait passé à l'Est de la Tuilerie, s'était déployé sur ces entrefaites, et les pelotons de tirailleurs des 2‍e et 3‍e compagnies avaient rejoint la première ligne de la *16*e brigade. Le III‍e bataillon du *96*e suivait, réparti en arrière des deux ailes (2).

Vers 2 heures de l'après-midi, Beaumont, non défendu, est rapidement occupé par l'ennemi : le II‍e bataillon du *86*e y entre par le Sud-Ouest, les I‍er et III‍e bataillons du *31*e par les jardins à l'Est, tandis que la majeure partie du 1‍er bataillon du *86*e contourne le bourg à l'Ouest et occupe un autre camp français où il est rejoint par les II‍e et III‍e bataillons du *96*e.

Le mouvement en avant de l'infanterie prussienne sur Beaumont avait eu pour résultat de masquer les batteries de la *8*e division et celles de l'artillerie de corps qui les avaient rejointes.

Seule la 2‍e batterie à cheval, placée à l'extrême gauche de la ligne, avait pu continuer à agir pendant quelques instants. Bientôt les quatorze batteries du corps d'armée se portèrent en avant en échelons et prirent de nouvelles positions au Sud de Beaumont (3).

Tandis que l'aile gauche du IV‍e corps pénétrait dans les camps français, puis dans Beaumont, l'aile droite n'avait pu faire des progrès similaires. Débordée sur sa

---

(1) D'après les *Rapports* et les *Historiques* français, on ne trouve trace que de trois canons, abandonnés faute de chevaux, et nullement de pièces ayant tiré jusqu'à la dernière extrémité.
(2) Le I‍er bataillon du *96*e était avec l'artillerie de corps.
(3) Elles se trouvèrent dans l'ordre suivant, de la droite à la gauche : 2‍e Ch., III‍e, 3‍e, IV‍e, 4‍e, 3‍e Ch., V‍e et VI‍e ; 5‍e, 1‍re, 6‍e, 2‍e, I‍re, II‍e.

droite par la retraite des troupes de la division Goze, la brigade de Fontanges avait exécuté une sorte de changement de front en refusant son aile droite et s'était établie le long de la route de Stenay. Elle y avait été rejointe par des fractions des II⁰ et III⁰ bataillons du 46⁰ de ligne. Le I⁰ʳ bataillon du *66*⁰ lui avait déjà fait face et avait été renforcé par les 6⁰ et 7⁰ compagnies de ce régiment, mêlées à des groupes de la *8*⁰ division, ainsi que par le II⁰ bataillon du *31*⁰ arrivant du Sud.

Constatant que les hauteurs au Nord de Beaumont se garnissaient d'infanterie et d'artillerie, et jugeant que c'était là la véritable position à occuper, le général de Fontanges donna l'ordre à ses deux régiments de s'y porter. Un mouvement offensif de l'ennemi succédant à une fusillade très vive et appuyé par son artillerie, fit refluer le II⁰ bataillon du 17⁰ avec quelque désordre, mais le III⁰ tint bon dans deux bouquets de bois des hauteurs de Beauregard et suivit ensuite le II⁰, précédé lui-même du I⁰ʳ dépourvu de cartouches depuis le début de l'action. Par suite d'un malentendu, le régiment auquel s'était jointe la compagnie du génie de la 3⁰ division se dirigea directement sur Mouzon et y franchit la Meuse à gué.

Le 68⁰ de ligne, au contraire, qui avait épuisé toutes ses munitions, se retira en ordre sur Beaumont, en échelons par la gauche ; le dernier, constitué par le bataillon sous les ordres du commandant Lemoine, exécuta un retour offensif à la baïonnette pour arrêter l'ennemi, qui se montrait un peu pressant. Ce régiment, qui laissait sur le terrain 32 officiers et environ 750 sous-officiers et soldats tués ou blessés, put encore opposer à Beaumont une courte résistance en utilisant les cartouches des hommes tués ou blessés (1).

---

(1) *Rapport* du général de Fontanges; *Historiques* manuscrits des 17⁰ et 68⁰ de ligne.

Quelques détachements du Ier bataillon du *66e* s'engagèrent dans les fourrés des hauteurs de Beauregard, vers Létanne; mais des troupes saxonnes débouchant déjà dans cette direction, ils se rabattirent du côté de la grande route. Le reste du régiment avait été réuni au Sud de Beaumont.

L'infanterie prussienne marquait un temps d'arrêt, les bataillons déjà engagés se reconstituant pour reprendre leur mouvement en avant, les autres serrant sur la première ligne. Le *26e* était venu directement derrière le *66e*, formé en cinq demi-bataillons, les 11e et 12e compagnies, laissées dans le bois voisin de la ferme de Beaulieu, ayant rejoint sur ces entrefaites, après avoir été relevées par des tirailleurs saxons (1). La *14e* brigade (*27e* et *93e*) ne pouvait se déployer pour le moment, faute d'espace; seules, quelques fractions du *93e* avaient pénétré dans Beaumont.

A l'aile gauche de la *8e* division, le IIIe bataillon du *86e*, d'abord maintenu en réserve à Belle Volée, s'était joint au mouvement de l'artillerie et, passant à l'Ouest de Beaumont, s'était dirigé vers le ravin qui remonte vers la ferme de la Harnoterie (2).

Les 1re et 2e compagnies du Ier bataillon du *96e*, laissées avec l'artillerie de corps, étaient également arrivées sur le champ de bataille vers 1 heure et s'étaient portées sur la gauche de la 2e batterie à cheval (3). Le *71e*, dernier régiment de la *8e* division, et les deux régiments de cavalerie divisionnaire débouchaient, de leur côté, au Sud-Ouest de Beaumont.

---

(1) Les 9e et 10e compagnies étaient avec l'artillerie divisionnaire et les équipages régimentaires.

(2) *Historique du Grand État-Major prussien*, 7e livraison, p. 999-1002.

(3) Les 3e et 4e compagnies marchaient derrière les trains et n'atteignaient le champ de bataille qu'à 3 h. 15 environ.

§ 7. — *Entrée en ligne du XIIe corps saxon.*

Les instructions du commandant de l'armée de la Meuse prescrivait à la *12e* division de cavalerie et à la *23e* division d'infanterie de se diriger de Beauclair sur Laneuville et d'y prendre la grande route de Stenay à Beaumont; à la *24e* division, partant du bois de Nouart, de suivre le chemin qui passe par Beaufort pour aboutir à la ferme de Belle Tour, en traversant la forêt de Dieulet. Des croisements de colonnes avec les fractions de la 7e division, en marche depuis le matin, d'Andevanne sur Tailly, puis l'arrivée de l'artillerie de corps qui, en vertu d'un ordre ultérieur, venait, de Barricourt, s'intercaler entre les bataillons de la *23e* division, avaient retardé quelque peu l'heure à laquelle les deux colonnes du XIIe corps avaient pu se mettre en mouvement (1).

Il était 10 h. 45 environ quand la route de Nouart à Beauclair se trouvant enfin dégagée, la *24e* division parvenait à s'ébranler. Elle trouvait d'ailleurs impraticable le chemin qui devait l'amener à Belle Tour et, appuyant à droite, prenait une autre voie forestière qui sort du bois à la ferme de Fontaine-au-Fresne. La tête de colonne atteignait ce point vers midi 45 et, en raison de la canonnade dont, depuis plus d'une demi-heure, on percevait les échos, le déploiement s'effectuait aussitôt. Mais les rives marécageuses de la Wamme apportaient de sérieux obstacles à cette opération.

Le *12e* bataillon de chasseurs et le Ier bataillon du *104e* tentent d'abord de franchir le ruisseau à gué, mais leurs hommes enfonçant jusqu'à mi-corps dans l'eau et dans la vase, les autres bataillons appuient à gauche pour

---

(1) *Historique du Grand État-Major prussien*, 7e livraison, p. 1003 et suiv.

gagner le pont situé au Sud-Est de Belle Tour. La 3ᵉ compagnie de pionniers improvise un second passage qu'utilise la *48ᵉ* brigade, et la *24ᵉ* division se déploie tout entière sur la rive gauche de la Wamme, derrière la droite du IVᵉ corps. La cavalerie et l'artillerie avaient appuyé vers le Nord-Est pour emprunter le pont de la route de Stenay; elles y trouvaient la *23ᵉ* division et s'intercalaient dans la colonne.

La *23ᵉ* division, venant de Beauclair et de Laneuville, était flanquée à droite par le régiment de grenadiers du Corps (*100ᵉ*) qui se dirigeait sur la ferme de la Wamme à travers la forêt de Jaulnay. Vers midi 45, le Iᵉʳ bataillon du *108ᵉ* (1) occupe le bois de la Vache; le IIᵉ s'établit à la ferme de Beaulieu et dans un bouquet de bois situé à gauche de la route, où il relève les deux compagnies que le *26ᵉ* y avait laissées; le IIIᵉ reste en réserve près de la ferme même. Le 4ᵉ escadron du 2ᵉ régiment de Reiter, qui marchait à la pointe d'avant-garde se rallie au 7ᵉ dragons.

En même temps, la 4ᵉ batterie (2) prend position, à 1 heure, au Nord de la grande route; elle est bientôt renforcée sur sa droite par la 2ᵉ. Toutes deux ouvrent le feu sur l'infanterie française, puis font un bond en avant de 800 mètres, rejointes par les IIIᵉ et IVᵉ, qui s'intercalent entre elles (3). A leur tour, les trois batteries restantes de la *23ᵉ* division $\left(\frac{1, I, II}{12}\right)$ arrivent en ligne: $\frac{1, I}{12}$ s'établissent à gauche des précé-

---

(1) Constituant, avec le 4ᵉ escadron du 2ᵉ régiment de Reiter, la 2ᵉ batterie et la 3ᵉ compagnie de pionniers, l'avant-garde de la *23ᵉ* division.

(2) Appartenant à l'avant-garde de la *24ᵉ* division.

(3) *Das XII. Korps im Kriege 1870-1871*, p. 90. Ces deux batteries appartenaient à la *24ᵉ* division.

dentes, mais au Sud de la grande route ; $\frac{II}{12}$ ne trouvant plus d'emplacement convenable, se porte sur les hauteurs de Beauregard. C'est sur ces entrefaites que le général d'Alvensleben I faisait demander qu'on engageât surtout de l'artillerie pour lui venir en aide.

Le prince Georges de Saxe, arrivé à la ferme de Beaulieu, prescrit alors aux sept batteries de l'artillerie de corps de s'établir sur les hauteurs de Beauregard. Les $\frac{6, VII, VIII}{12}$ arrivent les premières ; à leur gauche, la 2e de la *23e* division ; puis, à leur droite, les $\frac{V, VI}{12}$, tandis que, plus à droite encore, la 2e batterie à cheval se place au sommet des pentes qui bordent immédiatement la Meuse (1).

Elles y sont rejointes, après l'enlèvement de Beaumont, par presque toutes les batteries des deux divisions d'infanterie, qui viennent successivement former une masse en avant et à gauche de l'artillerie de corps. Toutes ces bouches à feu contrebattent les batteries françaises établies au Nord de Beaumont, de concert avec les batteries prussiennes et bavaroises qui arrivent à leur tour.

Constatant que l'aile droite du IVe corps débordait la route de Stenay, le prince Georges de Saxe ordonna au *108e* d'occuper le bouquet de bois situé sur les hauteurs de Beauregard, dans la direction de Létanne, afin de couvrir l'artillerie. Le gros de la *23e* division, une fois sorti de la forêt, devait continuer dans le secteur compris entre la grande route et la Meuse.

En conséquence, vers 1 h. 45, tandis que l'artillerie se

---

(1) La 5e batterie de l'artillerie de corps ne trouvait pas d'emplacement convenable et restait provisoirement en réserve derrière l'aile droite.

porte en avant par échelons, le *108e* se dirige du bois de la Vache et de la ferme de Beaulieu vers les hauteurs de Beauregard.

Le *100e*, qui flanquait la colonne sur sa droite, atteint à la même heure la lisière des bois à l'Est de la ferme de la Wamme. Accueilli par les obus des batteries françaises établies au Nord-Est de Beaumont, le régiment franchit au pas de course et par groupes successifs l'espace découvert qui le sépare de la ferme; puis, après s'être reformé, progresse le long de la Meuse.

La *12e* division de cavalerie avait reçu l'ordre de s'arrêter momentanément à l'Est de la forêt de Jaulnay et de reconnaître les chemins qu'elle aurait à suivre sous bois, ainsi que les rives de la Wamme.

§ 8. — *Occupation par le 5e corps des hauteurs au Nord de Beaumont.*

Les troupes de la division Goze et de la brigade de Fontanges qui avaient lutté avec tant de bravoure au Sud de Beaumont, furent recueillies par la division de L'Abadie et la brigade Abbatucci qui s'étaient portées, pendant ce temps, sur les hauteurs qui s'étendent de la ferme de la Harnoterie à Sainte-Hélène.

La brigade de Maussion de la division de L'Abadie, qui s'y était établie la première, dès le début de l'action, occupait le secteur compris entre la route de Mouzon et Sainte-Hélène. A droite, se trouvait le 49e : le IIIe bataillon immédiatement à l'Est de la route de Mouzon, entre cette route et le chemin de Beaumont à la ferme de la Sartelle, les IIe et Ier à l'Est de ce chemin. A gauche, le 88e dont les IIe et IIIe bataillons garnissaient, sur la lisière méridionale du bois Failly un fossé naturel; le IIIe occupant Sainte-Hélène; le Ier en réserve. Les 1re, 3e et 4e compagnies du 14e bataillon de chasseurs se trouvaient à peu près à 500 mètres en arrière de la première ligne (1).

L'ennemi paraissant vouloir effectuer un mouvement débordant par sa gauche, le général de Failly avait envoyé sur sa droite une partie de la brigade Abbatucci qui venait de se replier des abords Sud de Beaumont et de se rallier à la droite de la brigade de Maussion, près de la route de Mouzon. Le 19ᵉ bataillon de chasseurs (2) fut chargé de l'occupation de la Harnoterie, avec mission « de chercher à arrêter ou du moins à retarder le mouvement tournant que l'ennemi dessinait..... (3) ». Le 27ᵉ de ligne fut également dirigé sur la Harnoterie dans le même but (4).

Quant au 30ᵉ de ligne, second régiment de la brigade, il resta disponible près de la route de Mouzon, rejoint bientôt par les trois premières compagnies du IIᵉ bataillon qui s'étaient arrêtées quelque temps sur les pentes au Nord de Beaumont pour protéger de leurs feux l'établissement d'une batterie (5). Les deux premiers bataillons furent massés malencontreusement derrière l'artillerie et exposés ainsi sans utilité aux projectiles (6). Le IIIᵉ bataillon, après avoir laissé Beaumont sur sa gauche et traversé la route de Mouzon, perdit de vue les deux premiers. Son chef, le commandant de Lamarcodie, fit alors au général de L'Abadie la proposition de servir de soutien à la réserve d'artillerie, et remplit en effet cette mission (7).

L'autre brigade (de Fontanges) de la 3ᵉ division pou-

---

(1) Sans qu'on puisse spécifier leur emplacement exact.
(2) Moins les 5ᵉ et 6ᵉ compagnies, laissées à la garde des batteries.
(3) *Historique* manuscrit du 19ᵉ bataillon de chasseurs.
(4) *Historique* manuscrit du 27ᵉ de ligne.
(5) Voir p. 100.
(6) *Historique* manuscrit du 30ᵉ de ligne.
(7) *Ibid.*

vait être considérée comme inutilisable. Le 17ᵉ de ligne se dirigeait en effet sur Mouzon où il franchit la Meuse au gué voisin du pont. Le 68ᵉ ne comptait plus guère que 200 à 300 hommes valides qui, ralliés par le lieutenant-colonel et ravitaillés en munitions, furent envoyés vers Mouzon pour concourir à la défense du pont. Ils s'établirent sur le mont de Brune en seconde ligne.

Les régiments de la division Goze, considérablement réduits, ralliaient leurs tronçons avec difficulté.

Au 11ᵉ de ligne, le IIᵉ bataillon, moins éprouvé, était le noyau autour duquel se groupaient les portions des Iᵉʳ et IIIᵉ entre la route de Mouzon et la Harnoterie. Le Iᵉʳ bataillon du 46ᵉ, qui s'était replié à l'Ouest de Beaumont et qui avait pu reconstituer quelques compagnies, se joignait au 11ᵉ. Les débris des IIᵉ et IIIᵉ bataillons du 46ᵉ, dont il restait à peu près l'effectif de deux compagnies, se portaient de Létanne sur les hauteurs de Sainte-Hélène et s'y établissaient à gauche du IIIᵉ bataillon du 88ᵉ, vers la cote 244, leur droite au chemin de Létanne.

Quelques centaines d'hommes des 61ᵉ et 86ᵉ de ligne se rassemblaient autour des drapeaux, au carrefour situé au Nord-Est de la Harnoterie. Après s'être ravitaillés en vivres et en munitions au convoi du 7ᵉ corps, ils allaient occuper le mont de Brune.

Les combats livrés au Sud de Beaumont avaient donc diminué, dans de très fortes proportions, le nombre des bataillons du corps d'armée utilisables pour la lutte ultérieure. La brigade de Fontanges ne comptait plus. De la division Goze, il ne restait guère que la valeur de trois bataillons qui, ajoutés aux sept de la brigade de Maussion et aux sept de la brigade Abbatucci, faisaient un total de dix-sept bataillons.

Les batteries divisionnaires et de réserve occupaient les emplacements suivants :

Les 5ᵉ, 6ᵉ et 7ᵉ du 6ᵉ (1ʳᵉ division) s'étaient réorganisées au Sud du carrefour formé par la route de Mouzon et le chemin de la Harnoterie. La 5ᵉ du 6ᵉ fut envoyée à la Harnoterie, afin d'appuyer le 19ᵉ bataillon de chasseurs et le 27ᵉ de ligne. Elle prit position « un peu en arrière et à droite de la ferme (1) ». La 7ᵉ du 6ᵉ et, à sa gauche, la 6ᵉ du 6ᵉ, s'établirent au Sud-Est (2). Les 8ᵉ et 5ᵉ batteries du 2ᵉ (2ᵉ division) étaient toujours près de la route de Mouzon, à hauteur de la lisière Sud du bois Failly. Les batteries de la 3ᵉ division, qui s'étaient portées en arrière, vinrent encadrer les deux précédentes : la 9ᵉ, à droite de la 5ᵉ, les 11ᵉ et 12ᵉ, à gauche de la 8ᵉ. Enfin, trois batteries de la réserve constituaient deux groupes au Sud du bois Failly (3), tandis que les deux batteries à cheval (5ᵉ et 6ᵉ du 20ᵉ), se trouvaient près de la ferme de la Harnoterie, où elles restèrent une demi-heure environ et d'où elles se portèrent, vers 1 h. 30, au Sud du bois de Givodeau (4).

La 11ᵉ du 14ᵉ, appartenant également à la réserve d'artillerie et réduite à trois pièces, s'établit d'abord au carrefour situé au Nord-Est de la Harnoterie et suivit ensuite le mouvement des 5ᵉ et 6ᵉ du 20ᵉ (5).

Du côté des Allemands une puissante ligne d'artillerie se constituait à Beaumont à partir de 1 h. 45 et, poussant peu à peu de l'avant par échelons, préparait par ses feux la nouvelle offensive de l'infanterie. Douze batteries saxonnes et quatre batteries prussiennes s'établissaient successivement sur les crêtes au Sud-Est du bourg, leur gauche atteignant presque aux premières maisons. Six batteries prussiennes, auxquelles se joignaient ensuite

---

(1) *Rapport* du chef d'escadron Pérot.
(2) *Ibid.*
(3) Les documents existants ne permettent pas de mieux préciser les emplacements de ces deux groupes et leur composition.
(4) Renseignements fournis le 8 novembre 1903 par M. le général Macé.
(5) *Historique* manuscrit du 14ᵉ régiment d'artillerie.

les deux batteries de l'avant-garde de la 2ᵉ division bavaroise et la 2ᵉ (de 4), qui avait devancé la colonne, prenaient position à l'Ouest de Beaumont. Cette masse d'artillerie constituait trois groupes :

1° Entre les pentes qui bordent la Meuse et les deux petits bois situés à l'Ouest de la cote 251, les 2ᵉ à cheval, VIᵉ, Vᵉ, VIIIᵉ, VIIᵉ, 6ᵉ, 2ᵉ du *12ᵉ* ;

2° A partir du bois septentrional jusqu'à la sortie Sud de Beaumont, les IIᵉ/*12ᵉ*, 5ᵉ/*4ᵉ*, IIIᵉ/*12ᵉ*, 2ᵉ/*4ᵉ*, IVᵉ/*12ᵉ* et 4ᵉ/*12ᵉ*, 1ʳᵉ/*12ᵉ*, Iʳᵉ/*4ᵉ*, IIᵉ/*4ᵉ* ;

Au Sud-Ouest du bourg, les IVᵉ, 3ᵉ à cheval, IIIᵉ, 3ᵉ, 2ᵉ à cheval, 1ʳᵉ du *4ᵉ* ; les 6ᵉ (de 6), 4ᵉ et 2ᵉ (de 4) de la 2ᵉ division bavaroise (1).

Ces vingt-cinq batteries concentrent leur feu contre l'artillerie du 5ᵉ corps, en position entre Sainte-Hélène et la Harnoterie, et prennent bien vite l'avantage sur celle-ci qui, pour se soustraire aux effets des projectiles, change fréquemment d'emplacements. Elles canonnent également les troupes d'infanterie française en retraite ou déjà établies sur les hauteurs au Nord de Beaumont (2).

§ 9. — *Entrée en ligne du Iᵉʳ corps bavarois.*

Le Iᵉʳ corps bavarois avait reçu à Sommerance, à 3 h. 30 du matin, l'ordre du commandant de la

---

(1) *Historique du Grand État-Major prussien*, 7ᵉ livraison, p. 1001. Les autres batteries du IVᵉ corps : 6ᵉ, Vᵉ et VIᵉ avaient suspendu le feu pour se joindre au mouvement de l'infanterie au Nord de Beaumont; la 4ᵉ avait gagné les derrières pour se reconstituer. La Iʳᵉ du *12ᵉ* occupait encore sa position antérieure, au Sud de Beaumont; la 5ᵉ du *12ᵉ*, manquant d'espace pour se mettre en batterie, restait en réserve derrière l'aile droite; la 3ᵉ du *12ᵉ* suivait avec les bataillons de la *24ᵉ* division.

(2) *Historique du Grand État-Major prussien*, 7ᵉ livraison, p. 1001.

III⁰ armée de se porter en avant par Sommauthe. La *1*ʳᵉ division et l'artillerie de corps devaient passer par Thénorgues et Bar, la 2ᵉ par Imécourt et Buzancy. L'avant-garde de cette dernière (1) (six bataillons, quatre escadrons, une batterie), qui s'était mise en mouvement à 5 h. 45, avait atteint Buzancy à 8 h. 45 et les environs Sud de Sommauthe vers midi. La brigade de cuirassiers suivait à courte distance. Retardée par des convois d'autres troupes, la tête de colonne de la *1*ʳᵉ division n'arrivait à Buzancy qu'à midi. Le commandant du corps d'armée, général von der Tann, faisait passer la réserve d'artillerie en tête et suivre à la *1*ʳᵉ division l'itinéraire de la 2ᵉ par Bar sur Sommauthe. Des hauteurs situées au Nord de cette dernière localité, les patrouilles du *4*ᵉ régiment de chevau-légers avaient découvert les camps français de Beaumont, où semblait régner la quiétude la plus complète (2).

Vers midi 15, au bruit du canon venant du Nord-Est, le général von der Tann, qui se trouvait avec la 2ᵉ division, lui donnait l'ordre de marcher aussitôt sur Beaumont et de s'engager à gauche du IV⁰ corps. La brigade de cuirassiers devait se rassembler au Nord de Sommauthe. Les deux batteries d'avant-garde, escortées par des chevau-légers, partent au trot à travers le bois de Sommauthe ; vers 1 heure, la 4ᵉ (de 4) s'établit à la cote 226, d'où elle canonne le débouché Sud de Beaumont ; elle est rejointe, vers 1 h. 30, par la 6ᵉ (de 6), qui se place à sa droite ; toutes deux agissent de concert contre l'infanterie française et les batteries adverses éta-

---

(1) *Composition* : 1ᵉʳ et 2ᵉ escadrons du *4*ᵉ régiment de chevau-légers ; 7ᵉ bataillon de chasseurs ; II⁰ et I⁰ʳ bataillons du *13*ᵉ régiment d'infanterie ; 3ᵉ et 4ᵉ escadrons du *4*ᵉ régiment de chevau-légers ; 4ᵉ batterie (de 4) et 6ᵉ batterie (de 6) du *1*ᵉʳ régiment d'artillerie ; III⁰, II⁰ et I⁰ʳ bataillons du *10*ᵉ régiment d'infanterie.

(2) *Historique du Grand État-Major prussien*, 7ᵉ livraison, p. 1007.

blies au Nord du bourg. Le *4e* de chevau-légers prend une formation de rassemblement dans le pli de terrain situé au Nord de la cote 226 (1).

Le général Schumacher, commandant la *2e* division, s'était porté auprès de l'artillerie, où il rencontrait le major de Wittich, de l'état-major du IVe corps. Celui-ci le mit au courant des événements et lui fit remarquer tous les avantages qui résulteraient d'un mouvement exécuté par les Bavarois sur le flanc et sur les derrières des positions occupées par l'adversaire au Nord de Beaumont. Il lui spécifia même le point de direction qu'il y avait lieu d'adopter; c'étaient des peupliers que l'on apercevait près de la ferme de la Thibaudine.

Le général Schumacher se rallia à cette opinion et dirigea aussitôt ses troupes le long de la lisière du bois des Murets. Le *7e* bataillon de chasseurs et le IIe du *13e* se formaient en ligne de colonnes de compagnie à la gauche des batteries, les 5e et 6e compagnies du *13e* poussant sous bois pour protéger le flanc découvert. Le Ier bataillon de ce régiment se rapprochait jusqu'à environ 400 mètres sur la lisière; le reste des troupes de la division continuaient dans la direction antérieure (2).

Les tirailleurs de la première ligne arrivaient à peu près à hauteur du *4e* de chevau-légers, quand ce régiment reçut l'ordre de « s'élancer sur une batterie de mitrailleuses qui paraissait se trouver seule au Sud de la ferme de la Harnoterie (3) ».

---

(1) *Historique du Grand État-Major prussien*, 7e livraison, p. 1007.
(2) *Ibid.*, p. 1008.
(3) *Ibid.*
Dans l'ouvrage *Abbrechen von Gefechten*, du Grand État-Major prussien, un croquis indique, en ce point, la 5e batterie du 2e (p. 77). L'*Historique* du 2e régiment d'artillerie (manuscrit de 1893) dit, en effet, que cette batterie était allée s'établir au Sud de la Harnoterie, mais le *Rapport* du capitaine commandant ne fait pas mention de cette position quelque peu aventurée. Ce *Rapport* dit seulement : « . . . . . Dans

Les escadrons s'ébranlent, mais à peine ont-ils franchi la route de Stonne à Beaumont qu'ils sont accueillis par les feux croisés de fractions d'infanterie (1) qui occupaient les bouquets de bois au Sud de la Harnoterie et de la batterie de canons à balles de la 2e division. Ils font alors demi-tour et regagnent leur position précédente.

Pendant ce temps, la première ligne d'infanterie bavaroise avait progressé vers la route de Stonne. Vers 2 heures, le 7e bataillon de chasseurs s'établissait derrière le remblai de la chaussée à l'Est de la Thibaudine ; à sa gauche, les 7e et 8e compagnies du 13e faisaient front vers la ferme sur laquelle se dirigeait, d'autre part, le Ier bataillon de ce régiment qui commençait à déboucher des bois. Plus au Sud, les autres éléments de la 2e division bavaroise poursuivaient leur mouvement le long de la lisière des bois. Enfin, la 1re division et la réserve d'artillerie atteignaient à ce moment les abords de Sommauthe, où se trouvait également la brigade de cuirassiers (2).

Le mouvement vers le Nord de la 2e division allait être interrompu par le débouché de la tête de colonne de la division Conseil Dumesnil sur son flanc gauche.

§ 10. — *Engagement de la division Conseil Dumesnil du 7e corps entre la Thibaudine et Warniforêt.*

La 1re division du 7e corps, chargée de l'escorte du convoi du corps d'armée avait fait une halte à Stonne (3)

---

le même temps, nous arrêtions par quelques salves une colonne de cavalerie qui s'avançait sur notre droite. » Il semble que ce passage se rapporte à un incident ultérieur.

(1) Les documents ne permettent pas de spécifier si ces fractions appartenaient au 19e bataillon de chasseurs ou au 27e de ligne.
(2) *Historique du Grand État-Major prussien*, 7e livraison, p. 1008.
(3) Voir p. 63.

où le maréchal de Mac-Mahon, qui arrivait de Beaumont et se rendait à Osches, avait donné l'ordre au général Conseil Dumesnil de repartir le plus tôt possible, de faire serrer les voitures les unes sur les autres, d'accélérer la marche et d'arriver à la Meuse, coûte que coûte, avant le soir. L'itinéraire était la route de Stonne à Beaumont jusqu'à l'Est de Warniforêt, puis celle d'Yoncq à Autrecourt et Villers-devant-Mouzon où l'on devait franchir la rivière sur un pont de chevalets construit par le génie. En conséquence, la division se remettait en marche à 11 heures, la 2ᵉ brigade (Chagrin de Saint-Hilaire) en tête ; le 99ᵉ de ligne en avant du convoi, le 47ᵉ échelonné sur le flanc droit ; le 21ᵉ de ligne de la 1ʳᵉ brigade derrière les voitures.

Le général de Bretteville, commandant cette dernière brigade, restait momentanément à Stonne avec le 3ᵉ de ligne ; il devait rejoindre le reste de la division quand sa tête de colonne serait engagée sur la route d'Yoncq. Le général Douay gardait avec lui l'artillerie de la division et le 17ᵉ bataillon de chasseurs, qui avaient reçu l'ordre de suivre la route de Stonne à Raucourt avec les 2ᵉ et 3ᵉ divisions. La division de cavalerie Ameil stationnait à l'angle des routes de Beaumont et de Raucourt ; elle avait pour mission de former l'extrême arrière-garde du corps d'armée et de couvrir, en particulier, la marche de la 1ʳᵉ division.

En arrivant à l'Ouest de Stonne, vers midi, le bruit du canon se fit entendre dans la direction de Beaumont, mais on n'y prêta pas, tout d'abord, une grande attention. On supposait que c'était la « répétition et la suite des combats d'avant-garde » que le 5ᵉ corps avait livrés le 29, avec succès, disait-on (1). Un peu plus loin, un officier d'ordonnance du général Ameil vint prévenir le

---

(1) *Notes* sur les opérations de la 1ʳᵉ division du 7ᵉ corps.

général Conseil Dumesnil que, d'après les dires des gens du pays, une brigade d'infanterie ennemie se trouvait embusquée dans les bois qui s'étendent au Sud de la route de Beaumont.

Afin d'éviter une surprise, le général Conseil Dumesnil prescrivit au général Morand de faire quitter la route au 21e de ligne qui marcherait ensuite par échelons de demi-bataillons à travers champs sur le flanc droit de la colonne, avec des flanqueurs et des éclaireurs dans la forêt.

La division continua ainsi son mouvement sans être inquiétée. Mais le jalonneur, placé au changement de direction à l'Est de Warniforêt, ayant quitté son poste, la tête de colonne du convoi, au lieu de prendre la route de Yoncq, continua à suivre celle de Beaumont. Heureusement, le lieutenant-colonel Davenet, envoyé à la 1re division par le général Douay, s'aperçut de l'erreur et fit rétrograder les voitures engagées dans cette fausse direction.

D'autre part, la canonnade devenant plus vive vers Beaumont, le général Chagrin de Saint-Hilaire crut devoir prendre certaines dispositions pour parer à toute éventualité et couvrir la marche du convoi. Il plaça une partie du 47e et les IIe et IIIe bataillons du 99e de ligne sur le plateau à l'Ouest de la Thibaudine et fit demander du renfort au général Conseil Dumesnil. Celui-ci arriva bientôt, approuva les mesures prises, prévint le général Douay et le pria d'envoyer en toute hâte les batteries divisionnaires. Mais, pour se conformer aux instructions du maréchal de Mac-Mahon, il fit évacuer la position de la Thibaudine par les 47e et 99e, leur prescrivit de reprendre l'escorte du convoi et les remplaça par le 21e de ligne. Il fit venir, de Stonne, le 3e de ligne. Toute la 1re brigade devait suivre le convoi dès qu'il serait engagé sur la route d'Yoncq. On ne pensait pas qu'elle serait attaquée, « l'ennemi n'étant pas en vue (1) », et on négligea d'envoyer sur Beaumont un officier d'état-major avec quelques cavaliers pour s'enquérir de la situation.

Le 21ᵉ de ligne allait atteindre par sa tête de colonne le plateau de la Thibaudine, déjà évacué par le 99ᵉ, et quelques compagnies du 47ᵉ étaient encore dans les bois à l'Ouest de la ferme, quand on aperçut le mouvement des Bavarois débouchant des bois au Sud de la Thibaudine (2). Les fractions les plus avancées ouvrirent immédiatement le feu. Le Iᵉʳ bataillon du *13*ᵉ leur fit aussitôt face et se porta en avant, soutenu par les 7ᵉ et 8ᵉ compagnies qui vinrent en hâte occuper la Thibaudine, et par des fractions du 7ᵉ bataillon de chasseurs.

Deux compagnies du bataillon de tête du 21ᵉ avaient été déployées en tirailleurs. Elles battent en retraite jusqu'au petit bois qui borde à l'Est le ruisseau d'Yoncq. Là, elles sont recueillies par les soutiens qui, par des feux efficaces de bas en haut, contiennent les Bavarois sur la crête. De part et d'autre, le combat dégénère en une fusillade incessante de pied ferme.

Cependant, sur la gauche du Iᵉʳ bataillon du *13*ᵉ, les 5ᵉ et 6ᵉ compagnies de ce régiment avaient atteint, à leur tour, la lisière de la forêt. Bientôt après, débouchait aussi le *10*ᵉ tout entier ; son IIIᵉ bataillon renforça la gauche de la ligne, menacée par des fractions du IIIᵉ bataillon du 21ᵉ de ligne, qui étaient venues border la lisière orientale de la forêt du Grand Dieulet, au premier saillant au Sud de la grande route ; les deux autres bataillons du *10*ᵉ restèrent en réserve dans un pli de terrain. Une section de la 2ᵉ batterie (de 4), qui formait l'extrême gauche de la ligne d'artillerie allemande au Sud de Beaumont, prit position au Sud de

---

(1) *Notes* sur les opérations de la 1ʳᵉ division du 7ᵉ corps.
(2) Voir p. 116.

la Thibaudine afin de battre le petit bois adjacent au ruisseau d'Yoncq. Le Ier bataillon du *13*{e}, ayant épuisé ses cartouches, fut relevé par le Ier du *10*{e}; celui-ci fut bientôt soutenu à gauche par le IIe.

Sur ces entrefaites, la *3*{e} brigade d'infanterie s'était également déployée à l'Est du bois des Murets et avait reçu l'ordre de se porter en avant, contre la droite des Français, dans la direction de Warniforêt, en prenant à gauche de la *4*{e} brigade.

Le *3*{e} régiment marchait sur ce point au travers des fourrés ; le *1*{er} bataillon de chasseurs se dirigeait le long de la lisière pour se relier à la gauche de la *4*{e} brigade ; le *12*{e} régiment et la 8e batterie (de 6) restaient disponibles sur le côté Nord-Est du bois des Murets.

Attaqués de front par des forces supérieures et menacés sur leur flanc droit, comptant d'ailleurs dans leurs rangs beaucoup d'hommes des bataillons de marche, les Ier et IIIe bataillons du 21e de ligne plient. Le général Morand se met à la tête de quelques fractions encore compactes et entraîne par son exemple une grande partie de la ligne. Le IIIe bataillon du *10*{e}, fortement éprouvé, est contraint de refuser sa gauche, « vivement pressée (1) ». Le *1*{er} bataillon de chasseurs intervient alors et oblige les troupes françaises qui lui font face à rétrograder.

Les bataillons bavarois, engagés à droite, prennent également l'offensive, refoulent les Français sur tout le front et les chassent des bois qu'ils occupaient au Nord de la route.

C'est au cours de cet engagement que le général Morand est blessé mortellement en cherchant vainement à arrêter le mouvement de retraite du 21e et d'une partie du 47e.

A ce moment, débouche de Warniforêt, au delà du

---

(1) *Historique du Grand État-Major prussien*, 7e livraison, p. 1013.

ruisseau d'Yoncq, le 3ᵉ de ligne marchant en colonne par section et flanqué à droite par une ligne de tirailleurs longeant les bois.

Dans cette formation dense et sur ce terrain en contre-bas, il subit, en peu de temps, des pertes assez fortes; ses rangs sont rompus d'ailleurs par les fuyards des 21ᵉ et 47ᵉ. Le régiment, déjà très éprouvé à Frœschwiller et comptant, comme tous ceux de la division Conseil Dumesnil, beaucoup d'hommes récemment incorporés, se jette presque tout entier dans les bois du Grand Dieulet, malgré les efforts du général de Bretteville, qui est grièvement blessé.

« Les officiers ne peuvent parvenir à reformer les compagnies sous la mitraille et les balles ennemies..... En vain, le lieutenant-colonel Gillet et les officiers du régiment réunissent leurs efforts pour rallier nos soldats et les déployer en avant, on ne peut les faire sortir des bois où ils se tiennent à l'abri; les officiers seuls restent exposés aux coups de l'ennemi (1). »

A ce moment critique, le sous-lieutenant Varinot déploie le drapeau du régiment et, avec sa garde, se porte résolument en avant. Entraînés par ce noble exemple, quelques soldats sortent des bois et suivent ce vaillant officier, qui tombe bientôt grièvement blessé.

Le sous-lieutenant Sondorf saisit le drapeau et est aussitôt frappé par un éclat d'obus. Encore une fois, l'aigle est relevée et reste déployée entre les mains des sergents Perrin et Garnier. Mais le 3ᵉ de ligne, dont 11 officiers sont blessés, perd peu à peu du terrain et abandonne le petit bois adjacent au ruisseau d'Yoncq. Ses débris, joints à ceux des 21ᵉ et 47ᵉ de ligne, forment une ligne de tirailleurs confuse près de Warniforêt.

---

(1) *Historique* manuscrit du 3ᵉ de ligne.

La 5e batterie du 7e (1), envoyée par le général Douay, est venue prendre position au même point, au Nord de la route. Les 1re et 2e compagnies du 17e bataillon de chasseurs lui servent de soutien et recueillent une partie du 3e de ligne avec le drapeau. Les lieutenants Law de Lauriston et Gleizes-Raffin s'efforcent de rallier les isolés et en ramènent 150 environ près de Warniforêt.

Grâce à la ferme attitude des chasseurs à pied et de la batterie, le mouvement offensif des Bavarois peut être enrayé pendant quelque temps. Après avoir tiré environ vingt coups par pièce et, sur le point d'être cernée, la batterie se met en retraite, protégée sur chacun de ses flancs par une compagnie du 17e chasseurs et, sur ses derrières, par des isolés appartenant aux 3e, 21e et 47e de ligne et dont le lieutenant Gleizes-Raffin a pris le commandement. Elle doit abandonner à l'ennemi deux pièces, dont les servants et les attelages ont été tués.

A 3 h. 45, les Français sont en pleine retraite sur Raucourt, et la gauche allemande débouche sur la grande route à Warniforêt. De là les Bavarois poursuivent les troupes de la division Conseil Dumesnil, canonnées par la 8e batterie (de 6) qui s'est établie au Nord de la ferme. Déjà ils ont atteint le chemin de la Besace à Yoncq quand, à 4 h: 15, ils reçoivent l'ordre de s'arrêter.

La majeure partie de la 2e division se rassemble alors au Nord de Warniforêt; le *12e* régiment, laissé en réserve, se porte sur la Thibaudine, ainsi que le IIIe bataillon du *10e*.

Sur la demande des Prussiens, qui insistaient pour que les Bavarois continuassent à concourir à l'action sur la gauche du IVe corps, le commandant du Ier corps

---

(1) Appartenant à l'artillerie de la 1re division du 7e corps.

bavarois avait groupé sous les ordres du colonel Schuch quatre bataillons, deux escadrons et deux batteries avec mission de suivre la vallée d'Yoncq et les hauteurs des deux rives, en prolongeant la gauche du IVe corps auquel ces troupes resteraient subordonnées.

Le convoi du 7e corps et le 99e de ligne qui l'escortaient atteignirent la Meuse à Villers-devant-Mouzon avant que le pont de chevalets construit par le génie fût terminé. Le passage commença vers 4 h. 30. Le général Conseil Dumesnil et son état-major, le 99e et la moitié des voitures du convoi franchirent le fleuve, mais le pont fut alors canonné par deux batteries bavaroises. Le général Conseil Dumesnil rejoignit la route de Mouzon à Douzy et Sedan à hauteur d'Amblimont. Il y trouva le général de Wimpffen, arrivant d'Afrique pour prendre le commandement du 5e corps, qui lui indiqua une position au Sud-Est d'Amblimont. Le 99e de ligne l'occupa. Tandis que les voitures, qui avaient pu passer sur la rive droite, prenaient les unes la route de Mouzon à Douzy, les autres celle de Mouzon à Carignan, celles qui étaient restées sur la rive gauche furent soit abandonnées, soit dirigées sur Remilly (1).

§ 11. — *Le Ier corps bavarois se porte sur la Besace et Raucourt* (2).

Vers 2 h. 15, le général von der Tann, commandant le Ier corps bavarois, avait reçu du prince royal de Prusse, l'ordre de faire converger le plus de forces possible sur la Besace afin de fermer la trouée existant sur le front des troupes allemandes entre Beaumont et Stonne. Déjà la 1re division, en marche par Sommauthe,

---

(1) *Notes* sur les opérations de la division Conseil Dumesnil.
(2) *Historique du Grand État-Major prussien*, p. 1013-1016.

avait été acheminée sur Warniforêt, par le bois de Sommauthe, pour appuyer la *2ᵉ* engagée à la Thibaudine. Le général von der Tann la dirigea sur la Besace et prescrivit, en même temps, à la brigade de cuirassiers et à l'artillerie de réserve de continuer leur marche sur Beaumont et de se rassembler au Sud de la route de Stonne.

Vers 4 h. 15, le *3ᵉ* régiment de chevau-légers, qui avait pris les devants, au débouché de la forêt, arrivait devant la Besace, où il essuyait le feu de quelques fractions d'infanterie de la division Conseil Dumesnil qui ne tardaient pas cependant à se replier vers le Nord. Le *4ᵉ* bataillon de chasseurs occupe le village ; le reste de la *1ʳᵉ* division poursuit son mouvement sur Raucourt. Là, la tête de colonne se heurte à la brigade Bittard des Portes du 7ᵉ corps établie au Sud du bourg (1). La *2ᵉ* brigade se déploie à cheval sur la route, le *2ᵉ* régiment et le *9ᵉ* bataillon de chasseurs en première ligne, le *11ᵉ* régiment suivant comme réserve. Ainsi formée, la brigade se porte, vers 5 h. 15, sur les hauteurs de Flaba et de la Malmaison, tandis qu'à l'extrême gauche les chasseurs fouillent le bois de Raucourt et qu'à droite le régiment de chevau-légers s'efforce de maintenir la liaison avec les troupes en marche le long du ruisseau d'Yoncq. Bientôt les tirailleurs du *2ᵉ* régiment, appuyés par le feu des batteries de la division, s'engagent contre ceux du 83ᵉ de ligne qui, menacés sur leur flanc droit par le Iᵉʳ bataillon du *2ᵉ* et ayant d'ailleurs rempli leur mission, disparaissent dans les bouquets de bois au Nord-Ouest de Raucourt.

Le *2ᵉ* régiment se porte en avant et occupe le bourg, les hauteurs qui le dominent et le bois de Cogneux. Un nouvel engagement sans grande importance se produit

---

(1) Voir p. 67.

encore un peu plus loin entre le II‌e bataillon du 82e de ligne qui occupe la lisière Sud du Gros Bois et le 9e bataillon de chasseurs.

A 7 heures, le jour commençant à baisser, la 1re division bavaroise s'arrêta, ne poursuivant plus le 7e corps que par les obus de son artillerie. Vers 9 heures, elle établissait son bivouac autour de Raucourt, ainsi que la brigade de cuirassiers et la réserve d'artillerie qui l'avaient rejointe. Les fractions de la 2e division, réunies autour de Warniforêt, stationnaient autour de la Besace. Le quartier-général du corps d'armée était installé à Raucourt.

§ 12. — *Nouvelle position du 5e corps entre le bois de Givodeau et Yoncq.*

Le général de Failly avait pu constater que les Allemands recevaient constamment des renforts et, qu'arrêtés sur le front de la position du 5e corps, ils cherchaient « à la tourner par leur gauche et à s'étendre en arrière de notre flanc droit (1) ». D'autres masses ennemies apparaissaient également entre la route de Stenay et la Meuse. Le général de Failly jugea que les Allemands allaient, « suivant leur habitude, chercher à déborder nos ailes des deux côtés et à gagner le revers de la position (2) ». Il en conclut qu'il fallait renoncer à la défense des hauteurs au Nord de Beaumont, et, vers 2 h. 30, il prit le parti de se replier en bon ordre sur Mouzon, conformément aux instructions du maréchal de Mac-Mahon (3). Aussi les troupes du 5e corps n'attendirent-elles point l'attaque sur les emplacements qu'elles

---

(1) *Journal* de marche du 5e corps, rédigé par le colonel Clémeur.
(2) *Ibid.*
(3) *Ibid.*

avaient pris entre Sainte-Hélène et la Harnoterie. Sur ce dernier point seulement, il y eut quelque résistance de la part du 19e bataillon de chasseurs et du 27e de ligne, qui occupaient la ferme et les bouquets de bois situés au Sud. Appuyés par la 5e batterie du 6e, établie à l'Est de la cote 255, ils accueillirent par « un feu d'une excessive violence (1) » le 7e bataillon de chasseurs bavarois qui, après avoir coopéré vers 2 h. 15, par quelques fractions, à la prise de possession de la Thibaudine (2), avait tenté vainement de progresser au Nord de la route de Stonne à Beaumont.

La situation resta stationnaire pendant près d'une heure jusqu'au moment où le IIIe bataillon du *86e* (3), qui vait cheminé par le vallon au Nord-Ouest de Beaumont, déboucha sur la droite de la ligne d'attaque. La 5e batterie du 6e, se portant à l'Est de la ferme, essaya, par un tir à mitraille, de ralentir sa marche. Mais elle fut immédiatement contre-battue par une artillerie supérieure en nombre et « eut beaucoup à souffrir (4) ». Les IIIe et IVe batteries du *4e* avaient joint, à cet effet, leur feu à celui de l'artillerie bavaroise ; l'incendie se déclara dans les bâtiments de la Harnoterie.

Le IIIe bataillon du *86e* continue son mouvement en avant et s'empare de la ferme déjà évacuée, tandis que les Bavarois occupent les bouquets de bois au Sud. Le 27e de ligne rétrograde vers la cote 255 (5). Le 19e bataillon de chasseurs bat en retraite vers le carrefour au Nord-Est de la Harnoterie et s'engage ensuite sur la route de Mouzon (6).

---

(1) *Historique du Grand État-Major prussien*, 7e livraison, p. 1013.
(2) Voir p. 116.
(3) *8e* division.
(4) *Rapport* du chef d'escadron Pérot.
(5) *Historique* manuscrit du 27e de ligne.
(6) *Historique* manuscrit du 19e bataillon de chasseurs.

La 5ᵉ batterie du 6ᵉ se replie également vers le Nord-Est. « Lorsque l'ordre de retraite fut donné à l'infanterie, elle aurait perdu une de ses pièces, si l'adjudant et quelques canonniers n'eussent mis beaucoup d'énergie et de promptitude à changer un attelage de derrière dont le porteur venait d'être tué (1). »

Il était alors 3 h. 15 environ.

Le 19ᵉ bataillon de chasseurs et le 27ᵉ de ligne avaient été recueillis par le reste du 5ᵉ corps qui avait exécuté, sur ces entrefaites, « un léger changement de front en arrière, sur son aile gauche (2) », qui l'avait amené à occuper le plateau au Sud de la Sartelle d'une part, et les hauteurs à l'Est et au Nord-Est d'Yoncq, d'autre part. Le mouvement avait pu s'exécuter en bon ordre, parce que, en raison de la distance, il avait bientôt échappé aux coups et même, en partie, aux vues de l'artillerie allemande (3). Celle-ci avait momentanément interrompu son feu des positions qu'elle occupait sur les hauteurs de Beauregard ; les batteries légères avaient été ramenées en arrière de la ligne ; les batteries lourdes étaient allées se joindre au groupe de pièces établies immédiatement à l'Est de Beaumont (4).

La brigade Abbatucci (5) et, à sa droite, le Iᵉʳ bataillon du 46ᵉ de ligne et le IIᵉ du 11ᵉ, de la brigade Saurin (6), occupaient le secteur de droite de la position, entre le ruisseau d'Yoncq et la route de Mouzon (7). La division de L'Abadie d'Aydrein s'était établie entre cette route et les pentes abruptes qui bordent la Meuse : le

---

(1) *Rapport* du chef d'escadron Pérot.
(2) *Journal* de marche du 5ᵉ corps.
(3) *Historique du Grand État-Major prussien*, 7ᵉ livraison, p. 1010.
(4) *Ibid.*
(5) 1ʳᵉ de la 3ᵉ division (moins le IIIᵉ bataillon du 30ᵉ).
(6) 1ʳᵉ de la 1ʳᵉ division.
(7) *Journal* de marche de la 2ᵉ division ; *Rapport* du chef d'escadron Pérot.

14ᵉ bataillon de chasseurs au centre, le 88ᵉ de ligne à sa droite, les Iᵉʳ et IIIᵉ bataillons du 49ᵉ à sa gauche (1). Enfin, un certain nombre d'isolés du 46ᵉ de ligne, dont l'effectif représentait deux compagnies environ, avaient rétrogradé de Sainte-Hélène jusqu'au saillant Sud du bois de Givodeau.

L'artillerie, couverte par le IIᵉ bataillon du 49ᵉ et le IIIᵉ du 30ᵉ, avait protégé ce mouvement général de retraite, puis s'y était conformée. Les batteries de mitrailleuses, peut-être plus particulièrement contre-battues, s'étaient retirées les premières de cette lutte inégale ; peu à peu, les autres batteries divisionnaires s'étaient repliées à leur tour, la réserve d'artillerie restant la dernière au Sud du bois Failly. Enfin, les deux bataillons de soutien avaient suivi. Le IIᵉ du 49ᵉ, sous les ordres du commandant Raillard, et dirigé par le lieutenant-colonel Bergeron, exécute ce mouvement « avec un ordre parfait qui lui mérite les éloges du général en chef (2) », et rejoint le gros du régiment vers la ferme de la Sartelle. Le IIIᵉ du 30ᵉ effectue sa retraite vers le saillant Sud du bois de Givodeau, où il se joint à deux compagnies environ du 46ᵉ et déploie également deux compagnies en tirailleurs, les quatre autres restant en soutien. Une pièce de la 6ᵉ batterie du 10ᵉ (3) dont l'avant-train, atteint par un obus, avait fait explosion en tuant les quatre chevaux les quatre servants et l'un des deux conducteurs, dut être abandonnée (4). Le capitaine de Tessières tenta, un peu plus tard, de ramener cette bouche à feu, mais il ne put parvenir à l'atteler.

---

(1) *Rapport* du commandant Parlier, commandant le 14ᵉ bataillon de chasseurs.
(2) *Rapport* du colonel Kampf, commandant le 49ᵉ de ligne.
(3) Réserve d'artillerie.
(4) *Rapport* du chef d'escadron Cailloux ; *Historique du Grand État-Major prussien*, 7ᵉ livraison, p. 1010.

Deux groupes de batteries se constituèrent sur la nouvelle position du 5ᵉ corps. Dans le secteur de droite, entre le ruisseau d'Yoncq et la route de Mouzon, les 6ᵉ et 7ᵉ batteries du 6ᵉ (1) et les 5ᵉ et 8ᵉ du 2ᵉ (2) s'établissent sur le mamelon au Sud-Ouest de la cote 295. Dans le secteur de gauche, entre la route de Mouzon et la Meuse, les 11ᵉ et 12ᵉ du 2ᵉ (3), et quatre batteries de la réserve : 10ᵉ du 2ᵉ, 5ᵉ et 6ᵉ du 20ᵉ, 11ᵉ du 10ᵉ, occupèrent le plateau, au Sud-Ouest de la Sartelle, vers la cote 302 (4).

Le 5ᵉ corps se maintint sur cet emplacement pendant près d'une heure (5).

D'après les ordres verbaux donnés par le général de Failly, au moment où l'attaque de l'ennemi se produisit, la division de cavalerie devait couvrir le flanc gauche du 5ᵉ corps battant en retraite par la route de Mouzon. Après avoir occupé à cet effet plusieurs emplacements successifs, le général Brahaut prit le parti de se replier sur Mouzon. Le mouvement était déjà en cours d'exécution quand il apprit la véritable situation du 5ᵉ corps. Il entreprit alors de « regagner les hauteurs », mais le terrain, couvert de bois, étant peu favorable, il ramena ses escadrons dans la plaine à l'Ouest de Mouzon et les disposa sur trois lignes, devant la division de cavalerie du 7ᵉ corps. Voyant l'infanterie en pleine retraite, le

---

(1) Batteries de la 1ʳᵉ division. La 5ᵉ batterie du 6ᵉ était sur la route de Mouzon. (*Rapport* du chef d'escadron Pérot.)

(2) Batteries de la 2ᵉ division.

(3) Batteries de 4 de la 3ᵉ division. L'emplacement de la 9ᵉ batterie du 2ᵉ, à ce moment de la bataille, n'a pu être déterminé.

(4) Il n'a pas paru possible de préciser l'emplacement des autres batteries de la réserve à ce moment. Il semble, d'après le *Rapport* du colonel de Fénelon, qu'elles se soient séparées des quatre premières et se soient « écartées en éventail à droite ».

(5) *Journal* de marche du 5ᵉ corps.

général Brahaut franchit la Meuse au pont de Mouzon, non sans quelque désordre en raison de l'encombrement qui y régnait, et rallia, un peu avant la nuit, le 5ᵉ lanciers et le 12ᵉ chasseurs sur les hauteurs à l'Est de Mouzon (1).

§ 13. — *Le IVᵉ corps se déploie au Nord de Beaumont.*

De Fossé, le commandant en chef de l'armée de la Meuse s'était rendu sur un mamelon situé au Nord des Champy d'où la vue s'étendait librement sur la région avoisinant Beaumont et d'où il avait pu suivre les péripéties de la bataille depuis son début. Les rapports qu'il reçut vers 2 h. 15 relataient la prise de Beaumont et la retraite des Français, qui paraissaient se replier vers le Nord-Ouest sous la protection d'une forte arrière-garde. Il envoya, en conséquence, à la Garde l'ordre de suivre le IVᵉ corps en utilisant les mêmes chemins pour la traversée de la forêt de Dieulet, et en plaçant la division de cavalerie en tête de la colonne de gauche. La 1ʳᵉ division, suivie de l'artillerie de corps, qui avait débouché devant Nouart vers 1 h. 15, se portait sur les Champy ; la cavalerie et la 2ᵉ division étaient encore en arrière de Buzancy et de Thénorgues.

Quittant son observatoire, le prince royal de Saxe se rendit à Beaumont, où il arriva vers 3 h. 30. A ce moment, le IVᵉ corps était déjà en marche au Nord du bourg ; le XIIᵉ se déployait en arrière de sa droite, dans la mesure de l'espace disponible jusqu'à la Meuse. Le prince royal de Saxe chargea un officier de son état-major d'aller reconnaître s'il ne serait pas possible de couper les Français de la Meuse. Il prescrivit en même

---

(1) *Rapport* sur les marches et opérations de la division de cavalerie du 5ᵉ corps.

temps au prince Georges de Saxe de faire passer la *12e* division de cavalerie sur la rive droite pour battre le pays dans la direction des routes de Mouzon et de Carignan, où l'on avait constaté la présence de grosses masses françaises (1).

Pendant le combat d'artillerie qui avait suivi la prise de Beaumont, l'infanterie du IVe corps, remise en ordre, s'était déployée de part et d'autre du bourg. La *13e* brigade avait gagné d'abord les coteaux au Sud-Est de Beaumont, puis, vers 2 h. 45, après la retraite de l'artillerie française, elle avait continué à se porter en avant, l'aile droite franchissant le ruisseau de Beaumont, l'aile gauche prenant par le bourg. Trois batteries $\left(\frac{I, II, 2}{4}\right)$ se joignaient à ce mouvement. La *14e* brigade, passant à l'Ouest de Beaumont, franchissait la route de Stonne et marchait vers le Nord. Ces deux brigades, constituant la 7e division, se formaient ensuite sur trois lignes, la *13e* brigade en tête fournissant les deux premières :

1° Les IIe et IIIe bataillons du *66e* déployés en colonnes de compagnie, le premier ayant sa gauche à la route de Mouzon, le second au Sud du bois Failly ; derrière le centre, le Ier bataillon ;

2° Cinq demi-bataillons du *26e* ayant également leur gauche à la route ;

3° La *14e* brigade marchant derrière la gauche de la *13e* ; le *93e* suivi de sept compagnies du *27e* (2).

---

(1) *Historique du Grand État-Major prussien*, 7e livraison, p. 1016-1017.

(2) La $\frac{3^e}{27^e}$ avec les équipages régimentaires ; les $\frac{1^{re}, 2^e, 4^e}{27^e}$ et la 3e compagnie de pionniers à la garde des prisonniers et du matériel de guerre enlevé à Beaumont ; la $\frac{8^e}{27^e}$ laissée à l'occupation du camp méridional.

A gauche de la 7ᵉ division, dont le déploiement était terminé vers 3 h. 15, la 8ᵉ ralliée peu à peu par celles de ses troupes encore en arrière (1) se massait au Sud de la ferme de la Harnoterie que le IIIᵉ bataillon du 86ᵉ enlevait à ce moment (2).

Mais, en raison de la configuration du terrain et de la présence du bois de Givodeau, les troupes françaises avaient peu à peu échappé aux vues et, après la retraite des dernières batteries de la réserve d'artillerie, rien n'indiquait si elles avaient effectué la retraite vers le Nord ou vers l'Ouest.

Le commandant du IVᵉ corps, arrivé à 2 h. 45 sur les hauteurs au Nord de Beaumont, jugea avec raison qu'il était de toute nécessité de reprendre le contact si inopinément perdu et donna l'ordre aux régiments de cavalerie massés à l'Ouest du bourg de se porter vers les coteaux de Yoncq. En même temps, il dirigea la 7ᵉ division sur la ferme de la Sartelle, tandis que la 8ᵉ marchait vers le Nord-Est, en passant entre la route de Mouzon et la Harnoterie.

Les escadrons ainsi lancés en avant ne tardent pas à se trouver en prise au feu des batteries françaises en position au Nord-Est d'Yoncq. Le 12ᵉ régiment de hussards, à droite, est canonné de front et fusillé en même temps de flanc du bois de Givodeau ; il va s'abriter dans un pli de terrain. Le 7ᵉ régiment de dragons auquel s'était joint le 4ᵉ escadron du 2ᵉ régiment saxon de

---

(1) Le 71ᵉ atteignait la route de Stonne, à l'Ouest de Beaumont, à 2 h. 45 ; les $\frac{3^e, 4^e}{96^e}$ s'établissaient à 3 h. 15 à la droite de l'artillerie de corps ; les $\frac{1^{re}, 2^e, 3^e}{86^e}$ avaient été laissées à la garde du camp Nord-Ouest.

(2) *Historique du Grand État-Major prussien*, 7ᵉ livraison, p. 1017-1018.

Reiter est accueilli par les salves de la batterie de canons à balles de la 2º division et se replie dans la vallée au Sud d'Yoncq. De son côté, le IIIᵉ bataillon du *86ᵉ* se portait de la Harnoterie vers le bois de Givodeau quand un feu d'artillerie très efficace le contraignit à s'arrêter.

Tout paraissant indiquer que les Français occupaient fortement la région comprise entre le ruisseau d'Yoncq et la route de Mouzon, le général d'Alvensleben I ordonna à la *14ᵉ* brigade, formée derrière la gauche de la 7ᵉ division, de suivre la *8ᵉ* vers les hauteurs à l'Est du moulin de la Bonne-Malade. Cette brigade exécute aussitôt une conversion et prend comme point de direction de son aile droite l'angle Sud-Ouest du bois de Givodeau. Ce mouvement eut pour résultat de rejeter la *8ᵉ* division vers la vallée de l'Yoncq et de l'amener momentanément derrière la gauche de la 7ᵉ dont les deux brigades, alors déployées côte à côte, occupaient à peu près tout l'intervalle de plus de 3 kilomètres, à vol d'oiseau, compris entre le ruisseau d'Yoncq et la Meuse (1).

§ 14. — *Le 5ᵉ corps bat en retraite sur Mouzon.*

Le répit que les Allemands avaient laissé au 5ᵉ corps ne devait pas être de longue durée.

« Le général en chef s'aperçoit que l'ennemi prononce davantage son mouvement tournant sur sa droite, et que de fortes colonnes, après avoir débouché des forêts et franchi la grande route de Stonne à Beaumont, se portent dans la direction d'Yoncq par la petite vallée que parcourt le ruisseau du même nom.

---

(1) *Historique du Grand État-Major prussien*, 7ᵉ livraison, p. 1018-1019.

« Sur sa gauche également, il commence à voir apparaître sur le plateau des têtes de colonnes. Il est donc urgent de reprendre la marche sur Mouzon, afin de ne pas être coupé (1). » Le général de Failly donna, vers 4 heures, des instructions en conséquence.

Dans le secteur de gauche, l'infanterie de la division de L'Abadie rétrograda peu à peu jusqu'aux portions de lisière du bois de Givodeau situées au Nord et au Nord-Ouest de la ferme de la Sartelle. Les quatre batteries de la réserve d'artillerie (2), escortées par les quatre compagnies de droite du IIIe bataillon du 88e de ligne, reçurent l'ordre de gagner le pont de Mouzon par le chemin qui, de la ferme de la Sartelle, conduit à Villemontry, et de s'établir ensuite sur la rive droite de la Meuse pour protéger le passage du fleuve (3). Le reste de l'infanterie et les deux batteries de la 3e division devaient s'engager ensuite dans les bois : un bataillon et demi du 49e et les 5e et 6e compagnies du IIIe du 88e par le chemin forestier ; l'autre portion du 49e et le 14e bataillon de chasseurs, d'une part ; les Ier et IIe bataillons du 88^e, d'autre part, suivant des sentiers (4). Une partie du Ier bataillon du 49^e et une centaine d'hommes du 14e bataillon de chasseurs aboutirent sur la route de Mouzon.

Dans le secteur de droite, l'artillerie resta en position sur le mamelon au Sud-Ouest de la cote 295, couverte d'abord par le 27e de ligne, tandis que le 30e, le

---

(1) *Journal* de marche du 5e corps, rédigé par le colonel Clémeur.

(2) $\frac{10^e}{2^e}, \frac{5,6^e}{20^e}, \frac{11^e}{10^e}$.

(3) *Journal* de marche de la 2e division ; *Journal* de marche de la réserve d'artillerie. On verra plus loin qu'elles prirent encore position au Nord de Villemontry (10e du 2e, 11e du 10e).

(4) Le général de L'Abadie au général de Failly, Wiesbaden, 22 mars 1871.

Ier bataillon du 46e, le IIe et les débris des Ier et IIIe du 11e contournaient, en majeure partie, le bois par sa lisière Nord-Ouest. Le 27e suivit ensuite leur mouvement.

Enfin, à l'extrême gauche, le IIIe bataillon du 30e et 200 hommes environ du 46e devaient se replier par le saillant Sud-Est du bois de Givodeau, parallèlement à la Meuse et en suivant les pentes abruptes qui la bordent.

Ces mouvements de retraite ne purent toutefois être terminés avant l'arrivée de l'ennemi, en raison des difficultés du terrain et de la pénurie des chemins. Il en résulta, sur plusieurs points, notamment dans le secteur de droite, des engagements avec les troupes les plus avancées du IVe corps.

§ 15. — *Engagements de l'aile droite du IVe corps dans le bois de Givodeau* (1).

La *13e* brigade du IVe corps, ayant en première ligne le *66e* et passant entre la route de Mouzon et la corne Ouest du bois Failly, s'était portée contre les troupes de la division de L'Abadie qui occupaient le secteur gauche des positions françaises. Le Ier bataillon de ce régiment était venu remplacer, à droite du IIe, trois compagnies du IIIe chargées de fouiller le bois Failly. Les tirailleurs sont accueillis de front par la fusillade très vive des dernières compagnies du 88e, du 49e et du 14e bataillon de chasseurs bordant les lisières du bois de Givodeau, et de flanc par le feu du IIIe bataillon du 30e et de fractions du 46e occupant le saillant Sud-Est du même bois bordant la Meuse. Mais la résistance est de courte durée. Leur mouvement reprend bientôt, les arrière-gardes françaises se repliant partout vers le Nord.

---

(1) *Historique du Grand État-Major prussien*, p. 1020-1021.

La 10ᵉ compagnie du *66ᵉ* occupe la ferme de la Sartelle ; à gauche le IIᵉ bataillon pousse à l'Ouest, à travers la forêt ; le Iᵉʳ bataillon oblique vers le carrefour situé au saillant Sud-Ouest.

Le *26ᵉ* qui marchait tout d'abord en seconde ligne, avait fait un changement de direction à droite vers le saillant Sud-Est du bois de Givodeau bordant la Meuse, pour riposter aux feux de flanc du IIIᵉ bataillon du 30ᵉ de ligne. Il réussit à pénétrer dans le bois sans grande résistance. Bientôt, il se trouva divisé en deux groupes principaux, dont l'un prenait la direction de Villemontry à travers le bois de Givodeau, à la poursuite immédiate des Français, tandis que l'autre appuyait vers la route de Mouzon.

Pendant ce temps, les Iᵉʳ et IIᵉ bataillons du *66ᵉ* étaient parvenus au saillant Sud-Ouest du bois de Givodeau et s'y reliaient à la *14ᵉ* brigade qui venait, à ce moment, s'accoler à la *13ᵉ* en masquant la *8ᵉ* division (1). Accueillis au delà par un feu violent de l'artillerie française établie sur le mamelon 295, ces deux bataillons avaient rétrogradé et étaient venus se reconstituer au Sud de la Sartelle. Quelques fractions seulement, qui avaient déjà pénétré plus avant dans le bois de Givodeau, continuaient à y gagner lentement du terrain.

A l'extrême droite, le IIIᵉ bataillon du *66ᵉ* (2), après avoir fouillé le bois Failly, suivait le chemin de Stonne à Villemontry, le long de la Meuse ; derrière lui s'avançaient les 2ᵉ et 3ᵉ compagnies du *31ᵉ* qui, après la prise de Beaumont, s'étaient portées sur Létanne.

---

(1) Voir p. 133.
(2) Moins la 10ᵉ compagnie, occupant toujours la Sartelle.

§ 16. — *Engagement de l'aile gauche du IVe corps au Nord-Est d'Yoncq* (1).

Vers 3 h. 45 de l'après-midi, la *14e* brigade d'infanterie, exécutant un changement de direction à gauche, s'était portée à l'Ouest de la route de Mouzon, puis continuant son mouvement en avant, avait atteint, par sa droite, le saillant Sud-Ouest du bois de Givodeau, où elle se retrouvait en liaison, pendant quelques instants, avec le *66e* de la *13e* brigade (2). Le *93e* était en tête, ses trois bataillons accolés et précédés chacun de deux compagnies. Le Ier bataillon du *93e* poursuivait son mouvement sur la route même et à l'Est ; le IIe se portait vers le mamelon 295 ; le IIIe, passant à 600 mètres environ à l'Est d'Yoncq, se dirigeait sur le versant occidental de ce mamelon et exécutait ainsi un mouvement débordant. Le *27e*, formant sept colonnes de compagnie, sur deux lignes, par bataillons accolés, suivait la gauche du *93e*, dans la direction d'Yoncq.

La *8e* division, réunie à la Harnoterie, s'était également mise en mouvement, vers 3 h. 45, dans la direction du Nord. Elle se croisa bientôt avec la première ligne de la *14e* brigade qui la précédait, ce qui l'obligea à appuyer en grande partie vers la vallée d'Yoncq et à se scinder en deux colonnes. Celle de gauche était forte de sept bataillons environ (3) et suivie de quatre batail-

---

(1) *Historique du Grand État-Major prussien*, 7e livraison, p. 1027-1029.

(2) Voir p. 133 et 136.

(3) $\frac{II, III}{96}$; 1re compagnie de pionniers ; $\frac{II, 4}{86}$; $\frac{I, II, III}{31}$; 4e bataillon de chasseurs. $\frac{I}{96}$ était avec l'artillerie de corps ; $\frac{1, 2, 3}{86}$ occupaient le camp de Beaumont.

lons, deux escadrons, et deux batteries détachées du Ier corps bavarois sous les ordres du colonel Schuch (1). Celle de droite ne comptait que quatre bataillons (2); elle suivait la droite de la *14*^{e} brigade sur la route de Mouzon. Les batteries divisionnaires restaient provisoirement entre les deux groupes.

Ce dispositif se modifia encore par suite du feu des batteries françaises en position au Sud-Est de la cote 295. La colonne de gauche de la 8e division fit un changement de direction à droite qui la remit en contact avec la *14*^{e} brigade et qui détermina l'interposition de ses trois bataillons de tête entre les deux lignes de cette brigade, de telle façon que le *27*^{e} prit rang entre le IIe du *86*^{e} et le *31*^{e}.

Sur ces entrefaites le *93*^{e} s'était rapproché concentriquement du mamelon 295. La IIIe batterie du *4*^{e}, qui avait pris position près du saillant Sud-Ouest du bois de Givodeau appuyait de ses feux la marche de l'infanterie et jetait en même temps le désordre dans les bataillons des 30e et 27e de ligne qui étaient venus malencontreusement se masser derrière l'artillerie (3). Les soutiens laissés à celle-ci ne firent qu'une résistance insignifiante (4) et les quatre batteries françaises, à peu près abandonnées à elles-mêmes, furent obligées de se retirer à leur tour, au moment où le *93*^{e} arrivait à courte distance de front et de flanc. Malheureusement, elles étaient adossées aux bois voisins de la cote 295 et, pour les tra-

---

(1) 7e bataillon de chasseurs; $\frac{I, II}{12}$; $\frac{III}{10}$; deux escadrons du *4*^{e} chevau-légers; les 4e et VIe batteries. (Voir p. 122-123.)

(2) $\frac{III}{86}$; $\frac{I, II, III}{71}$; 2e compagnie de pionniers.

(3) *Historiques* manuscrits des 27e et 30e de ligne.

(4) *Rapport* du capitaine Desmazières, commandant la 6e batterie du 6e; *Rapport* du capitaine Arnould, commandant la 5e batterie du 2e.

verser, « n'avaient d'autre route à suivre que les pentes fort raides et fort accidentées qui étaient en arrière (1) » ou « des chemins d'exploitation sans issue (2) ». La 6ᵉ batterie du 6ᵉ perdit six caissons et deux pièces malgré les efforts faits par les officiers pour les dégager sous le feu des tirailleurs ennemis. La 7ᵉ du 6ᵉ, plus heureuse, parvint à sauver tout son matériel. Mais toutes les voitures de la 5ᵉ du 2ᵉ furent renversées et brisées; une seule bouche à feu parvint à sortir du bois grâce à l'énergie du maréchal des logis Navelle, de l'adjudant Duhamel et des conducteurs Clément et Carpentier. A la 8ᵉ du 2ᵉ, cinq caissons et une pièce furent renversés et retournés sur les conducteurs et les servants. Apprenant qu'une de ses bouches à feu était restée sur le terrain, le sous-lieutenant Ribot revint sur ses pas, emmenant avec lui le conducteur Bourgade. Sous une grêle de balles, il fit relever la pièce par quelques servants qui étaient encore autour d'elle, la fit atteler et la ramena (3). Dans une autre partie du bois de Givodeau la 11ᵉ du 2ᵉ était obligée d'abandonner deux pièces dont les attelages et les conducteurs avaient été tués (4). Pour le même motif, la 11ᵉ du 14ᵉ de la réserve laissait sur le terrain deux bouches à feu.

Certaines batteries de la réserve qui n'avaient pu se réapprovisionner à la suite du combat de Nouart,

---

(1) *Rapport* du lieutenant-colonel Bougault, commandant l'artillerie de la 2ᵉ division.

(2) *Rapport* du chef d'escadron Pérot, commandant en second l'artillerie de la 1ʳᵉ division.

(3) *Rapport* du lieutenant-colonel Bougault.

(4) D'après l'*Historique du Grand État-Major prussien*, certaines des bouches à feu qui tombèrent au pouvoir de l'ennemi « étaient encore tout attelées » et « n'étaient enlevées qu'après une lutte avec les servants » (7ᵉ livraison, p. 1029). Aucun document français ne relate ce fait.

n'avaient plus de munitions et étaient inutilisables pour un combat d'arrière-garde où l'artillerie devait jouer un rôle très important. Des fractions d'infanterie n'ayant plus de cartouches, s'étaient débandées et fuyaient vers Mouzon malgré tous les efforts des officiers (1).

§ 17. — *Le XIIe corps se porte sur le bois de Givodeau* (2).

Vers 2 h. 30, tandis que le IVe corps se préparait à poursuivre l'action sur les hauteurs au Nord de Beaumont, le commandant du XIIe corps avait ordonné à la *45e* brigade de continuer son mouvement à l'Est du bourg. En conséquence, le *100e* régiment se portait au Nord de Létanne, sur les hauteurs de Sainte-Hélène, et refoulait dans le bois Failly et au delà quelques fractions éparses d'infanterie française. Les *101e* et *108e* ainsi que l'artillerie divisionnaire franchissaient, de leur côté, le ruisseau de Beaumont et suivaient la droite de la *13e* brigade dans la direction du bois de Givodeau. L'artillerie de corps se rassemblait près du bois Failly et la *46e* brigade venait s'établir sur les hauteurs au Sud-Est de Beaumont. Enfin, la *24e* division, laissée au Sud du bourg, recevait l'ordre d'avancer et se déployait au Nord.

L'espace compris entre le IVe corps et la Meuse étant insuffisant pour y engager utilement tout le XIIe, le prince de Saxe avait eu d'abord l'intention de faire passer, par le pont de Pouilly, une division sur la rive droite, afin de l'opposer aux troupes françaises, dont on signalait la présence vers Autreville. Puis, en raison de

---

(1) *Journal* de marche du 5e corps.
(2) *Historique du Grand État-Major prussien*, p. 1023-1024.

l'heure déjà avancée et de la distance à parcourir (1), il abandonna ce projet et prescrivit seulement, vers 3 heures, à la *12ᵉ* division de cavalerie, disponible derrière la forêt de Jaulnay, de diriger, par Pouilly, un régiment en reconnaissance sur la rive droite. Le *18ᵉ* uhlans, chargé de l'opération, confirmait les renseignements déjà reçus. Le chef d'état-major du XIIᵉ corps envoyait alors sur Moulins le *2ᵉ* régiment de Reiter, qui franchissait la Meuse au gué voisin de Létanne.

Bientôt, le IVᵉ corps occupant tout l'espace disponible jusqu'à la Meuse, le XIIᵉ se trouvait hors d'état de participer à l'action, qui avait recommencé au Nord de Beaumont. Vers 4 heures, le général d'Alvensleben I sollicitant les Saxons de prononcer, par leur droite, un mouvement sur Mouzon, et l'ordre du commandant en chef étant de chercher à couper les Français de la Meuse, le prince Georges de Saxe fit rompre la *45ᵉ* brigade, avec l'intention de la porter vers le Nord, par le chemin de la vallée et le bois de Givodeau.

§ 18. — *L'arrière-garde du 5ᵉ corps sur la position mont de Brune—Villemontry.*

Depuis 2 h. 30 de l'après-midi, une colonne ininterrompue et désordonnée de voitures de toute espèce, d'isolés de toutes armes, de fractions encore compactes représentant les restes d'un régiment ou d'un bataillon, arrivaient au Faubourg de Mouzon et se pressaient sur le pont de la Meuse et aux gués voisins. De nouveaux élé-

---

(1) L'*Historique du Grand État-Major prussien* (p. 1024) donne le pont de Pouilly comme éloigné de 8 kilomètres ; il n'est, en réalité, distant de Beaumont que de 6 kilom. 300, en empruntant l'itinéraire route de Stenay—Pont Gaudron—ferme de Wamme.

ments y affluaient toujours. Après la traversée du bois de Givodeau, le général de Failly reconnut la nécessité d'opposer à l'ennemi une nouvelle résistance, afin « de rallier les différentes troupes du 5ᵉ corps qui étaient encore sur la rive gauche et de couvrir le passage de la Meuse (1) ».

Tout d'abord, le général de L'Abadie d'Aydrein avait prescrit à son chef d'état-major de réunir les fractions de la 2ᵉ division descendues dans le vallon au Sud du Faubourg de Mouzon et de les diriger sur le mont de Brune. De sa personne, il s'était porté sur ce point. Mais, sur ces entrefaites, arriva le général Besson, chef d'état-major général du 5ᵉ corps. Il apportait un ordre du général de Failly, aux termes duquel la division de L'Abadie « devait tenir jusqu'à la nuit, coûte que coûte, sur les sommets en amont du pont de Mouzon, afin que l'ennemi, en s'y établissant, ne pût ni détruire le pont, ni canonner de là les troupes effectuant le passage de la Meuse (2) ».

En l'absence de son général, le colonel Beaudouin, chef d'état-major de la 2ᵉ division, transmit cet ordre immédiatement au lieutenant-colonel du 49ᵉ de ligne et au commandant du 14ᵉ bataillon de chasseurs; puis il se porta sur les hauteurs de Villemontry pour le communiquer au lieutenant-colonel Demange, qui était à la tête du 88ᵉ. De son côté, le général Besson réunit près du bois Luquet une partie du Iᵉʳ bataillon du 49ᵉ, les 5ᵉ et 6ᵉ compagnies du IIIᵉ bataillon du 88ᵉ, une centaine d'isolés du 30ᵉ et autant du 14ᵉ bataillon de chasseurs. Puis, faisant observer que la position empêchait « de tourner l'armée et de prendre le pont de Mouzon », il

---

(1) *Journal* de marche du 5ᵉ corps.
(2) *Journal* de marche de la 2ᵉ division.

promit cent médailles au détachement s'il réussissait à la tenir (1). Un peu plus tard, le gros des IIe et IIIe bataillons du 49e de ligne et du 14e bataillon de chasseurs essayèrent de se conformer aux nouvelles instructions qu'ils avaient reçues et de se diriger du mont de Brune vers les hauteurs de Villemontry, pour rejoindre le 88e, mais ils en furent empêchés par l'ennemi (2).

Le mont de Brune resta effectivement occupé par les Ier et IIe bataillons du 30e de ligne, qui déployèrent, sur les pentes Sud, trois compagnies en tirailleurs (1re du Ier, 5e et 6e du IIe). Plus au Nord, se trouvaient les débris de la brigade Nicolas, à peine en état de présenter une faible résistance, et derrière elle le 68e de ligne, « n'ayant plus de cartouches, épuisé de fatigue, ne pouvant plus prendre part au combat (3) ».

Six batteries vinrent s'établir sur le mont de Brune : les 6e et 7e du 6e, de la 1re division sur les pentes Est, près de la route de Mouzon; un canon à balles, le seul restant, de la 5e du 2e; les 9e, 11e, 12e du 2e, de la 3e division; la 6e du 20e de la réserve. D'autre part, les hauteurs au Nord de Villemontry furent occupées par les Ier et IIe bataillons du 88e, sauf la 6e compagnie du Ier, qui était restée dans le bois à la sortie du chemin. Ils étaient appuyés en arrière par trois batteries de la réserve : les 6e et 10e du 2e, séparées pendant la traversée du bois de Givodeau, puis réunies par les soins du commandant Cailloux; la 11e du 10e, à laquelle vint se joindre la seule bouche à feu restante de la 11e du 14e (4).

Le général Besson donna au lieutenant-colonel

---

(1) *Souvenirs* du général Faulte de Vanteaux.
(2) Le général de L'Abadie au général de Failly, Wiesbaden, 22 mars 1871.
(3) Le général de Fontanges au général de L'Abadie d'Aydrein, Mayence, 9 septembre 1870.
(4) *Rapport* du commandant Cailloux.

Demange l'ordre de se maintenir dans la position qu'il occupait; d'y rester coûte que coûte aussi longtemps qu'il serait nécessaire pour protéger la retraite et de ne quitter la place que lorsque tout le corps d'armée aurait effectué son passage.

Toutes les autres troupes du 5ᵉ corps avaient déjà franchi la Meuse ou se disposaient à effectuer le passage sous la protection de cette arrière-garde.

Mais, bien que celle-ci tînt sous son feu les débouchés du bois de Givodeau, elle eût été trop faible pour offrir une résistance prolongée, si le 12ᵉ corps n'était venu lui prêter un appui efficace, quoique insuffisant.

§ 19. — *Intervention du 12ᵉ corps.*

Vers 12 h. 15, le général Lebrun, commandant le 12ᵉ corps, entendit, des hauteurs au Nord-Est de Mouzon, le bruit d'une forte canonnade venant de la direction de Beaumont. Comprenant que le général de Failly était fortement aux prises avec l'ennemi, il se décida sur-le-champ à envoyer au-devant du 5ᵉ corps, pour lui prêter secours, toutes celles de ses troupes qui lui paraissaient pouvoir être détachées momentanément sans trop découvrir la position qu'il occupait au-dessus de Mouzon (1). Il fit appeler, en conséquence, le général Grandchamp, commandant la 1ʳᵉ division, et lui prescrivit de se mettre immédiatement en mouvement, avec sa division et son artillerie, renforcées par une brigade de la division de Vassoigne et toute la cavalerie du général de Fénelon, moins le 4ᵉ chasseurs d'Afrique.

Peu après, l'Empereur fit demander au général Lebrun, par un officier d'ordonnance, s'il ne croyait pas utile d'envoyer une partie de ses troupes au secours du

---

(1) Général Lebrun, *Bazeilles-Sedan*, p. 64.

général de Failly. Le général Lebrun chargea cet officier de faire connaître les dispositions qu'il avait prises et qui étaient en voie d'exécution. Il ajouta qu'il ne jugeait pas possible de faire passer sur la rive gauche de la Meuse plus de trois brigades d'infanterie, parce qu'il lui paraissait imprudent de n'en pas conserver trois avec lui sur les hauteurs de Mouzon; ses reconnaissances lui ayant appris que l'ennemi était devant le 12e corps, sur la rive droite, entre Stenay et Mouzon. Quelques minutes plus tard, le même officier d'ordonnance vint dire au général Lebrun que l'Empereur approuvait sa décision et jugeait également qu'il ne devait pas se dégarnir davantage sur la position de Mouzon.

Les instructions données au général Grandchamp étaient « de se porter aussi rapidement que possible au-devant du général de Failly en suivant la route de Mouzon à Beaumont, par Yoncq, de prendre sur cette route et aussi loin de Mouzon que possible, une bonne position défensive, qui permît aux troupes du 5e corps de s'y appuyer (1) ». Dans le cas où le général Grandchamp jugerait ne pas pouvoir pousser très au delà de Mouzon, il devait s'établir sur les hauteurs du mont de Brune et de Villemontry.

Déjà la tête de colonne de la division, formée par la 2e brigade (de Villeneuve) avait franchi la Meuse et la 1re (Cambriels) se préparait à suivre, quand, vers 2 h. 30, le maréchal de Mac-Mahon arriva à Mouzon, venant de Raucourt.

En route, il avait entendu une vive canonnade dans la direction de Beaumont mais il n'en avait conçu « aucune inquiétude, sachant que le général de Failly était flanqué, du côté de la Meuse, par l'artillerie du

---

(1) *Note* envoyée le 26 janvier 1874 par le général Lebrun au colonel Clémeur.

général Lebrun, et, de l'autre côté, par le corps du général Douay (1) ».

A Mouzon, il fut rejoint par un aide de camp du général de Failly qui lui annonça que le commandant du 5e corps avait autorisé les généraux de division à ne commencer le mouvement que vers 11 heures, et qu'au moment où les hommes mangeaient ou nettoyaient leurs armes, où la cavalerie et l'artillerie faisaient boire leurs chevaux, les troupes avaient été surprises tout à coup par de nombreuses batteries ennemies établies sur les hauteurs au Sud de Beaumont. L'aide de camp ajouta qu'après un moment de désarroi, le général de Failly était parvenu à rallier ses troupes, et qu'au bout de deux heures de combat il s'était mis en retraite en bon ordre; que toutefois, craignant d'être tourné du côté de la Meuse, il priait le Maréchal de lui envoyer une brigade d'infanterie. « Il pensait qu'avec ce renfort, il pourrait facilement gagner Mouzon. Son aide de camp partageait sa manière de voir (2) ».

D'après ce rapport, le Maréchal ne crut pas devoir arrêter le mouvement des 1er et 7e corps qui n'avaient pas encore franchi la Meuse. Il décida en outre que, seules, la brigade de Villeneuve de la division Grandchamp, et la brigade de cuirassiers de Béville avec le 8e chasseurs, reviendraient sur la rive gauche, par le pont de Mouzon, pour secourir le 5e corps. Les autres éléments du 12e corps, qui s'étaient mis en marche sur l'ordre du général Lebrun, retournèrent donc à leurs camps, sauf toutefois trois batteries de la réserve (5e, 6e, 10e du 10e), qui furent adjointes à la brigade de Villeneuve et qui, en raison de leur plus grande proximité de

---

(1) *Souvenirs inédits du maréchal de Mac-Mahon.*
(2) *Ibid.* — Le maréchal ne nomme pas cet aide de camp qui fit un rapport si optimiste, et aucun document n'a permis de le déterminer.

Mouzon, remplacèrent l'artillerie de la 1re division (1). La brigade de Béville, précédée du 8e régiment de chasseurs et renforcée par la 1re batterie à cheval du 19e, franchit la Meuse à deux gués organisés par 100 sapeurs du génie dans le voisinage du pont (2).

Le général Lebrun avait pris encore d'autres mesures pour venir en aide au 5e corps. Chargée de garder la gauche de la position de Mouzon et de s'opposer au mouvement de l'aile droite ennemie, la 2e division du 12e corps (Lacretelle) avait pris une position de rassemblement au Nord-Est de Moulins et avait envoyé le 3e régiment de marche (3) dans le bois d'Alma-Gisors. Le IVe bataillon du 62e en occupait, depuis le matin, le saillant Sud-Ouest, détachant deux compagnies à la ferme Alma, où elles soutenaient un détachement du génie qui rétablissait un gué dans le voisinage (4). Le IVe du 40e se plaça à la droite du précédent, échelonné dans les fourrés, ses tirailleurs à la lisière occidentale. Le IVe du 64e resta en réserve. Le IIIe bataillon du 31e de ligne vint les soutenir, tandis que les deux premiers bataillons de ce régiment surveillaient la route de Stenay et servaient, en même temps, de soutien à une partie de l'artillerie. Enfin le 14e de ligne déploya une compagnie sur les bords de la Meuse, près de la ferme Warmonterne.

---

(1) *Rapport* sur la marche des opérations de l'artillerie du 6e corps (portion réunie au 12e corps).

(2) *Rapport* du chef de bataillon Vieille sur les opérations exécutées par la 7e compagnie du 1er régiment du génie.

(3) Ce régiment était formé des IVe bataillons des 40e, 62e, 64e de ligne.

(4) Ce bataillon était revenu au camp vers 1 heure, « rendant compte qu'aucun ennemi n'était en vue »; il fut ramené ensuite dans le bois de l'Alma par le lieutenant-colonel Bernier, en même temps que le IVe du 40e. (*Rapport* sur les opérations auxquelles a pris part le bataillon du 64e de ligne.)

Deux batteries de la 2ᵉ division appuyaient l'infanterie : la 11ᵉ du 8ᵉ, établie à l'Ouest de la ferme Sénéval ; la 10ᵉ du 8ᵉ (à balles) qui vint, un peu plus tard, prendre position près et au Nord de la ferme Alma. Deux batteries de 12 de la réserve, les 3ᵉ et 4ᵉ du 8ᵉ, furent mises à la disposition du général Lacretelle, ainsi qu'une batterie de 4, la 3ᵉ du 4ᵉ. Enfin une batterie de 4 de la 3ᵉ division, la 8ᵉ du 10ᵉ, prit position à l'Est de la ferme Warmonterne, vers la cote 341.

Sur ces entrefaites, la brigade de cuirassiers de Béville et la 1ʳᵉ batterie du 19ᵉ étaient venues se masser entre le moulin de Ponçay et Mouzon. La brigade de Villeneuve, dirigée par le général Grandchamp, s'était formée en colonne par peloton et était venue s'établir au Nord-Est du mont de Brune, ainsi que les 5ᵉ, 6ᵉ et 10ᵉ batteries du 10ᵉ. Le 8ᵉ régiment de chasseurs se forma en bataille sur les pentes Nord du mamelon : le 1ᵉʳ escadron fut détaché vers la droite pour surveiller les hauteurs boisées à l'Ouest de Pourron ; le 2ᵉ fut disposé en fourrageurs sur la route de Beaumont pour rallier les isolés ; les 4ᵉ, 5ᵉ et 6ᵉ furent désignés, un peu plus tard, pour servir de soutien à l'artillerie et par une singulière disposition, s'établirent, à cet effet, derrière les batteries (1).

§ 20. — *L'aile droite du IVᵉ corps et la 45ᵉ brigade saxonne ne peuvent déboucher du bois de Givodeau.*

L'aile droite du IVᵉ corps, constituée par la *13ᵉ* brigade, n'avait pas rencontré de résistance sérieuse dans le bois de Givodeau et n'avait guère été retardée dans ses mouvements que par les difficultés du terrain. Vers

---

(1) *Historique* manuscrit du 8ᵉ régiment de chasseurs.

4 h. 45, les 2ᵉ et 3ᵉ compagnies du *31ᵉ*, qui avaient progressé dans la partie orientale de la forêt, le long de la Meuse (1), commençaient à déboucher de la lisière Nord, quand elles furent vigoureusement attaquées sur leur gauche par la 6ᵉ compagnie du Iᵉʳ bataillon du 88ᵉ de ligne et refoulées sous le couvert (2). A son tour, le groupe de droite du *26ᵉ*, comprenant près de deux bataillons (3), échouait dans une tentative analogue, en face des défenseurs du bois Luquet et de la cote 279. Les 3ᵉ et 4ᵉ compagnies, assaillies par une contre-attaque d'une partie du Iᵉʳ bataillon du 49ᵉ, se trouvent un instant dans une situation critique. Les 7ᵉ et 8ᵉ compagnies et des fractions du IIIᵉ bataillon essayent d'exécuter des feux de salve sur quatre rangs ; mais contre-battues de front et sur leur flanc droit, elles sont obligées de rétrograder sous bois où le Iᵉʳ bataillon les recueille (4). A l'extrême droite, trois compagnies du IIIᵉ bataillon du *66ᵉ* étaient entrées en ligne auprès de deux compagnies du *31ᵉ*, mais elles subissaient promptement des pertes assez sensibles. Du bois Luquet, de la cote 279 et des hauteurs au Nord de Villemontry, les Français continuaient un feu assez violent sur la lisière du bois de Givodeau.

Le groupe de gauche du *26ᵉ*, fort de cinq compagnies, était arrivé, vers 4 h. 45, à la carrière située à l'Ouest de la route de Mouzon et avait trouvé la *14ᵉ* brigade déjà maîtresse de la position voisine du bois. L'occupation du mont de Brune par des troupes de la brigade de L'Abadie ayant paru être le prélude d'une contre-attaque, le général commandant la 7ᵉ division fit rassembler provisoirement ces cinq compagnies près de la

---

(1) Voir p. 136.
(2) *Historique du Grand État-Major prussien*, 7ᵉ livraison, p. 1021.
(3) Voir p. 136.
(4) *Historique du Grand État-Major prussien*, 7ᵉ livraison, p. 1022.

route de Mouzon. Quelques fractions du IIe bataillon du *26*e, qui avaient déjà pénétré dans le bois Luquet, reçurent l'ordre de se joindre à elles. D'autre part, la majeure partie du *66*e formait une réserve générale près de la Sartelle (1).

En somme, vers 5 heures, l'aile droite du IVe corps se trouvait absolument arrêtée à la lisière Nord du bois de Givodeau, en face du Ier bataillon du 49e de ligne occupant le bois Luquet, et des IIe et IIIe du 88e à Villemontry, flanqués, il est vrai, par des feux d'infanterie et d'artillerie du 12e corps. « Les premiers efforts pour déboucher du couvert, exécutés sans ensemble, avaient été repoussés avec de grosses pertes... et l'épaisseur des fourrés ne permettant pas d'ailleurs aux troupes de se coordonner pour une attaque régulière ou de faire préparer efficacement leur offensive par l'artillerie, la *(13*e) brigade se bornait pour le moment à conserver le bois (2) ».

Sur ces entrefaites, le *100*e régiment qui tenait la tête de la *45*e brigade saxonne, avait progressé le long de la Meuse, par le chemin de Létanne à Villemontry et, vers 4 h. 45, sa tête de colonne atteignait la lisière orientale du bois de Givodeau, quand les tirailleurs du 3e régiment de marche qui occupaient la lisière occidentale du bois d'Alma et la 10e batterie de canons à balles du 8e en position au Nord de la ferme Alma, ouvrirent simultanément leur feu (1). La VIe batterie du *12*e, qui arrivait précisément du bois Failly, riposta bientôt, soutenue par quatre batteries de l'artillerie de corps occupant les hauteurs de Sainte-Hélène ; puis, vers 5 h. 30, par les

---

(1) *Historique du Grand État-Major prussien*, 7e livraison, p. 1022-1023.
(2) *Ibid*, p. 1023.
(3) *Ibid*, p. 1024.

deux batteries lourdes de la 23ᵉ division établies au Sud de la Sartelle. Ces sept batteries dirigeaient leurs feux, tant contre les canons à balles et les troupes françaises de la rive droite de la Meuse, que contre l'artillerie du 5ᵉ corps placée sur les hauteurs au Nord de Villemontry. Elles soulageaient ainsi notablement l'infanterie allemande qui occupait la lisière Nord du bois de Givodeau (1).

La batterie de canons à balles (10ᵉ du 8ᵉ), qui se trouvait au Nord de la ferme Alma se retira, bien qu'elle ne subît aucune perte (2), et fut remplacée par une batterie de 12, la 3ᵉ du 8ᵉ. Celle-ci n'obtint pas grand résultat (3) ; aussi, après avoir tiré environ dix-huit coups par pièce, elle reçut l'ordre de rejoindre la 4ᵉ du 8ᵉ sur les hauteurs. Malgré la supériorité de l'artillerie adverse, jointe à sa position dominante, la 3ᵉ du 8ᵉ n'avait éprouvé, elle aussi, que des pertes insignifiantes (4) grâce à la nature argileuse du terrain qu'elle occupait et aux grands intervalles qu'elle avait pris entre ses pièces.

Cependant, le Iᵉʳ bataillon du *100ᵉ* avait atteint l'angle Nord-Est du bois de Givodeau et y avait établi ses 1ʳᵉ et 3ᵉ compagnies face à Villemontry, apportant ainsi aux troupes prussiennes voisines « un renfort dont elles avaient grand besoin (5) ». Le IIIᵉ bataillon déployait en tirailleurs, sur le chemin de Létanne à Villemontry, ses 9ᵉ et 10ᵉ compagnies qui ouvraient le feu contre les

---

(1) *Historique du Grand État-Major prussien*, 7ᵉ livraison, p. 1025.

(2) *Historique* manuscrit du 8ᵉ régiment d'artillerie. Consommation en munitions : 56 coups par pièce.

(3) « Avec nos fusées fusantes, très mal réglées, éclatant prématurément ou n'éclatant pas du tout quand le projectile touchait terre, il fut bien difficile, sinon impossible, d'apprécier exactement la distance. » (*Historique* manuscrit du 8ᵉ régiment d'artillerie.)

(4) Un homme tué ; cinq chevaux légèrement blessés.

5) *Historique du Grand État-Major prussien*, 7ᵉ livraison, p. 1025.

défenseurs du bois d'Alma-Gisors et du boqueteau situé au Nord de la ferme Alma. Mais bientôt la position des Saxons devint si pénible que, vers 5 h. 45, les fractions du *100*ᵉ, encore en ordre serré, se rabattirent sur la Sartelle, suivies, un peu plus tard, du reste du régiment. Les 1ʳᵉ et 3ᵉ compagnies restèrent seules à leur poste. La VIᵉ batterie du *12*ᵉ alla rejoindre l'artillerie de corps sur les hauteurs de Sainte-Hélène (1).

Les deux autres régiments de la *45*ᵉ brigade avaient atteint, à 4 h. 45, le rentrant du bois de Givodeau, non loin de la Sartelle, puis avaient pénétré sous bois, à la suite du *26*ᵉ. Vers 5 h. 45, ils arrivaient à la lisière Nord et s'établissaient sur deux lignes : à gauche, face au bois Luquet, le Iᵉʳ bataillon du *108*ᵉ; à droite, les 9ᵉ et 10ᵉ compagnies du même régiment; au centre, les IIᵉ et IIIᵉ bataillons du *101*ᵉ. Le reste des deux régiments était en seconde ligne, sauf les 7ᵉ, 11ᵉ et 12ᵉ compagnies du *108*ᵉ qui demeuraient en réserve à la Sartelle (2).

Telle était, un peu avant 6 heures, la situation générale au bois de Givodeau. Le commandant de la *23*ᵉ division et le chef de la *13*ᵉ brigade qui se trouvaient tous deux à la Sartelle, « ne se dissimulaient pas qu'en présence des fortes positions occupées par l'adversaire et des obstacles apportés par la configuration du terrain, une plus grande accumulation de troupes dans la forêt, loin d'amener une situation favorable, ne pouvait, au contraire, qu'accroître encore le désordre ; ils décidaient donc, d'un commun accord, de se borner à l'occupation du bois et de rallier aux abords de la Sartelle tous les groupes disséminés sous le couvert (3) ».

En conséquence, la *48*ᵉ brigade qui s'était déjà mise

---

(1) *Historique du Grand État-major prussien*, 7ᵉ livraison, p. 1025.
(2) *Ibid*, p. 1026.
(3) *Ibid*, p. 1026.

en marche pour appuyer le *100ᵉ*, reçut l'ordre de suspendre son mouvement.

Sur ces entrefaites, le *18ᵉ* régiment de uhlans, jeté par Pouilly sur la rive droite de la Meuse, s'était joint, vers 5 heures, à Autreville, au *2ᵉ* régiment de Reiter venu de Létanne. Les reconnaissances constatèrent la présence de masses françaises au delà de Moulins (1). L'artillerie de la 2ᵉ division du 12ᵉ corps, en position près de cette dernière localité, suffit, au moyen de quelques salves, à arrêter le mouvement des deux régiments saxons et même à les faire rétrograder vers la Meuse. Mais, pendant ce temps, la *12ᵉ* division de cavalerie avait reçu l'ordre du prince royal de Saxe (2) de battre le pays dans la direction des routes de Mouzon et de Carignan. A 4 h. 30, elle s'était portée sur Pouilly avec les trois régiments qui lui restaient (3) et la batterie à cheval. Elle y rencontra, vers 5 h. 45, le *18ᵉ* uhlans qui arrivait en sens inverse, et la *24ᵉ* brigade ainsi reconstituée, se porta à nouveau sur Autreville. Son mouvement fut signalé par des patrouilles des 3ᵉ et 4ᵉ chasseurs d'Afrique (4). La batterie à cheval prit position au Sud de Moulins et ouvrit le feu contre l'artillerie de la 2ᵉ division du 12ᵉ corps établie au Nord de Moulins, mais devant la supériorité numérique de cette dernière, la lutte ne tarda pas à prendre fin (5). Vers 7 h. 15, la *24ᵉ* brigade ralliait la *23ᵉ* au Nord de Remilly. Le 5ᵉ escadron du *18ᵉ* uhlans restait seul à la ferme Saint-Remy d'où il lançait des patrouilles sur Carignan.

---

(1) Division Lacretelle du 12ᵉ corps.
(2) Voir p. 131.
(3) *23ᵉ* brigade : régiment de Reiter de la Garde, *17ᵉ* uhlans, et le *3ᵉ* régiment de Reiter de la *24ᵉ* brigade.
(4) *Rapport* du colonel commandant le 3ᵉ chasseurs d'Afrique.
(5) *Historique du Grand État-Major prussien*, 7ᵉ livraison, p. 1027.

En résumé, sur sa gauche, malgré le désarroi consécutif à la surprise, le 5ᵉ corps, avait réussi, grâce au terrain et avec le concours très efficace de quelques éléments du 12ᵉ corps, à arrêter les deux brigades allemandes qui l'attaquaient. Le prince royal de Saxe avait dû abandonner, comme impraticable, son projet de couper les Français de Mouzon. Mais, pendant ce temps, l'aile gauche du IVᵉ corps remportait des avantages décisifs.

§ 21. — *Progrès de l'aile gauche du IVᵉ corps* (1).

Après l'enlèvement du mamelon 295 (2), le général commandant la *14ᵉ* brigade avait prescrit au *93ᵉ* de ne suivre que lentement l'adversaire, de façon à donner le temps au *27ᵉ* d'exécuter, sur la gauche, un mouvement débordant.

Le 1ᵉʳ bataillon du *93ᵉ* demeure donc provisoirement dans la partie Nord du bois, tandis que les 5ᵉ et 6ᵉ compagnies s'arrêtent dans le vallon situé au Sud du mont de Brune et s'engagent contre les trois compagnies du 30ᵉ de ligne déployées en tirailleurs sur les pentes (3). En même temps, les 7ᵉ et 8ᵉ compagnies suivies à gauche du IIIᵉ bataillon du *93ᵉ*, se dirigent de la lisière Nord-Ouest du bois vers le moulin de Grésil. La tête de colonne de la *8ᵉ* division se porte également sur ce point par la vallée d'Yoncq et ses tirailleurs ouvrent le feu contre des fractions françaises isolées des 11ᵉ, 27ᵉ et 46ᵉ de ligne, qui, du mamelon 295, s'étaient repliées sur le moulin. Le IIIᵉ bataillon du *96ᵉ* vient s'accoler au IIᵉ, que prolongent à gauche deux pelotons de la 1ʳᵉ com-

---

(1) *Historique du Grand État-Major prussien*, 7ᵉ livraison, p. 1029.
(2) Voir p. 138.
(3) 1ʳᵉ du Iᵉʳ bataillon; 5ᵉ et 6ᵉ du IIᵉ. (Voir p. 143.)

pagnie de pionniers. D'autre part, la IIIe batterie du 4e s'était dirigée du carrefour situé au saillant Sud-Ouest du bois de Givodeau sur le mamelon 295 ; elle s'y était établie peu après l'arrivée de l'infanterie et avait ouvert le feu aussitôt. En présence de ces forces supérieures, les fractions du 5e corps abandonnent le moulin et se replient vers le Nord. Peu après, le 27e de la 14e brigade et les autres éléments de la 8e division s'établissent au moulin de Grésil et aux abords.

Pendant ce temps, l'artillerie de corps et les batteries de la 7e division étaient venues jusqu'à la lisière du bois de Givodeau. Les deux batteries à cheval se portent aux allures vives sur le mamelon 295 et s'établissent à gauche de la IIIe. Un peu plus tard, elles sont rejointes par la IVe et la 3e, venant de la Harnoterie, qui se placent à leur droite. Vers 4 h. 45, ces cinq batteries canonnent l'infanterie française en retraite, puis contrebattent l'artillerie du mont de Brune, mais sans grand résultat. Les autres batteries du IVe corps restent au pied du mamelon, faute d'espace, sauf la VIe qui parvient à y installer quatre pièces.

Les progrès de l'aile gauche du IVe corps allaient pouvoir continuer presque sans arrêt, en raison de l'échec que venait de subir la 2e brigade de la 1re division du 12e corps. Le lieutenant-colonel Broye, aide de camp du maréchal de Mac-Mahon et le chef d'escadron Haillot, aide de camp du général de Failly, qui accompagnaient le général Grandchamp, lui demandèrent de déployer sa tête de colonne vers le moulin de Grésil et les bois de la cote 295 « dans la pensée que cette démonstration arrêterait les progrès des Prussiens (1) ».

La brigade se porte en avant, laissant la cote 169 à sa gauche et descend dans le vallon au Sud du mont de

---

(1) *Rapport* du général Grandchamp.

Brune. Le 58ᵉ en tête, « massé en colonnes serrées (1) », commence à gravir les pentes Nord du mamelon 295, précédé des trois compagnies de gauche du IIIᵉ bataillon marchant en tirailleurs, quand « une grêle de projectiles s'abat sur les rangs serrés (2) ». Le 58ᵉ, quoique surpris, cherche à se déployer et se maintient un instant sous le feu sans pouvoir riposter. Mais bientôt les pertes augmentent et il se produit une véritable panique (3) que les officiers, malgré leurs efforts, sont impuissants à arrêter et qui se propage dans les rangs du 79ᵉ. Les deux régiments se rallient cependant à 1,500 mètres en arrière, au Nord-Est du mont de Brune où ils se reforment, le 79ᵉ à droite, le 58ᵉ à gauche (4), très affaiblis moralement et matériellement.

Les trois batteries de la réserve du 12ᵉ corps, affectées à la brigade de Villeneuve, n'avaient pas échappé à cette crise (5).

Elles étaient engagées sur le chemin de Mouzon à Yoncq, lorsqu'elles reçurent l'ordre de prendre position en arrière pour soutenir la retraite de l'infanterie. « Le seul mouvement possible pour les voitures consistait dans un demi-tour à droite pour revenir en arrière. Malheureusement, les 6ᵉ et 10ᵉ batteries, au lieu d'exécuter un demi-tour à droite, n'exécutèrent qu'un à-droite et, entraînées par la panique qui s'était emparée de l'infanterie, elles se portèrent en désordre du côté de la Meuse et à droite du mamelon qui domine la route..... (6). »

---

(1) *Historique* manuscrit du 58ᵉ de ligne.
(2) *Ibid.*
(3) Renseignements verbaux du général Haillot.
(4) *Rapport* du général Grandchamp.
(5) C'est ce qui semble résulter du moins de l'étude des documents assez obscurs.
(6) *Rapport* du lieutenant-colonel Chappe, 1872.

A ce moment, les batteries prussiennes qui occupaient les hauteurs cotées 295 ouvrirent le feu (1).

La 5e du 10e, ralliée par le lieutenant-colonel Chappe, vint s'établir sur le mont de Brune, à l'Est de la cote 222, d'où elle soutint la retraite des 58e et 79e de ligne, puis à cette cote elle-même, un peu en arrière de la crête. Les 6e et 10e batteries, revenues de leur désarroi, s'étaient arrêtées sur la croupe à l'Ouest de la ferme Givodeau, l'une à 400 mètres, l'autre à 600 mètres environ du pied du mont de Brune, et avaient pris part à la lutte (2). Un peu plus tard, la 6e batterie se rapprocha de la 10e.

§ 22. — *La 14e brigade prussienne s'empare du mont de Brune* (3).

Vers 5 h. 15, le général commandant la *14e* brigade rejoignit le *27e* sur le chemin de Mouzon à Yoncq, à hauteur du moulin de Grésil, et lui ordonna de prendre l'offensive contre le mont de Brune. Le IIIe bataillon se porte directement vers ce nouvel objectif; le IIe manœuvre de façon à l'aborder par l'Est. Les deux batteries de canons à balles du 5e corps ouvrent le feu sur cette infanterie. Le commandant de la *14e* brigade, remarquant que « le versant oriental se trouvait fortement battu par les feux de la défense, tandis que le versant occidental, au contraire, était entièrement dégarni », prescrivit au IIIe bataillon d'appuyer à gauche pour profiter de cette circonstance favorable. En même temps, quelques fractions du Ier bataillon du *93e*, ayant constaté, de la lisière Nord des bois du mamelon 295, le mouvement de l'Ouest

---

(1) *Historique* manuscrit du 10e régiment d'artillerie.
(2) Les documents ne permettent pas de donner une indication plus précise.
(3) *Historique du Grand État-Major prussien*, 7e livraison, p. 1031.

vers l'Est des IIe et IIIe bataillons du 49e de ligne et d'une partie du 14e bataillon de chasseurs, se portèrent sur leur flanc droit. Cette attaque et la marche du IIe bataillon du *27*^e déterminèrent l'arrêt des bataillons français, qui exécutèrent une conversion à droite pour se placer face au Sud. D'autre part, la IVe batterie du *4*^e, quittant les hauteurs cotées 295, prit position sur les pentes, à l'Est du moulin de Grésil, pour mieux appuyer l'attaque de l'infanterie. Bientôt celle-ci aborde à peu près simultanément le mont de Brune par le Sud et le Sud-Ouest.

Les Ier et IIe bataillons du 30e de ligne exécutent « des feux d'ensemble et des feux à volonté (1) », bien soutenus par les six batteries du 5e corps, établies sur les pentes orientales jusqu'aux abords de la route de Mouzon (2) ; par la 1re du 19e et par la 5e du 10e, occupant, à l'extrême droite, la cote 222. Cette dernière n'avait pu obtenir un soutien, malgré des demandes réitérées justifiées par sa situation aventurée. Prise d'enfilade par la IVe batterie du *4*^e, établie à l'Est du moulin de Grésil, elle perd en peu de temps 3 sous-officiers et 21 hommes, ainsi qu'un grand nombre de chevaux. Plusieurs de ses voitures sont brisées, ses avant-trains et ses caissons sont entraînés par le mouvement de retraite de l'infanterie. Après avoir fait feu jusqu'au dernier moment, elle est envahie à gauche par des fractions du Ier bataillon du *93*^e, à droite par la 10e compagnie du *27*^e. Toutes les pièces tombent aux mains de l'ennemi, malgré l'énergique résistance des servants.

---

(1) *Historique* manuscrit du 30e de ligne.

(2) 6e du 20e ; 9e, 11e, 12e du 2e ; 6e et 7e du 6e, dans un ordre qu'il est impossible de déterminer. On sait seulement que les 6e et 7e du 6e se trouvaient près de la route de Mouzon, ce qui permet de supposer que les quatre autres étaient entre ces deux batteries et celles du 12e corps (1re du 19e et 5e du 10e).

Les six batteries du 5ᵉ corps avaient pu, antérieurement, effectuer leur retraite en temps utile vers le Faubourg de Mouzon, ainsi que la 1ʳᵉ du 19ᵉ et les 6ᵉ et 10ᵉ du 10ᵉ (1). Les Iᵉʳ et IIᵉ bataillons du 30ᵉ de ligne se repliaient également dans cette direction, parallèlement à la voie romaine, et allaient occuper le Faubourg de Mouzon, où s'établissaient également quelques compagnies de la division de L'Abadie (2).

Le 8ᵉ chasseurs à cheval tenta d'arrêter les progrès des Prussiens, et ses trois escadrons disponibles se jetèrent sur l'aile gauche de la 10ᵉ compagnie du 27ᵉ. Mais celle-ci lui fit face par une conversion à gauche et fut appuyée par les 11ᵉ et 12ᵉ. Accueillis par un feu nourri, les escadrons sont obligés de se retirer ; le colonel Jamin du Fresnay tombe mortellement blessé (3).

Le IIIᵉ bataillon du 27ᵉ reprend son mouvement en avant vers le Faubourg de Mouzon, par la voie romaine, appuyé à droite par le IIᵉ du 27ᵉ et, un peu en arrière, par le Iᵉʳ du *93ᵉ*, qui se portent sur le même point par la face orientale du mont de Brune. Toutefois, la ferme contenance des Iᵉʳ et IIᵉ bataillons du 49ᵉ de ligne, appuyés par une partie du 14ᵉ bataillon de chasseurs, met un terme à leurs progrès (4). La 9ᵉ compagnie du 27ᵉ

---

(1) La 6ᵉ du 10ᵉ dut abandonner une pièce dont les deux roues étaient brisées. La 10ᵉ du 10ᵉ se dispersa. Deux pièces, sous les ordres du lieutenant Tardy, seul officier restant, se joignirent à la 6ᵉ ; les quatre autres furent emmenées par le maréchal des logis chef.

(2) *Journal* de marche de la 2ᵉ division.

(3) *Historique* manuscrit du 8ᵉ régiment de chasseurs à cheval.

(4) D'après l'*Historique du Grand État-Major prussien*, ce seraient « des masses fraîches d'infanterie française débouchant de Mouzon » qui se seraient avancées à leur rencontre. Or, seules, quelques compagnies du 22ᵉ de ligne se portèrent de la rive droite sur la rive gauche et s'établirent « dans les maisons, jardins et vergers » du Faubourg (*Historique* du 22ᵉ de ligne). Ces compagnies ne poussèrent point au delà. Dans l'ouvrage *Abbrechen von Gefechten*, le Grand État-

160   LA GUERRE DE 1870-1871.

s'arrête un peu à l'ouest de la bifurcation du chemin de Pourron; à sa gauche, la 10ᵉ établit son peloton de droite face à la voie romaine, les deux autres continuant à faire front vers Mouzon. A une certaine distance sur la gauche de la 10ᵉ, les 11ᵉ et 12ᵉ compagnies formaient un flanc en retour. Le Iᵉʳ bataillon du *93*ᵉ était en grande partie derrière l'aile droite du *27*ᵉ, sauf quelques fractions derrière l'aile gauche. Le *27*ᵉ avait ouvert le feu contre l'infanterie française qui menaçait sa droite.

§ 23. — *Charge du 5ᵉ cuirassiers.*

Sur ces entrefaites, le général de Failly avait dépêché son aide de camp, le chef d'escadron Haillot, aux régiments de la brigade de cuirassiers de Béville, avec mission de les inviter à exécuter une charge pour dégager un peu les troupes du 5ᵉ corps. Cette brigade se trouvait à ce moment rangée sur deux lignes entre le Faubourg de Mouzon et le moulin de Ponçay. La 1ʳᵉ batterie du 19ᵉ était à sa gauche. Le premier des régiments que le commandant Haillot atteignit était le 6ᵉ cuirassiers. Il transmit au colonel Martin l'ordre dont il était porteur, mais le colonel répondit qu'il n'avait d'ordres à recevoir que de ses chefs. Le commandant Haillot se porta alors auprès du colonel de Contenson, du 5ᵉ cuirassiers.

Déjà le feu de l'ennemi avait fait subir à ce régiment des pertes sérieuses; le lieutenant-colonel Assant était

---

Major prussien a admis une autre version. Ce serait une contre-attaque du 58ᵉ de ligne, de la brigade de Villeneuve, qui aurait produit l'arrêt des trois bataillons prussiens (p. 92). Mais l'*Historique* de ce régiment ne mentionne rien à ce sujet. On peut admettre, avec une certaine vraisemblance, que ce furent les 1ᵉʳ et 11ᵉ bataillons du 49ᵉ de ligne, encore relativement en bon ordre, qui arrêtèrent momentanément les progrès de l'ennemi.

tombé foudroyé; le chef d'escadrons de Méautis avait été blessé au bas-ventre, mais était resté néanmoins en selle. Sans une hésitation, le colonel de Contenson fit mettre le sabre à la main à ses escadrons, se plaça en tête et enleva vigoureusement la charge (1). La 1re batterie du 19e appuya le mouvement par quelques obus, qui ne produisirent pas grand effet, d'ailleurs.

Le 5e cuirassiers, gravissant une légère pente, se dirigea tout d'abord contre la 11e et la 12e compagnie du 27e; mais, chemin faisant, les escadrons obliquèrent à gauche, de manière à venir aborder la 10e, qui se trouvait contre la voie romaine, deux de ses pelotons faisant face à Mouzon, le troisième ayant son front vers le Sud et tournant par suite le dos aux cuirassiers. Ce dernier peloton exécuta vivement un demi-tour, de sorte que la 10e compagnie constituait un angle ouvert vers le Nord. Les escadrons, un peu désunis par le passage du chemin de Pourron, s'engagent dans cet angle et vont aborder l'infanterie, quand un feu à volonté, éclatant à bout portant, cause dans leurs rangs de terribles ravages. Le colonel de Contenson et son cheval tombent mortellement frappés à quinze mètres de la ligne des tirailleurs; 16 officiers, 11 sous-officiers et

---

(1) Général Lebrun, *loc. cit.*, p. 68-70. L'auteur ajoute : « Tous les détails relatifs à l'entrevue du commandant Haillot et du colonel du 6e régiment de cuirassiers m'ont été donnés après la guerre par le lieutenant-colonel du régiment et m'ont été confirmés par le commandant lui-même ».

La Section historique a eu confirmation de ces événements par des renseignements qui lui ont été donnés verbalement par M. le général Haillot le 9 novembre 1903.

D'après des renseignements verbaux fournis par M. le général Doutreleau, le colonel de Contenson ayant entendu le commandant Haillot dire : « Le premier régiment à la charge » et ayant constaté le refus du colonel Martin, s'écria aussitôt : « Le premier régiment, c'est nous ! » et fit les commandements nécessaires.

92 cavaliers sont mis hors de combat. Le reste continue la charge, mais sans pouvoir rompre la compagnie prussienne. Un maréchal des logis se jette sur le capitaine qui la commande et lutte avec lui en combat singulier jusqu'à ce qu'il tombe enfin sous les balles et les baïonnettes.

Les débris du régiment regagnèrent la Meuse en aval de Mouzon, toujours sous le feu de l'ennemi et, trouvant le pont et le gué encombrés, essayèrent de traverser la rivière à la nage. Beaucoup de cavaliers furent entraînés par le courant et se noyèrent. A ce moment, la 7ᵉ batterie du 6ᵉ franchissait la Meuse au gué en aval de Mouzon. Déjà trois pièces et quatre caissons étaient parvenus sur la rive droite, quand des cuirassiers débandés se présentèrent et entravèrent l'opération de telle manière que trois canons à balles et trois caissons durent être abandonnés. La 12ᵉ du 2ᵉ perdit, de son côté, trois bouches à feu au même point. La 6ᵉ batterie du 6ᵉ qui arrivait à l'entrée Ouest du Faubourg à l'issue de la charge possédait encore quelques projectiles que le capitaine Desmazières résolut d'utiliser pour ralentir la marche de l'infanterie ennemie. Les quatre bouches à feu restantes s'arrêtèrent, prirent position sur place et brûlèrent leurs dernières gargousses (1).

Une pièce de 12 et une de 4, momentanément séparées de leur batterie, s'adjoignirent à la 6ᵉ du 6ᵉ pour canonner avec elle les trois bataillons prussiens (2). En même temps, ceux-ci, qui avaient voulu néanmoins poursuivre leur marche en avant, étaient accueillis par une vive fusillade partant à la fois du Faubourg de Mouzon, d'un bouquet d'arbres situé au Sud et de la route

---

(1) *Rapport* du capitaine Desmazières; *Historique* manuscrit de la 6ᵉ batterie du 6ᵉ.

(2) $\frac{III}{27}$, $\frac{II}{27}$, $\frac{I}{93}$.

d'Autrecourt. Ils furent obligés de s'arrêter pour attendre des renforts.

§ 24. — *Nouvelle intervention du 12ᵉ corps.*

L'erreur du maréchal de Mac-Mahon sur la véritable situation du 5ᵉ corps n'avait pu durer bien longtemps à la vue de ce qui se passait au Sud-Ouest de Mouzon. Le désordre augmentait sans cesse et, en même temps, l'encombrement du pont et des gués. La brigade de Villeneuve, sur laquelle il avait compté pour recueillir les troupes en retraite, était hors de cause et le sacrifice d'un nouveau régiment de cuirassiers eût été hors de proportion avec le gain de temps qu'il aurait procuré. Le maréchal pouvait constater que les liens tactiques étaient à peu près complètement rompus au 5ᵉ corps et que la surprise initiale était devenue défaite, puis désastre. Il dut regretter alors de n'avoir pas approuvé l'initiative prise par le commandant du 12ᵉ corps de diriger trois brigades d'infanterie sur la rive gauche de la Meuse pour opposer aux Allemands une barrière solide qui eût permis aux éléments du 5ᵉ corps de s'écouler sur le pont et aux gués de Mouzon.

Entre 4 h. 30 et 5 heures, le maréchal revint sur sa première décision et prescrivit à la 1ʳᵉ brigade (Cambriels) de la division Grandchamp, de se porter sur la rive gauche (1).

La 1ʳᵉ brigade (Reboul) de la 3ᵉ division, renforcée par deux batteries divisionnaires, reçut un ordre analogue vers 6 heures du soir (2). Mais, en raison de l'encombrement du pont, il fut impossible d'exécuter ces mouvements.

---

(1) *Historiques* manuscrits des 22ᵉ et 34ᵉ de ligne.
(2) *Rapport* du général de Vassoigne. Le *Rapport* du général Reboul indique 4 heures.

Les tentatives qui en furent faites n'eurent guère d'autre résultat que d'augmenter la confusion. Seules, quelques compagnies du 22ᵉ de ligne, qui formaient la tête de colonne de la brigade Cambriels, réussirent à franchir le pont et à s'établir dans les maisons et les jardins du Faubourg. Le reste du régiment prit position sur la rive droite et fut rejoint, un peu plus tard, par cinq compagnies du 1ᵉʳ régiment d'infanterie de marine, qui étaient parvenues à se frayer un passage à travers la cohue qui se pressait dans les rues de la ville.

Enfin, la 7ᵉ compagnie du 1ᵉʳ régiment du génie, qui avait organisé les gués, occupa les maisons et les enclos voisins de la tête du pont; la 11ᵉ du 2ᵉ, qui avait aménagé des rampes et des chemins, se plaça à la droite de la précédente.

Dans l'impossibilité où il se trouvait de faire passer des troupes importantes d'infanterie sur la rive gauche, le général Lebrun chercha à venir en aide au 5ᵉ corps au moyen de son artillerie. A la cote 336 au Nord-Est de Mouzon vinrent s'établir cinq batteries : les 3ᵉ et 4ᵉ du 15ᵉ, de la 1ʳᵉ division; la 12ᵉ du 10ᵉ, les 8ᵉ et 9ᵉ du 14ᵉ appartenant à la réserve. A mi-côte, vers Bel-Air, au milieu des vignes, se trouvaient une batterie de canons à balles, la 4ᵉ du 4ᵉ de la 1ʳᵉ division, et la 9ᵉ du 10ᵉ de la 2ᵉ division, celles-ci dans un verger dont les haies et les arbres la dissimulaient aux vues. Au bord même du fleuve avaient pris position : la 1ʳᵉ du 19ᵉ, de la réserve du 12ᵉ corps, en aval de Mouzon, et à sa gauche, la 7ᵉ du 10ᵉ, de la 2ᵉ division, qui détacha une section à la maison de l'éclusier. D'autre part, dans le but de consolider sa gauche, le général Lebrun fit soutenir la division Lacretelle par la 2ᵉ brigade (Martin des Pallières) de la 3ᵉ division, qu'il dirigea sur les hauteurs de Vaux.

Quatre batteries du 5ᵉ corps s'étaient établies également sur la rive droite pour protéger la retraite : la 5ᵉ et la 6ᵉ du 6ᵉ près de la Fourberie, cette dernière ravitaillée par un groupe de batteries du 12ᵉ corps, et les 5ᵉ et 6ᵉ du 20ᵉ.

Le Faubourg de Mouzon, un bouquet d'arbres situé au sud et la route d'Autrecourt étaient occupés par les Iᵉʳ et IIᵉ bataillons du 30ᵉ de ligne qui s'y étaient repliés après la défense du mont de Brune et qui furent rejoints par le IIIᵉ bataillon que le commandant de Lamarcodie amenait du bois de Givodeau. Des fractions encore compactes du Iᵉʳ bataillon du 27ᵉ et des isolés de tous les régiments du 5ᵉ corps s'étaient joints au 30ᵉ de ligne et aux compagnies du 22ᵉ, et c'étaient ces troupes qui avaient interrompu la marche en avant des trois bataillons prussiens de la *14ᵉ* brigade parvenus le long de la voie romaine jusqu'à hauteur de la cote 169.

§ 25. — *Mouvement général de l'aile gauche du IVᵉ corps vers la Meuse et le Faubourg de Mouzon*(1).

Tandis que la *14ᵉ* brigade s'emparait du mont de Brune, la colonne principale de la *8ᵉ* division renforcée des IIᵉ et IIIᵉ bataillons du *93ᵉ* qui l'avaient ralliée à Grésil, avait continué son mouvement par la vallée d'Yoncq. Les IIIᵉ bataillons des *93ᵉ* et *96ᵉ* et la 1ʳᵉ compagnie de pionniers qui formaient la première ligne, s'emparent de Pourron à peine défendu par quelques fractions françaises qui battent en retraite vers Rouffy et le moulin de Ponçay. Le commandant de la *8ᵉ* division prescrit de marcher sur ce dernier point par les deux rives du ruisseau d'Yoncq, d'où le fractionnement en deux groupes. Celui de droite, fort de trois bataillons et demi et d'une compagnie de pionniers (2), était chargé

---

(1) *Historique du Grand État-Major prussien*, 7ᵉ livr., p. 1036-1042.

(2) *31ᵉ* moins les 2ᵉ et 3ᵉ compagnies qui se trouvent à

de maintenir la liaison avec la *14e* brigade. Celui de gauche, comprenant cinq bataillons prussiens environ (1) et le contingent bavarois du colonel Schuch, détachait ce dernier sur les hauteurs à l'Ouest de Pourron au soutien de la 8e compagnie du *93e*, pour y poursuivre des fractions du 5e corps qui s'y étaient repliées et qui, de là, se portaient sur Autrecourt. Une autre colonne française marchait, à ce moment, de Mouzon sur Rouffy, pour essayer de se porter sur la rive droite de la Meuse par un pont établi par le génie à Villers-devant-Mouzon. Les deux batteries bavaroises (2e et VIe du Ier corps) gagnent aussitôt les hauteurs au Nord de Pourron et ouvrent le feu sur ce pont et sur le village de Rouffy. Les Français, renonçant alors à utiliser cette ligne de retraite, se replient en partie vers le Nord, le reste cherchant un refuge au moulin de Ponçay et derrière des voitures parquées sur la route entre ce point et le Faubourg de Mouzon.

Vers 6 heures du soir, l'infanterie de l'aile gauche du IVe corps, ne rencontrant presque aucune résistance, dessine un mouvement général d'offensive appuyé énergiquement par l'artillerie. Au mont de Brune viennent s'établir successivement dix batteries du IVe corps. Au Nord de la voie romaine : la IVe, puis à sa gauche la 3e et à sa droite le groupe à cheval ; au Sud de la voie romaine : les VIe, V^e, 6e, 5e. La IIIe se plaçait ensuite à l'extrême gauche, tandis que la 4e (2) s'intercalait à gauche du groupe à cheval. Les 1re et 2e prenaient position sur les pentes Nord du mamelon 295, près et à l'Est de la route de Mouzon. Les batteries préparèrent l'attaque du Fau-

---

l'extrême droite, dans la vallée de la Meuse), IIe bataillon du *96e*, 1re compagnie de pionniers.

(1) $\frac{\text{II et IV}}{86^e} \frac{\text{III}}{96^e}, \frac{\text{II, III}}{93^e}$.

(2) Cette batterie s'était reconstituée à quatre pièces.

bourg de Mouzon et canonnèrent les troupes françaises établies près de la route de Rouffy. Elles prirent ensuite pour objectif les batteries et l'infanterie adverses qui se trouvaient sur la rive droite de la Meuse, au moment où les bataillons prussiens se portèrent en avant.

La colonne principale de la *8ᵉ* division et les groupes les plus rapprochés de la *7ᵉ*, conservant le groupement qu'ils avaient adopté entre 5 et 6 heures, s'étaient ébranlés à peu près simultanément pour refouler définitivement les derniers éléments du 5ᵉ corps, qui tenaient encore au Faubourg de Mouzon et le long de la Meuse en aval. A l'extrême droite, se trouvaient cinq compagnies du *26ᵉ* et la 11ᵉ du *71ᵉ*.

La 8ᵉ compagnie du *93ᵉ* trouve Rouffy déjà évacué et s'empare, non loin du village, d'un convoi abandonné dont une partie avait été jetée dans la Meuse. Elle prend possession ensuite du pont de pilotis établi un peu en aval de Villers-devant-Mouzon et le conserve, après en avoir enlevé le tablier.

Au Nord-Est de Pourron, les troupes de la *8ᵉ* division sont accueillies par une vive fusillade de l'infanterie française qui avait suivi la route du Faubourg de Mouzon à Rouffy et qui, acculée à la Meuse, sans possibilité de la franchir, trouvait, dans sa situation désespérée, un regain d'énergie. La résistance est particulièrement vigoureuse aux abords du moulin de Ponçay et du parc de voitures formé au Sud-Est. Les batteries du 12ᵉ corps prêtaient un appui efficace à cette défense désespérée. Toutes les unités qui suivaient la rive gauche de l'Yoncq, marchent contre le moulin. Le IIᵉ bataillon du *31ᵉ* se porte sur le parc, soutenu par quelques pelotons de tirailleurs du Iᵉʳ bataillon du *93ᵉ* descendus du mont de Brune. Il fallut près d'une heure de lutte acharnée pour que l'ennemi réussît à se rendre maître de ces deux points. Vers 7 heures du soir, accablées par le nombre, les fractions françaises qui les avaient défendues étaient en partie détruites, ou rejetées dans la Meuse, ou refoulées dans Mouzon. Elles étaient poursuivies par le *31ᵉ* et la 4ᵉ compagnie du *86ᵉ* (1). Les 1ʳᵉ et 4ᵉ compagnies du *31ᵉ* s'emparent d'un rideau d'arbres situé entre le moulin et la Meuse et que vient garnir le IIᵉ bataillon du *96ᵉ*. Elles poussent ensuite jusqu'au fleuve, où elles trouvent trois canons abandonnés.

§ 26. — *L'aile droite du IVᵉ corps s'empare de Villemontry et du bois Luquet* (2).

Tandis que le IVᵉ corps progressait par sa gauche avec tant de facilité, la *13ᵉ* brigade à l'aile droite était toujours immobilisée à la lisière Nord du bois de Givodeau, en face des positions françaises de Villemontry et du bois Luquet. Le général de Schwarzhoff, commandant la 7ᵉ division, se porte au-devant des troupes de la *8ᵉ* en marche sur la route de Beaumont à Mouzon, afin de leur faire attaquer le bois Luquet de flanc et à revers. Arrivé au pied du versant Sud du mont de Brune, il rencontra les 3ᵉ et 4ᵉ compagnies du *96ᵉ* qui accompagnaient l'artillerie de corps, puis le *71ᵉ*. Ces deux compagnies se portèrent aussitôt sur la ferme Givodeau pendant que les 9ᵉ, 10ᵉ et 12ᵉ du *71ᵉ* (3) marchaient contre le bois

---

(1) L'*Historique du Grand État-Major prussien* dit (p. 1040) que cette compagnie fut « arrêtée par le feu d'une batterie de mitrailleuses, qui, à la faveur de l'obscurité naissante, trouvait ensuite moyen de se soustraire à temps à l'attaque dirigée contre elle ». Les documents français spécifient qu'à ce moment les batteries de mitrailleuses du 5ᵉ corps étaient toutes passées sur la rive droite.

(2) *Historique du Grand État-Major prussien*, 7ᵉ livr., p. 1042-1044.

(3) La 11ᵉ avait marché sur le Faubourg de Mouzon avec le 26ᵉ.

Luquet, appuyées par la 8ᵉ du *27ᵉ* qui avait quitté le camp français de Beaumont. En même temps, le Iᵉʳ bataillon du *108ᵉ* débouchant de la lisière Nord du bois de Givodeau abordait le même objectif par le Sud, suivi à peu de distance, sur sa droite, par le *101ᵉ*. Mais déjà le colonel Kampf du 49ᵉ de ligne, qui était à la tête des défenseurs du bois Luquet, constatant que la bataille gagnait du côté du Faubourg de Mouzon, et ayant conscience d'avoir rempli sa mission, s'était décidé à évacuer la position (1). Il en avait avisé le lieutenant-colonel Demange du 88ᵉ qui répondit que l'ordre lui avait été donné de rester à son poste et n'avait pas été levé.

Vers 6 heures, le colonel Kampf se replie vers le Nord avec une partie du Iᵉʳ bataillon du 49ᵉ, une centaine d'isolés du 30ᵉ, la 5ᵉ compagnie du 14ᵉ bataillon de chasseurs et des groupes des 5ᵉ et 6ᵉ compagnies du IIIᵉ bataillon du 88ᵉ. Dans ce mouvement de retraite, le détachement tomba sous le feu, à 600 mètres, de quatre pièces de la 2ᵉ batterie du *4ᵉ* établie près de la croisée des chemins située au pied de la cote 169, et se rejeta vers la ferme Givodeau. Suivi par les deux compagnies du *96ᵉ*, le Iᵉʳ bataillon du 49ᵉ forma un instant le carré, couvrant la retraite des autres fractions qu'il suivit ensuite, en gagnant directement le pont de Mouzon, sans passer par le Faubourg. Il y fut rejoint par les IIᵉ et IIIᵉ bataillons du 49ᵉ et le gros du 14ᵉ bataillon de chasseurs qui, débordés à droite par les progrès de l'ennemi le long de la voie romaine et à gauche par les unités qui débouchaient du bois Luquet, avaient rétrogradé par échelons, couverts par la 3ᵉ compagnie du 14ᵉ bataillon de chasseurs déployée en tirailleurs.

Le mouvement de retraite des défenseurs du bois Luquet avait été suivi par deux compagnies du 88ᵉ, la 2ᵉ du Iᵉʳ bataillon et la 5ᵉ du IIᵉ, de sorte que le lieu-

---

(1) *Souvenirs* du général Faulte de Vanteaux.

tenant-colonel Demange ne disposait plus que de neuf compagnies très réduites d'ailleurs (1). Les trois batteries de la réserve d'artillerie du 5ᵉ corps qui l'avaient appuyé pendant quelque temps s'étaient repliées vers le Nord et avaient franchi le pont de Mouzon. Il réussit pourtant, jusqu'à la nuit tombante, à empêcher les IIᵉ et IIIᵉ bataillons du *108ᵉ*, soutenus par des fractions du *26ᵉ*, de progresser sensiblement vers Villemontry. Mais voyant son détachement réduit à 400 hommes, attaqué de front, sur son flanc droit et presque à revers, le lieutenant-colonel Demange ordonna la retraite et donna comme point de ralliement la ferme Givodeau que l'ennemi n'occupait pas. Une partie seulement put y parvenir : 13 officiers et 210 hommes; le reste ne sut pas trouver la bonne direction, alla donner, tête baissée, au milieu des troupes prussiennes et fut tué, fait prisonnier, ou s'enfuit vers la Meuse.

§ 27. — *Derniers combats au Faubourg de Mouzon.*

Les trois bataillons de la *14ᵉ* brigade prussienne qui étaient parvenus, le long de la voie romaine, jusqu'à hauteur de la cote 169, avaient repris leur mouvement en avant, en même temps que l'aile gauche du IVᵉ corps gagnait du terrain vers la Meuse. Leur objectif était le Faubourg de Mouzon, dont les batteries du mont de Brune avaient préparé l'attaque.

La 10ᵉ compagnie du *27ᵉ*, suivie de la 9ᵉ, se portait droit vers les premières maisons de l'issue occidentale; à leur gauche les 11ᵉ et 12ᵉ se reliaient aux éléments voisins de la *8ᵉ* division. Au Sud de la voie romaine marchaient le IIᵉ bataillon du *27ᵉ* et le Iᵉʳ du *93ᵉ*. Enfin

---

(1) 1, 3, 4, 5 $\frac{\text{I}^{\text{er}}}{88^{\text{e}}}$ et 1, 2, 3, 4, 6 $\frac{\text{II}^{\text{e}}}{88^{\text{e}}}$. La 6ᵉ compagnie du Iᵉʳ bataillon avait été dispersée ou détruite dans les combats antérieurs.

le commandant de la *14ᵉ* brigade dirigeait directement sur le pont de Mouzon cinq compagnies environ du *26ᵉ* et une du *71ᵉ*.

Les débris des deux bataillons du 30ᵉ de ligne, dirigés par les commandants Lamy et de Lamarcodie et le Iᵉʳ bataillon du 22ᵉ qui occupaient le Faubourg, comprirent la portée de leur dévouement et de leur sacrifice. Encouragés par l'exemple des généraux de Failly, de L'Abadie et Abbatucci, ils tinrent avec un courage et une abnégation dignes d'admiration, pour permettre aux dernières troupes du 5ᵉ corps de s'écouler sur la rive droite de la Meuse. C'est là que le général de Failly eut un cheval tué sous lui; le maréchal des logis Largentier, du 5ᵉ hussards, s'empressa de lui offrir le sien. Le capitaine d'artillerie de Tessières « fit preuve du plus héroïque dévouement » (1). Séparé avec une pièce, de la 6ᵉ batterie du 2ᵉ qu'il commandait, il arrêta cette bouche à feu à une trentaine de mètres du pont et tira à mitraille à deux ou trois reprises sur la tête de colonne prussienne qui pénétrait dans le Faubourg. Puis le chef d'escadron Cailloux, resté auprès de lui, fit replier la pièce au delà du pont d'où elle recommença à tirer. Sur quatre servants, un fut tué et deux blessés; un conducteur et trois chevaux sur quatre furent mis hors de combat. Aidé du seul servant Favre, le capitaine de Tessières continua le feu, remplissant lui-même les fonctions de pointeur et de pointeur-servant et employant comme tire-feu une ficelle et un clou empruntés à une maison voisine. Il resta là jusqu'à la fin du combat secondé ensuite par des soldats du 22ᵉ de ligne, et parvint à ramener son canon au moyen de chevaux d'emprunt (2).

Dans les premières maisons du Faubourg, la résistance

---

(1) *Journal* de marche du 5ᵉ corps.
(2) *Rapport* du chef d'escadron Cailloux; *Historique* manuscrit du 22ᵉ de ligne.

fut acharnée (1). Longtemps tenu en échec, l'ennemi progresse par la grande rue et au Sud et atteint l'église par ces deux directions. A 7 heures du soir, il est maître du cimetière. Le Ier bataillon du 22° se replie sur la rive droite. Presque en même temps, le pont tombe au pouvoir des cinq compagnies du *26*^{e} qui s'établissent aussitôt dans les maisons adjacentes de la rive gauche et s'engagent avec les tirailleurs du IIe bataillon du 22e qui occupent la rive droite. Bientôt ceux-ci cessèrent le feu. La 1re compagnie du *26*^{e} s'engagea sur le pont, mais au moment où elle en atteignait l'extrémité, une vive fusillade l'obligea à rétrograder. Plusieurs nouvelles tentatives de passage restèrent infructueuses (2).

La nuit vint enfin mettre un terme à cette bataille désastreuse, dont les conséquences étaient la complète désorganisation du 5e corps et d'une division du 7e.

§ 28. — *Emplacements de l'armée de la Meuse dans la soirée* (3).

Le quartier général de l'armée de la Meuse fut établi à Beaumont.

La Garde campait le long de la route de Stenay entre Beaumont et la ferme de Beaulieu ; dans la nuit même, elle jetait un pont de bateaux à Létanne.

Le XIIe corps avait son infanterie et son artillerie autour de Létanne, sa cavalerie sur les deux rives de la Meuse à Pouilly. Le Ier bataillon du *105*^{e} et le *13*^{e} bataillon de chasseurs gardaient la partie de la rivière comprise entre Létanne et le bois de Givodeau ; le

---

(1) *Historique du Grand État-Major prussien*, 7e livr., p. 1041.
(2) *Historique* manuscrit du 22e de ligne.
(3) *Historique du Grand État-Major prussien*, 7e livr., p. 1044-1047.

II⁰ bataillon du *107*ᵉ était envoyé sur Pouilly. Au Nord de cette dernière localité se trouvait le *18*ᵉ régiment de uhlans, chargé du service de sûreté sur la rive droite. Plus en amont, le 5ᵉ escadron du régiment de Reiter de la Garde saxonne se tenait en face d'Inor, communiquant par un bac avec la rive droite.

Le IVᵉ corps avait reçu l'ordre de camper sur les positions conquises. Les troupes de la 7ᵉ division se massaient à la Sartelle, celles de la *8*ᵉ auprès de Pourron et de Grésil, sauf la fraction qui avait opéré le long de la grande route de Mouzon et qui stationnait au bois Luquet. L'artillerie de corps était au mont de Brune. Le contingent du Iᵉʳ corps bavarois, sous les ordres du colonel Schuch, demeurait sur les coteaux à l'Ouest de Pourron. La première ligne était formée par la 8ᵉ compagnie du *93*ᵉ qui gardait le pont de Villers-devant-Mouzon, la 4ᵉ du *86*ᵉ au moulin Ponçay, la 7ᵉ du *31*ᵉ le long de la Meuse entre le confluent du ruisseau d'Yoncq et le Faubourg. Celui-ci était occupé par la *14*ᵉ brigade : le IIIᵉ bataillon du *27*ᵉ ayant sa 9ᵉ compagnie au pont, la 10ᵉ dans les maisons adjacentes, la 11ᵉ au débouché du chemin conduisant à la ferme Givodeau, la 12ᵉ à la sortie Nord qui conduit sur les prairies de la Meuse. Le IIᵉ bataillon du *27*ᵉ et le *93*ᵉ campaient en dehors du Faubourg, non loin de sa face Ouest. La 11ᵉ compagnie du *71*ᵉ gardait le cimetière. Des patrouilles ayant traversé le pont sans être inquiétées, le commandant de la *14*ᵉ brigade essaya de nouveau, pendant la nuit, de faire occuper Mouzon par la 9ᵉ compagnie du *27*ᵉ, mais cette tentative échoua comme la précédente, devant un feu très intense.

A la division de cavalerie saxonne, le *18*ᵉ uhlans avait envoyé, vers 7 heures du soir, par Malandry, une reconnaissance d'officier dans la direction de Carignan. Elle annonça qu'un corps français était campé au Nord de Sailly et que plusieurs trains de chemins de fer étaient arrivés de Montmédy à Carignan. Les postes avancés mandaient plus tard que vers minuit, les feux de bivouac ennemis s'étaient éteints sur les hauteurs de la rive droite de la Meuse; que, pendant la nuit, des trains se dirigeaient de Carignan sur Sedan; que l'on entendait, sur la route de Mouzon à Douzy, un continuel roulement de voitures.

Ces rapports faisant supposer que de grands mouvements de troupes avaient lieu sur la ligne des Ardennes, l'escadron de Reiter de la Garde saxonne, stationné près d'Inor, fut chargé de couper la voie ferrée entre Montmédy et Carignan. Cette opération fut exécutée dans le courant de la nuit, près de Lamouilly. Vers le matin, la même reconnaissance d'officier du 18e uhlans, qui avait poussé dans la direction de Sailly, constata la disparition du camp français qu'on avait observé sur ce point dans la soirée précédente. Tout semblait indiquer une retraite des Français vers le Nord-Ouest.

§ 29. — *Passage de vive force du pont de Mouzon par un détachement du 88e de ligne* (1).

Seul, de tout le 5e corps, un détachement du 88e de ligne, comprenant 13 officiers et 210 hommes sous les ordres du lieutenant-colonel Demange, était resté à la ferme Givodeau où il s'était réfugié vers 7 h. 30. Il en sortit vers 11 heures du soir, résolu à se frayer un chemin sur Mouzon, en se servant de la baïonnette seulement. L'avant-garde, sous la direction du capitaine Delasson et du sous-lieutenant Kelberger, reconnut la présence d'une troupe prussienne gardant les abords du pont. Le détachement revint sur ses pas, ignorant si le

---

(1) *Rapport* du commandant Escarfail; *Historique* manuscrit du 88e de ligne.

pont était détruit ou barricadé et si, d'ailleurs, Mouzon était encore au pouvoir des Français. Dans le cas contraire, la tentative eût été sans issue. Le sous-lieutenant Kelberger, qui parlait l'allemand, fut chargé de questionner les sentinelles à cet égard. Il remplit cette mission avec le plus grand succès et acquit la certitude que les Allemands n'avaient pas pu pénétrer dans Mouzon. Le lieutenant-colonel Demange décida aussitôt que le coup de main aurait lieu une heure avant le jour. Un peu avant 4 heures, le détachement s'approcha en silence de la route et fut partagé en 11 pelotons, chacun plaçant 10 hommes de front et commandé par un officier désigné par son ancienneté. Le lieutenant-colonel Demange se plaça en tête, ayant à sa gauche le commandant Escarfail et à sa droite le capitaine adjudant-major Lordon et le sous-lieutenant Kelberger, celui-ci guidant la troupe.

Bientôt on se heurte à l'ennemi. La grand'garde de la 11ᵉ compagnie du 27ᵉ est dispersée; le gros de la compagnie est également refoulé. Mais à la première décharge le lieutenant-colonel Demange tombe mortellement blessé; le sous-lieutenant Kelberger est tué. Accueillie ensuite par la fusillade de la 10ᵉ compagnie du 27ᵉ établie dans les maisons, la colonne continue sa course, repoussant si vigoureusement le reste du IIIᵉ bataillon du 27ᵉ, qu'elle peut franchir, en partie, sans être trop inquiétée, une barricade construite au moyen de voitures remplies de pierres qui obstruent le pont, et arriver enfin au milieu des Français (1). L'un de ces braves, le sergent Morel, portait sur son dos le soldat Camon, blessé aux reins. Mais 90 hommes seulement et 8 officiers avaient réussi à passer; les autres

---

(1) Le maréchal de Mac-Mahon, « n'ayant pas les moyens de faire sauter le pont », avait fait édifier cette barricade. (*Souvenirs inédits* du maréchal de Mac-Mahon.)

avaient été tués, blessés ou faits prisonniers en accomplissant ce glorieux fait d'armes.

§ 30. — *Pertes.*

Les pertes de l'armée de Châlons s'élevaient à 246 officiers et 7,260 hommes environ, tués, blessés et disparus, dont près de 4,700 pour le 5º corps seul (1). Les Allemands avaient 145 officiers et 3,384 hommes hors de combat, dont 126 officiers et 2,878 hommes pour le IVᵉ corps qui avait engagé l'action et supporté constamment le poids de la lutte.

---

(1) Voir aux documents annexes l'état des pertes par corps, établi aussi exactement qu'il a été possible de le faire.

CHAPITRE VIII

Considérations sur la bataille de Beaumont.

§ 1. — *Le 5ᵉ corps.*

Si l'on examine la situation dans laquelle se trouva le général de Failly le 29 août, à Bois des Dames, lorsque le lieutenant-colonel Broye lui transmit l'ordre de se rendre à Beaumont, on peut se demander quels étaient les moyens de s'y conformer sans s'exposer à la surprise du lendemain.

Tout d'abord, si le maréchal de Mac-Mahon n'en exigeait pas l'exécution immédiate, la marche de nuit ne s'imposait pas. Il eût mieux valu, semble-t-il, laisser les troupes à proximité du théâtre de la lutte où elles ne couraient aucun danger et, après leur avoir laissé prendre le repos dont elles avaient besoin, les remettre en route à 3 heures du matin. De la sorte, on fût arrivé à Mouzon de bonne heure et le passage de la Meuse se fût opéré, vraisemblablement, sans difficultés sérieuses. Si l'on suppose, au contraire, que les instructions du maréchal de Mac-Mahon fussent formelles au point de commencer le mouvement dans la nuit même, certaines mesures semblaient rationnelles. Telles sont : le départ immédiat pour Mouzon des impedimenta; l'envoi d'un officier d'état-major à Beaumont afin de reconnaître un emplacement convenable pour le camp; la constitution d'une forte arrière-garde, comprenant une brigade d'infanterie, deux ou trois batteries et à peu près toute la cavalerie. Ce détachement serait resté à une distance telle qu'en cas d'attaque, le corps d'armée eût le temps de s'écouler. A cet effet, avec son effectif et la libre disposition de deux routes, il fallait au moins deux heures. L'arrière-garde aurait donc dû rester à 8 kilomètres en arrière. C'était à peu près la distance qui séparait Bois des Dames de Beaumont. D'autre part, le terrain indiquait comme position générale la ligne Bois des Dames, Vaux-en-Dieulet, Sommauthe, et, comme points à garder, tous les débouchés des routes au Sud des bois de Belval et de Dieulet. Un ou deux escadrons, avec un léger soutien d'infanterie, eussent été chargés de surveiller la route de Stenay à Beaumont par la forêt de Jaulnay. A défaut de ces mesures, on devait être conduit au moins à placer des vedettes de cavalerie à la lisière Sud des bois, près des chemins. Mais cette précaution aurait été insuffisante pour permettre au corps d'armée de s'écouler le lendemain; tout au plus aurait-il eu le temps de prendre ses dispositions de combat.

Quoi qu'il en soit, à la suite d'une reconnaissance du terrain, même sommaire, le 5ᵉ corps ne se serait sans doute pas arrêté à Beaumont dans la nuit du 30. Ses troupes se seraient portées sur les hauteurs au Nord du bourg entre la Harnoterie et le bois Failly, où une surprise même analogue à celle qui se produisit aurait eu des conséquences moins graves.

Ce fut sans doute la fatigue qui détermina le commandant du 5ᵉ corps à laisser deux de ses divisions et la réserve d'artillerie établir leurs camps au Sud de Beaumont, dans un fond, et à si courte distance des bois dont la lisière opposée n'était pas gardée. Ce fut vraisemblablement cette raison également qui conduisit à ne pas établir d'avant-postes, même pas ceux, très rudimentaires, dont l'armée française faisait usage en 1870. Il suffisait que les fermes de Beaulieu, de Belle Tour, de Petite Forêt, de Belle Volée et de Beauséjour fussent occupées, chacune par une compagnie, pour que la surprise n'eût pas les proportions considérables qu'elle prit. Ces grand'gardes eussent résisté en effet, donné l'alarme dans les camps, permis aux soldats de s'équiper et de se former avant d'être exposés au feu.

Si la fatigue peut être reconnue comme la cause de cette absence totale des précautions les plus élémentaires, elle ne saurait être invoquée comme une justification. Lorsque la sécurité des troupes, le salut de la masse et l'honneur des armes sont en jeu, le général en chef doit s'affranchir des sentiments de pitié et d'attendrissement à l'égard de quelques fractions chargées d'assurer le repos de tous. On l'a dit avec raison : « A la guerre, on peut être battu sans déshonneur; on n'a pas le droit d'être surpris, aussi bien sur le champ de bataille que dans les marches et les cantonnements » (1).

Le général de Failly ne tarda pas à s'apercevoir qu'il était assailli par des forces numériquement supérieures sur un terrain défavorable pour lui. Il avait reçu, du reste, du maréchal Mac-Mahon, l'ordre formel de franchir la Meuse le jour même. Dès lors tout lui commandait de refuser la bataille. Mais les unités du 5° corps campées au sud de Beaumont furent immédiatement engagées dans une lutte à courte distance; en outre, elles comprenaient toute l'infanterie de la division Goze et la brigade de Fontanges de la division de Lespart. Dix-huit bataillons, sur trente-deux, c'est-à-dire plus de la moitié, étaient donc englobés dans la surprise. L'artillerie française, supérieure en nombre au début, ne pouvait être employée rationnellement tant parce qu'elle n'était pas disponible que par manque de positions convenables. La rupture du combat se présentait ainsi dans des conditions particulièrement difficiles.

Toutefois le temps gagné par l'héroïque résistance de ces dix-huit bataillons au Sud de Beaumont permit

---

(1) Général Bonnal, *Frœschwiller*, p. 286.

au général de Failly d'établir le reste du corps d'armée sur les hauteurs au Nord du bourg entre Sainte-Hélène et la Harnoterie. Cette position, qui s'appuyait à droite à cette ferme et à gauche à la Meuse, était excellente pour servir de repli et couvrir ensuite la retraite. Les 14 bataillons de la brigade Abbatucci et de la division de L'Abadie suffisaient à assurer son occupation, conjointement avec toutes les batteries du corps d'armée. Cette arrière-garde eût été chargée de résister pendant le temps nécessaire à l'écoulement des autres éléments sur la rive droite de la Meuse. Les combattants, comprenant 18 bataillons et 13 escadrons, auraient employé à cet effet deux heures; les équipages et convois de toute sorte, deux heures et demie environ. Le pont de Mouzon étant à 9 kilomètres de Beaumont, si l'on admet que le mouvement de retraite eût commencé à midi et demi, le passage de la Meuse ne pouvait être terminé avant 7 heures du soir. L'arrière-garde eût donc dû tenter de tenir, tant sur cette position que sur d'autres situées plus en arrière jusqu'à 6 heures environ.

En réalité, le général de Failly décida, dès 2 h. 30, que cette position serait évacuée, sans attendre l'attaque de l'infanterie allemande. Une seconde, très favorable aussi, qui s'étendait de la corne Sud-Est du Bois de Givodeau par la Sartelle et le carrefour au Nord-Est de la Harnoterie jusqu'à la cote 255, ne fut occupée qu'en partie, dans la zone Est, et abandonnée aussi trop prématurément. Il semble que la démoralisation résultant de la surprise ait gagné l'âme du commandant du 5e corps.

Quatre batteries, couvertes par quelque infanterie, se maintinrent, il est vrai, assez longtemps, sur le mamelon au Sud-Ouest de la cote 295, mais leur champ de tir était limité vers le Sud : elles ne pouvaient voir la gorge qui s'ouvre à l'Est d'Yoncq, ni la plus grande partie des croupes qui partent du carrefour et s'étalent, d'une part vers la cote 255, d'autre part vers la Harnoterie.

Le général de Failly se rendit compte pourtant, mais trop tard, de la nécessité d'opposer à l'adversaire une barrière qui permît au gros du 5ᵉ corps de s'écouler par le pont de Mouzon. Il ne pouvait songer à franchir la Meuse plus en aval, où les points de passage étaient réservés au 1ᵉʳ et au 7ᵉ corps. De là l'occupation du mont de Brune et des hauteurs de Villemontry. Mais si, sur ce dernier point, la durée de la résistance put être à peu près suffisante en raison de la difficulté qu'éprouvèrent les Allemands à déboucher de la lisière Nord du bois de Givodeau et de l'appui prêté par le 12ᵉ corps, il n'en fut pas de même au mont de Brune. La brigade de Villeneuve, sur laquelle avait compté, sans doute, le commandant du 5ᵉ corps, se dispersa parce qu'elle tomba inopinément sous le feu en formation dense. L'adversaire, qui avait d'ailleurs à sa gauche toute sa sa liberté d'action, déborda la position par la vallée du ruisseau d'Yoncq.

Le 5ᵉ corps n'échappa à une destruction complète, le 30 août, que grâce à un concours fortuit de deux circonstances relativement heureuses : les difficultés de terrain que rencontrèrent les troupes allemandes à l'aile droite et l'intervention des 7ᵉ et 12ᵉ corps.

Le grand état-major prussien fait remarquer combien plus opiniâtre fut la résistance des Français dans les premières batailles de la campagne (1). Ainsi généralisée, l'observation n'est pas exacte. Il est vrai que les régiments de la division Conseil Dumesnil, qui avaient été très éprouvés à Fræschwiller et qui comptaient dans leurs rangs beaucoup d'hommes récemment incorporés, n'eurent pas une attitude aussi énergique qu'on était en

---

(1) *Abbrechen von Gefechten*, p. 101.

droit de l'espérer. Par contre, les bataillons de la division Goze, surpris dans des conditions particulièrement graves, ne se laissèrent point aller à la panique et furent, en tous points, dignes de leurs devanciers. Il est incontestable que la brigade de Villeneuve fut mise en déroute, à peine au feu, mais il est juste de reconnaître la ténacité des 49e et 88e de ligne de la division de L'Abadie d'Aydrein.

§ 2. — *Le 7e corps.*

Au bruit du canon, le général Lebrun, commandant le 12e corps, agit d'une façon absolument rationnelle en donnant l'ordre à trois brigades d'infanterie et à sa division de cavalerie de revenir sur la rive gauche de la Meuse pour secourir le 5e corps. Le maréchal de Mac-Mahon, trompé, semble-t-il, par le rapport inexact d'un aide de camp du général de Failly, n'approuva pas ces mesures ou du moins en restreignit la portée en ne laissant passer qu'une brigade d'infanterie et une de cavalerie. Toutefois, l'intensité de la canonnade était bien faite pour faire naître quelques doutes dans son esprit, et il est permis de s'étonner que le commandant en chef ne se soit pas rendu sur le terrain du combat ou n'y ait pas envoyé au moins un officier de son état-major. Au bout de deux heures au maximum, dans cette dernière hypothèse, il aurait été fixé sur le véritable état des choses et il aurait pu prendre, en temps utile, des dispositions pour recueillir le 5e corps et assurer son écoulement par le pont de Mouzon.

Le 7e corps, au contraire, ne marcha pas au canon et n'intervint que fortuitement dans la bataille de Beaumont par une seule de ses divisions. Bien plus, au lieu de continuer sa route sur Villers-devant-Mouzon, le général Douay, pensant que le passage y serait obstrué, crut devoir se diriger plus en aval, vers Remilly. Il n'agit ainsi que parce qu'il se considérait comme obligé de se conformer strictement à l'ordre de franchir la Meuse le jour même. Mais en le lui donnant, le maréchal de Mac-Mahon n'avait certainement pas prévu que le 5ᵉ corps serait attaqué. La situation nouvelle exigeait, de la part du général Douay, une détermination qui, sans annuler les instructions du commandant en chef, les reléguât pourtant, momentanément, au second plan.

Peut-être le commandant du 7ᵉ corps pensa-t-il que si le maréchal avait voulu qu'il secourût le 5ᵉ, il l'en aurait avisé. Tel est un des arguments invoqués par un des officiers de l'état-major du général Douay (1). Mais le porteur de la dépêche pouvait s'être égaré en route ou retardé par une cause quelconque, ou être tombé entre les mains de l'ennemi. D'ailleurs fallait-il donc un ordre au commandant du 7ᵉ corps « pour prendre part au combat et secourir ses camarades »? (2) « Le premier principe de la guerre, disait Napoléon, veut que, dans le doute du succès, on se porte au secours d'un de ses corps attaqués, puisque de là peut dépendre son salut » (3). Des hauteurs de Stonne, le général Douay constatait la situation critique dans laquelle se trouvait le général de Failly (4). Or, quand deux corps suivent deux itinéraires parallèles et assez rapprochés, ils doivent évidemment se soutenir réciproquement en cas d'attaque. C'était le cas du 7ᵉ, et son chef ne pouvait point douter qu'en laissant à l'adversaire toute latitude pour écraser le 5ᵉ, il agissait contre l'intérêt général de l'armée. Il devait donc prendre ses mesures de façon à l'aider à franchir la Meuse dans les conditions les moins défavorables. Enfin

---

(1) Prince Bibesco, *loc. cit.*, p. 103.
(2) *Mémoires de Napoléon*, écrits par Gourgaud, II, p. 185.
(3) Berthier à Victor, le 6 novembre 1808, *Correspondance de Napoléon*, n° 14.445.
(4) Prince Bibesco, *loc. cit.*, p. 104.

le général Douay pouvait calculer que le pont de Remilly ne serait pas disponible le 30 puisque le 1er corps tout entier et la division Bonnemains devaient l'utiliser. Il en aurait conclu que l'ennemi, qui luttait à ce moment à Beaumont, l'atteindrait encore le même soir et qu'il valait mieux soutenir la lutte conjointement avec le 5° corps que de faire écraser ses divisions isolément. En somme, il semble que, dans la circonstance, le général Douay aurait dû faire couvrir son convoi, si malencontreusement intercalé dans les colonnes de combattants, par une de ses divisions, et marcher au secours de son collègue avec tout le reste du 7° corps. Il dut lui en coûter, certes, de ne point agir ainsi et on ne saurait, équitablement, lui en faire le reproche. Les idées, les principes alors en cours dans l'armée française bannissaient toute initiative et n'admettaient que l'obéissance stricte à la lettre des ordres donnés.

§ 3. — *Le 1er corps.*

Le 1er corps, moins voisin que le 7e du champ de bataille, resta inactif, lui aussi. A la vérité, le général Ducrot, en entendant le canon, fit masser deux de ses divisions à Tétaigne et envoya un de ses aides de camp demander des ordres au maréchal de Mac-Mahon. Mais, avant d'avoir reçu la réponse, il crut devoir, comme le général Douay, se conformer à l'ordre « très positif » (1) qui lui avait été donné de gagner Carignan. Or cet ordre n'était plus valable momentanément, et pour les mêmes raisons qui ont été données précédemment, à propos du 7° corps. Le général Ducrot invoque, pour justifier sa détermination, un second argument : la nécessité de ne pas laisser l'Empereur isolé à Carignan. Il semble que

---

(1) *Vie militaire du général Ducrot*, II, p. 402.

deux divisions du 1er corps n'eussent point été nécessaires pour remplir ce but et qu'il eût suffi, pour protéger l'Empereur, d'un régiment de cavalerie tout au plus. Il n'y avait guère à redouter de ce côté, en effet, que quelques patrouilles de cavalerie adverse.

§ 4. — *Le grand quartier général français.*

Bien que le maréchal de Mac-Mahon n'ignorât pas que, le 29 août, le 5e corps avait eu un engagement avec des troupes de toutes armes; bien que, d'autre part, il sût que le 7e corps était suivi de près par des forces qu'il évaluait à 60,000 hommes, son intention bien arrêtée était, le 30 août, comme la veille, d'éviter tout combat et de franchir la Meuse au plus tôt. Il semblait qu'il suffit d'atteindre la rive droite pour être assuré du succès. Or, en admettant même que tous les corps eussent exécuté, le 30, les desseins du maréchal et fussent parvenus à se soustraire complètement, ce jour-là, aux atteintes de l'adversaire, la situation de l'armée n'en eût pas moins été très compromise. Une partie de la IIIe armée aurait suivi ses mouvements et le reste, ainsi que l'armée de la Meuse, aurait franchi le fleuve à Stenay et aux environs, de telle sorte que l'armée française, continuant le 31 à marcher sur Montmédy, aurait été attaquée par des forces supérieures et aurait probablement éprouvé, dans la journée du 31 août ou dans la suivante, la catastrophe qu'elle subit à Sedan. Ce résultat était à peu près inévitable si le maréchal de Mac-Mahon poursuivait sa marche vers Metz, à si courte distance de la frontière belge. Aussi, malgré ses conséquences immédiates, la défaite de Beaumont offrait au moins cet avantage de rendre le péril pour ainsi dire évident et de permettre d'y échapper peut-être. Au ministre de la Guerre incombe sans doute la responsabilité première de la situation critique où se trouvait l'armée. Toutefois, il n'avait pas indiqué les routes à suivre pour atteindre Metz, ni interdit de vérifier ses assertions relatives à l'avance que le maréchal de Mac-Mahon aurait eue sur le Prince royal. C'était là la tâche du chef de l'armée. Or, il faut bien le reconnaître, celui-ci n'avait pas employé pour obtenir des renseignements le seul moyen qui lui en eût procuré de certains. En d'autres termes, au lieu d'attaquer résolument les corps allemands les plus voisins et de chercher à percer le rideau qu'ils constituaient, le commandant de l'armée de Châlons avait persisté à poursuivre sa marche en se dérobant aux forces adverses. Une telle ligne de conduite eût été admissible dans certaines circonstances déterminées, mais, ce qui en faisait l'erreur dans le cas actuel, c'est que le maréchal livrait ses communications. Le mouvement en avant ainsi conçu finissait par ressembler à une retraite et engendrait la démoralisation. Au contraire, si l'armée de Châlons eût pris une offensive énergique le 29, nombreuses eussent été les chances d'obtenir un succès et en même temps des renseignements très précis sur la proximité et la force de l'adversaire. Si, même le 30, averti par le combat de la veille, le maréchal se fût tenu prêt à accepter la bataille avec tous ses corps sur la ligne Stonne, La Besace, Yoncq, Bois de Givodeau, il eût disposé des moyens suffisants pour repousser toutes les attaques de l'ennemi, puis éventuellement sauver son armée en la mettant définitivement en retraite vers le Nord-Ouest.

En réalité, dans la soirée du 30, le maréchal de Mac-Mahon se trouvait à peu près acculé à la frontière belge avec une armée dont un quart était désorganisé et dont le reste avait son moral fortement ébranlé. On pouvait encore échapper à l'adversaire, mais il fallait, pour y réussir, autant de décision dans la conception que d'habileté et d'énergie dans l'exécution (1).

(1) Cf. A. G., *L'armée de Châlons*, p. 82-84.

CHAPITRE IX

Les armées allemandes dans la journée et la soirée du 30 août.

§ 1. — *Mouvements de la IIIe armée* (1).

Tandis qu'à l'aile droite de la IIIe armée le Ier corps bavarois, opérant sur la route Buzancy-Raucourt, participait à la bataille de Beaumont, les deux divisions de cavalerie de l'aile gauche exécutaient les mouvements qui leur avaient été prescrits sur les lignes de communication de l'armée française (2). La 5e se portait sur Tourteron, l'un de ses régiments poussant vers Attigny; la 6e envoyait une brigade sur Semuy, l'autre sur Le Chesne, et faisait un détachement plus au Nord, vers Bouvellemont.

Entre ces deux ailes, la masse des forces de la IIIe armée convergeait sur Stonne. Le Ve corps quittait Grand Pré vers 6 heures du matin pour s'y porter directement; les autres unités appuyant peu à peu sur ce point, soit en vertu d'instructions ultérieures, soit d'elles-mêmes pour marcher au canon.

Le commandant de l'avant-garde du Ve corps (3) avait reçu, à son arrivée à Authe, les rapports des deux escadrons du *1er* régiment de uhlans de la Garde relatifs

---

(1) *Historique du Grand État-Major prussien*, 7e livr., p. 1048-1052.
(2) Voir p. 74.
(3) 4e régiment de cavalerie würtembergeoise;
    18e brigade d'infanterie;
    Ire et IIe batteries;
    4e régiment de dragons.

aux mouvements du 7ᵉ corps français qu'ils observaient depuis la veille. Le 4ᵉ régiment de cavalerie würtembergeoise avait pris les devants par Osches et mandait bientôt que de l'infanterie française campait sur le versant Sud des hauteurs de Stonne et que d'autres troupes adverses marchaient sur la Berlière. Les deux batteries de l'avant-garde prenaient position sur la colline au Nord de Saint-Pierremont et ouvraient le feu, vers 11 h. 30, tandis que la cavalerie würtembergeoise se rassemblait à Osches et que la *18ᵉ* brigade se déployait en arrière. Le reste de la *9ᵉ* division se massa derrière la crête orientale de la hauteur au Sud-Est de Verrières et, vers 1 heure, la tête de colonne de la *10ᵉ*, avec l'artillerie de corps, arriva à hauteur de la *9ᵉ*. L'artillerie de corps se porta à l'Ouest de Saint-Pierremont; la *10ᵉ* division au Nord de cette localité. Quelques batteries, devançant l'infanterie, prenaient position, les unes à côté de celles de l'avant-garde, les autres près de la ferme du Fond-Barré, mais trop tard pour s'engager, les troupes du 7ᵉ corps ayant déjà entamé leur retraite vers le Nord. La cavalerie de l'avant-garde tentait de pousser sur le bois du Fay, mais une batterie de canons à balles, établie à l'Ouest de Stonne, l'obligeait à rétrograder.

Le Prince royal de Prusse s'était rendu sur les hauteurs de Saint-Pierremont. Les Français paraissant fortement établis à Stonne, il décidait d'attendre, pour les attaquer de front, que le XIᵉ corps fût entré en ligne. Celui-ci, qui marchait de Vouziers sur Le Chesne, avait reçu à Quatre-Champs l'ordre d'obliquer sur la Berlière et, vers 2 h. 15, il se rassemblait près de Brieulles. La division würtembergeoise, qui devait se porter par Châtillon sur Le Chesne, s'était rencontrée en franchissant le Bar, à l'Est de Châtillon, avec l'avant-garde du XIᵉ corps et l'avait suivie sur Brieulles. La 4ᵉ division de cavalerie, arrivée à Châtillon, en était repartie vers midi pour la Berlière, quand, à 1 h. 15, un ordre du commandant de la III⁰ armée l'avait arrêtée à Verrières. Enfin la 2⁰ division de cavalerie accourait de Buzancy au bruit du canon; vers 3 heures, elle était aux Trois-Fontaines, où un ordre du Prince royal lui prescrivait de continuer sa marche sur Saint-Pierremont. La majeure partie de la III⁰ armée se réunissait donc au Sud de Stonne.

Sur ces entrefaites, le II⁰ corps bavarois, stationné la veille sur la rive gauche de l'Aire, à Marcq et à Chevières, avait jeté, pendant la nuit, un pont à Saint-Juvin et s'était mis en mouvement de très grand matin, pour suivre le I⁰ʳ corps bavarois comme réserve.

De la colline au Nord-Est de Vaux-en-Dieulet le grand quartier général allemand avait observé le début et les premières péripéties de la bataille de Beaumont. C'est là que parvint un rapport du Prince royal de Prusse faisant connaître les emplacements des forces de la III⁰ armée au Sud de Stonne. On jugea que, dans les conditions actuelles, plus l'adversaire s'attarderait sur ce point, plus sa situation deviendrait mauvaise, aussi le Prince royal fut-il invité « à se montrer peu pressant » (1).

Toutefois, comme, entre 2 et 3 heures, les Français évacuèrent d'eux-mêmes leur position de Stonne, l'avant-garde du V⁰ corps se porta, par Osches, sur les hauteurs de la Berlière, d'où son artillerie ouvrit le feu sur la colonne du 7⁰ corps. La *17⁰* brigade continuait sur Osches avec les batteries à cheval et le *14⁰* dragons et se joignait ensuite à la *18⁰* sur les hauteurs de la Berlière. La *10⁰* division occupait le mont du Cygne; plus tard, les batteries montées de l'artillerie de corps se portaient à Osches.

Le bruit du canon redoublant à l'Est, le commandant du V⁰ corps se porta sur la Besace, mais la *20⁰* brigade

---

(1) *Historique du Grand État-Major prussien*, 7⁰ livr., p. 1050.

y arriva quand déjà les Bavarois avaient poussé au delà. Elle établit alors, conjointement avec le *14ᵉ* dragons, des avant-postes au Nord. Le reste du corps d'armée bivouaquait au Sud du village, des deux côtés de la grande route.

La *4ᵉ* division de cavalerie stationnait près de Flaba, sauf la *8ᵉ* brigade qui se trouvait près de Stonne et de Grandes Armoises.

Le XIᵉ corps s'établissait à Stonne et à la Berlière ; la division wurtembergeoise à Verrières ; la 2ᵉ division de cavalerie à Osches, le Iᵉʳ corps bavarois à Raucourt et à la Besace ; le IIᵉ à Sommauthe, que son avant-garde n'avait atteint qu'à la tombée de la nuit (1) ; le VIᵉ à Vouziers, avec une avant-garde vers Vrizy.

Le quartier général de la IIIᵉ armée s'installait à Saint-Pierremont ; le grand quartier général à Buzancy.

§ 2. — *Instructions du grand quartier général pour le 31 août.*

Dans la soirée du 30, on ignorait encore, au grand quartier général, à Buzancy, les emplacements occupés par les divers corps des armées allemandes. Mais les

---

(1) Le maréchal de Moltke écrivit au commandant de la IIIᵉ armée, dans la soirée du 30 : « Sa Majesté a eu le regret de remarquer que le IIᵉ corps d'armée bavarois, qui, en exécution de l'ordre d'armée, devait suivre immédiatement le Iᵉʳ comme réserve, ne s'est pas établi à un quart de mille derrière celui-ci auprès de Sommauthe, et se trouvait encore, à 9 heures du soir, en colonne de marche avec sa queue près de Buzancy. Ce corps d'armée aurait été absolument hors d'état de fournir aucune aide s'il avait été nécessaire de faire appel à lui.

« En outre, les modifications introduites par lui dans l'exécution de l'ordre, ont eu pour résultat de gêner l'arrivée des convois des autres corps, et il n'a atteint son bivouac que par une marche de nuit inutile. » (*Correspondance militaire du maréchal de Moltke*, I, n° 239.)

événements de la journée et les renseignements reçus « ne laissaient aucun doute sur l'opportunité de la continuation immédiate d'une offensive concentrique contre un adversaire qui pliait sur toute la ligne » (1).

En conséquence, vers 11 heures du soir, le grand quartier général expédia aux deux commandants d'armée un ordre ainsi conçu :

« ... La marche reprendra demain, dès l'aube. Partout où l'on trouvera l'adversaire de ce côté-ci de la Meuse on l'attaquera vigoureusement en cherchant à l'acculer le plus étroitement possible entre cette rivière et la frontière belge.

« L'armée de S. A. le Prince royal de Saxe est spécialement chargée d'empêcher l'aile gauche ennemie de se dérober dans la direction de l'Est. A cet effet, S. A. R. fera en sorte de jeter deux corps sur la rive droite de la Meuse, et abordera les Français en flanc et à revers s'ils venaient à prendre position vis-à-vis de Mouzon.

« La IIIe armée opérera de même contre le front et la droite de l'adversaire. L'artillerie choisira, sur la rive gauche de la Meuse, des positions aussi fortes que possible, desquelles elle puisse inquiéter les colonnes ennemies en marche ou campées dans la partie de la vallée qui longe la rive droite, en aval de Mouzon.

« Dans le cas où l'ennemi passerait sur le territoire belge et ne serait pas immédiatement désarmé, on l'y suivrait sans attendre de nouveaux ordres (2).... »

Déjà le grand quartier général allemand entrevoyait que peut-être l'armée de Châlons pourrait être acculée à la frontière belge (3). Dans l'après-midi du 30, le

---

(1) *Historique du Grand État-Major prussien*, 7e livr., p. 1056.
(2) *Ibid.*, 7e livr., 267*.
(3) *Tagebücher* des Generalfeldmarschalls Graf von Blumenthal, p. 91; Hahnke, *loc. cit.*, p. 197.
L'*Historique du Grand État-Major prussien* déclare même qu'il

comte de Bismarck adressait un télégramme au ministre de la Confédération de l'Allemagne du Nord près la cour de Bruxelles, pour le prévenir qu'il était possible que des troupes françaises franchissent la frontière et pour lui exprimer l'espoir que, dans cette éventualité, elles seraient désarmées sur-le-champ (1).

était « hors de doute, selon toute vraisemblance », qu'une continuation du mouvement des armées allemandes vers le Nord produirait ce résultat. (7º livraison, p. 1056.) Or, le maréchal de Mac-Mahon pouvait encore échapper à cette catastrophe.

(1) *Historique du Grand État-Major prussien*, 7º liv., p. 1056.

CHAPITRE X

Mouvement de l'armée de Châlons sur Sedan.

Le 30 août, dans les dernières heures de l'après-midi, le maréchal de Mac-Mahon n'était pas encore fixé sur le parti qu'il prendrait et sur la direction éventuelle de son mouvement. Aussi avait-il chargé le général Ducrot de prendre ses dispositions pour le couvrir, qu'il s'effectuât par Carignan ou par Douzy (1). Il hésitait donc entre deux solutions : la continuation de la marche sur Metz ou l'abandon définitif du plan du ministre de la Guerre entraînant la retraite sur Mézières. Sa résolution définitive ne fut prise selon toute vraisemblance qu'à l'issue de la bataille de Beaumont. Le 5ᵉ corps était complètement désorganisé, et l'on était sans nouvelles du 7ᵉ que l'on supposait avoir été engagé tout entier et très éprouvé (2). Si pénible que fût cette constatation, le Maréchal comprit qu' « il était impossible, dans l'état où se trouvait l'armée », de poursuivre l'accomplissement de la mission qu'il avait accepté de remplir (3). Deux autres raisons s'y opposaient également : d'une part, la certitude d'avoir ses « communications coupées avec Paris et l'intérieur de la France », s'il persistait dans son dessein; d'autre part, la conviction que « Bazaine, s'il avait quitté Metz,

---

(1) *Vie militaire du général Ducrot*, t. II, p. 403.
(2) *Journal* de marche de l'armée de Châlons.
(3) Note adressée à la Section historique le 9 novembre 1903, par M. le général Broye.
  « L'armée était dans un désordre indicible ». (Le général Broye au général de Vaulgrenant, 6 novembre 1903.)

était encore à plusieurs journées de marche » de l'armée de Châlons (1). Le maréchal prit donc le parti de se « reporter, le plus tôt possible, vers l'Ouest » (2). C'était, en effet, la seule chance de salut; encore fallait-il ne pas perdre de temps pour en profiter.

A 8 heures du soir, il fit donner l'ordre à toute l'armée de se porter immédiatement sur les hauteurs de Sedan. Il n'avait pas l'intention d'y combattre; il se proposait seulement d'y reconstituer l'armée et de l'approvisionner de nouveau en vivres et en munitions (3). De là, il espérait pouvoir gagner Mézières où il savait que se concentrait le 13e corps (4), et opérer sa retraite sur Paris (5).

Le 5e corps, dont les divers éléments s'étaient reconstitués le mieux possible sur les hauteurs à l'Est de Mouzon, fut dirigé sur Sedan par Carignan. En arrivant dans cette dernière localité à 9 heures du soir, le général de Failly vit la route tellement encombrée de bagages de tous les corps qu'il jugea impossible d'atteindre Sedan pendant la nuit. En conséquence, il prescrivit à ses troupes de bivouaquer à Sachy et à Pouru-Saint-Remy. Les ordres pour la marche sur Sedan n'étaient parvenus ni à la 2e brigade de la 1re division, ni à une partie de la 3e. Le général Nicolas, qui avait

---

(1) *Souvenirs* inédits du maréchal de Mac-Mahon. « Sedan fut simplement donné d'abord comme un point de ralliement à tous les corps et non comme un théâtre choisi pour y livrer bataille... Il ne pouvait être question alors que de rallier et de réorganiser les éléments de l'armée, de leur donner un peu de répit et de les approvisionner. (Le général Broye au général de Vaulgrenant, 6 novembre 1906.)

(2) *Souvenirs* inédits du maréchal de Mac-Mahon.

(3) *Enquête*, I, p. 37.

(4) Le ministre de la Guerre au maréchal de Mac-Mahon, 29 août, 6 h. 5 soir; 30 août, 11 h. 8 du matin (D. T. ch.).

(5) *Souvenirs* inédits du maréchal de Mac-Mahon.

pris le commandement provisoire de ces troupes, résolut de franchir la Chiers le soir même à Brévilly et de se porter le 31 sur Montmédy par Messincourt, Pure, Matton, les Deux-Villes, Sapogne et Thonnelle. Mais, en arrivant à la gare de Brévilly, à 11 heures du soir, il apprit qu'un convoi de vivres destiné au 5e corps avait rebroussé de Carignan sur Sedan et qu'un mouvement général de concentration se produisait sur cette place. Après une halte d'une heure, il se remit en marche en se dirigeant sur Sedan. La division de cavalerie Brahaut qui, elle non plus, n'avait pas reçu d'ordres, en fit demander au général de Failly par le capitaine Pendezec et passa la nuit à Lombut, « la bride au bras » (1).

Entre 8 h. 30 et 9 heures, le maréchal fit appeler le général Lebrun et lui prescrivit de diriger immédiatement le 12e corps sur Sedan. Il lui recommanda de ne pas s'engager tout d'abord sur la grande route déjà fort encombrée, mais de suivre, pendant un certain temps, les hauteurs qui la dominent à l'Est, de la rejoindre ensuite près de Mairy et de passer par Douzy et Bazeilles. La division de cavalerie et la réserve d'artillerie devaient prendre par Carignan. Des ordres ultérieurs feraient connaître au 12e corps la position qu'il occuperait sous Sedan. Le maréchal ajouta que la journée avait été « mauvaise », que le 5e corps avait été fort maltraité, mais que, néanmoins, la situation n'était pas « désespérée ». Si l'on en croit le général Lebrun, le maréchal aurait évalué l'effectif des forces allemandes qui étaient devant lui à 60,000 ou 70,000 hommes au plus et déclaré que si l'ennemi attaquait, il s'en féliciterait, espérant bien le jeter dans la Meuse (2). Les

---

(1) *Journal* de marche de la division de cavalerie du 5e corps. Le 5e lanciers alla jusqu'à Brévilly.

(2) Général Lebrun, *loc. cit.*, p. 74.

divisions d'infanterie du 12ᵉ corps partirent : la 3ᵉ à 9 heures du soir, la 1ʳᵉ à 10 h. 30, la 2ᵉ à minuit (1). Le maréchal de Mac-Mahon et son état-major marchèrent en tête de la colonne. L'ordre de la retraite sur Sedan n'était parvenu à la 2ᵉ brigade de la 2ᵉ division qu'à 11 heures du soir. Coupée plusieurs fois dans sa marche, cette unité fut séparée du gros de la division. Elle se dirigea, par erreur, sur Carignan et prit la route de Sedan par Sachy.

Le commandant du 1ᵉʳ corps, chargé de couvrir la retraite, ne reçut pas de nouveaux ordres. Pressentant que l'armée se dirigeait vers le Nord, il prit les mesures nécessaires pour acheminer sur Givonne et Illy les bagages et les services administratifs et prescrivit à l'intendance de préparer des vivres sur ce point. Puis, après avoir dicté l'ordre de mouvement pour le 31 août, il écrivit au général Margueritte et appela son attention sur la gravité de la situation et sur la position aventurée, pensait-il, qu'occupait sa division de cavalerie sur la rive gauche de la Chiers. Il l'engageait à venir camper près de Carignan et à se porter le lendemain sur Sedan, parallèlement et en liaison avec le 1ᵉʳ corps (2). Le général Margueritte, partageant cette opinion, se porta, dans la soirée même, sur Sailly. Il maintint toutefois deux escadrons et demi des 3ᵉ et 4ᵉ chasseurs d'Afrique dans les bois de Blanchampagne, un à Margut et un à Villy. Ces escadrons s'éclairaient vers Stenay et Montmédy (3). Dans la nuit, le général Ducrot écrivit

---

(1) La brigade de Villeneuve de la 1ʳᵉ division, moins une fraction qui avait rejoint le 12ᵉ corps dans la soirée, se dirigea isolément sur Sedan, sur l'ordre du maréchal de Mac-Mahon. — Le parc du 12ᵉ corps arrivait le 30 à Sedan et campait entre Balan et Bazeilles.

(2) Général Ducrot, *La journée de Sedan*, p. 11-12.

(3) Le général Margueritte au maréchal de Mac-Mahon, Sailly, 30 août, 8 heures soir.

encore au général Margueritte pour l'engager à passer la Chiers au pont de Sailly, qu'il se proposait de faire sauter ensuite. De là, la retraite continuerait sur Sedan, soit en longeant la Chiers, soit vers le Nord, par Osnes, Messincourt, Escombres (1).

Mal réglée, et ne pouvant l'être que difficilement, la marche de nuit des 5ᵉ et 12ᵉ corps s'effectua dans des conditions déplorables. L'encombrement et le désordre sur les deux routes de Mouzon à Douzy et de Carignan à Douzy furent considérables dès le début et augmentèrent encore à partir de cette dernière localité, où les deux colonnes venaient converger pour atteindre Sedan (2). Il eût été possible de les diminuer peut-être, en dirigeant les éléments du 5ᵉ corps, à partir de Douzy, non pas sur Sedan, mais sur Francheval et Villers-Cernay. Les troupes étaient d'ailleurs épuisées par les privations de toute sorte qu'elles avaient subies depuis plusieurs jours et par les combats qu'elles avaient livrés.

« La colonne marche avec un véritable pas de procession. Les ténèbres empêchent les officiers de surveiller leurs soldats qui en profitent pour se coucher sur le bord de la route et s'y endormir. Du reste, ces malheureux sont exténués de fatigue, dévorés par la faim et aussi accablés par le sommeil car, la nuit dernière, après une journée des plus fatigantes, ils ont peu dormi. Aussi les rangs se disloquent rapidement; les soldats marchent pêle-mêle sans s'occuper de la compagnie et même du bataillon auquel ils appartiennent. Il règne, dans la colonne, un sombre silence qui n'est troublé que par les cris de « *Halte!* » et de « *En avant!* » répétés parfois toutes les cinq minutes. Malgré cela, ce temps

---

(1) Le général Ducrot au général Margueritte, Carignan, 31 août.
(2) *Journal* du capitaine de Lanouvelle; le général de L'Abadie au général de Failly, Wiesbaden, 22 mars 1871; *Historique* manuscrit du 68ᵉ de ligne.

suffit aux hommes pour s'endormir profondément, de sorte qu'on a la plus grande peine à les réveiller chaque fois que la colonne se remet en marche. Du reste, le désespoir causé par notre défaite, en atteignant le moral des soldats, augmente encore la confusion (1). »

En mettant le 12ᵉ corps en marche immédiatement, le maréchal de Mac-Mahon lui imposa des fatigues bien inutiles. En réalité, rien n'obligeait à un départ si précipité. Il eût été certainement préférable de laisser ces troupes se reposer quelques heures près de Mouzon, où elles n'avaient rien à redouter des entreprises de l'ennemi, tandis que les débris du 5ᵉ corps et les convois se seraient écoulés et auraient dégagé la route. En fixant le départ du 12ᵉ corps à 2 heures du matin, au plus tôt, on aurait échappé à l'ennemi aussi bien qu'en partant à 10 heures du soir et atteint Douzy aussi tôt. Le général de Failly avait suivi les mêmes errements le soir du combat de Nouart, et l'épuisement qui en était résulté pour ses troupes n'est pas une des moindres causes de la surprise de Beaumont.

---

(1) *Historique* manuscrit du 46ᵉ de ligne.

CHAPITRE XI

L'armée française le 31 août.

§ 1. — *Premiers emplacements autour de Sedan des 5ᵉ et 7ᵉ corps.*

Dans la nuit du 30 au 31 août, le maréchal de Mac-Mahon avait suivi la route de Mouzon à Sedan, par Mairy et Douzy. Il s'arrêta, dans les premières heures de la matinée du 31, à un kilomètre environ de Bazeilles et y attendit le jour, afin de reconnaître les positions où s'établirait l'armée qui, pensait-il, pouvait être attaquée dans la journée. A l'aube, il parcourut les hauteurs de la rive droite du ruisseau de Givonne, puis donna à son chef d'état-major les instructions relatives aux emplacements que prendraient les différents corps d'armée depuis Bazeilles jusqu'à Illy.

Le 12ᵉ corps devait occuper Bazeilles et les collines à l'Ouest de La Moncelle et de Daigny; le 1ᵉʳ prendrait position à sa gauche à l'Ouest de Givonne; le 7ᵉ à gauche du précédent, jusqu'à Illy. Le 5ᵉ corps était destiné à servir de réserve, à peu près à la hauteur du centre, au Nord de l'ancien camp retranché de Sedan. La réserve de cavalerie s'établirait un peu en arrière et à gauche du 5ᵉ corps, à l'Ouest du bois de la Garenne (1). Ainsi, toute l'armée devait, d'après ces dispositions, faire face à l'Est et il ne semblait pas que le Maréchal fût préoccupé, à ce moment, de la possibilité d'un mouvement des armées allemandes sur la seule ligne de retraite qui lui demeurât ouverte. D'ailleurs, un certain nombre

---

(1) *Souvenirs* inédits du maréchal de Mac-Mahon.

d'unités ne reçurent pas d'ordres ou furent informées trop tard, et vinrent camper autour de Sedan sur des emplacements qu'elles choisirent à leur gré.

Sur ces entrefaites, le 7ᵉ corps, se dirigeant sur Sedan, par les deux rives de la Meuse, avait traversé la ville et était allé s'établir en partie, au Nord-Ouest, sur le plateau de l'Algérie (1). La division de cavalerie Ameil, arrivée dès 1 heure du matin, était restée au Fond de Givonne. Au reçu de l'ordre qui lui prescrivait de s'établir à Illy et au Sud-Est, le général Douay rendit compte au maréchal de Mac-Mahon des événements de la veille et lui demanda, en raison de la fatigue des troupes, de les laisser sur les emplacements qu'elles occupaient. Le Maréchal y consentit (2). La division Ameil, seule, changea de bivouac et vint s'établir près de l'Algérie, face à l'Est, la droite au cimetière (3).

Le 5ᵉ corps dont les troupes s'étaient un peu reposées et ralliées à Sachy et à Pouru-Saint-Remy, avait repris sa marche sur Sedan, à 6 heures du matin. La tête de colonne fut plusieurs fois arrêtée par des unités d'autres corps venant de Mouzon, de Villers ou de Remilly, et de longs temps d'arrêt se produisirent à Douzy et à Bazeilles. Enfin, entre 9 et 10 heures du matin, le 5ᵉ corps arriva devant Sedan. Les 1ʳᵉ et 2ᵉ divisions s'établirent sur les glacis des fortifications

---

(1) De nombreux éléments du corps d'armée étaient séparés les uns des autres et n'arrivèrent sur les hauteurs de l'Algérie que le soir. Tels : la brigade Bordas, la brigade Bittard des Portes, une partie du 47ᵉ de ligne, le 21ᵉ, le 3ᵉ et toute l'artillerie de la division Conseil Dumesnil, avec le 17ᵉ bataillon de chasseurs qui lui servait d'escorte. (*Notes* sur les opérations de la 1ʳᵉ division d'infanterie du 7ᵉ corps; *Rapport* du général Bordas; *Historique* de la brigade Bittard des Portes.)

(2) *Souvenirs* inédits du maréchal de Mac-Mahon.

(3) *Journal* de marche de la division Ameil.

voisines du Fond de Givonne (1); la 3ᵉ et l'artillerie de réserve dans l'ancien camp retranché (2). La division de cavalerie, toujours sans ordres, s'était portée de Lombut, par Brévilly, Villers-Cernay, Givonne et Illy, sur Fleigneux, où le maréchal de Mac-Mahon lui fit dire de demeurer provisoirement en attendant des instructions (3).

La matinée du 31 fut employée à donner quelque repos aux troupes et à les approvisionner. Des officiers de tous les corps furent envoyés sur la grande route de Mouzon, jusqu'à Bazeilles, pour recueillir et ramener tous les détachements égarés et les isolés. Les éléments du 5ᵉ corps ne furent définitivement installés que vers 2 heures de l'après-midi (4).

A ce moment, le général de Failly, qui venait de passer dans les camps, rentrait à son bivouac près de la 1ʳᵉ division, lorsqu'il reçut la visite du général de Wimpffen qui lui annonça qu'il venait le remplacer à la tête du 5ᵉ corps. Le général de Failly, qui n'en avait pas encore été avisé officiellement bien que le général de Wimpffen se fût présenté au commandant en chef dans la matinée, reçut, peu après, une lettre du maréchal de Mac-Mahon qui l'en informait, puis une copie de l'ordre relatif à cette mutation (5). Il remit son commandement à son successeur et alla rejoindre l'Empereur dans Sedan.

---

(1) Le 11ᵉ de ligne, de la 1ʳᵉ division, resta à Balan (*Historique* manuscrit du 11ᵉ de ligne). L'artillerie de la 2ᵉ division fut entraînée par le convoi dans l'intérieur de la ville et ne put en sortir que le 1ᵉʳ septembre au matin (*Historique* de la 2ᵉ division).
(2) *Journal* de marche du 5ᵉ corps.
(3) *Journal* de marche de la division de cavalerie du 5ᵉ corps.
(4) *Journal* du capitaine de Lanouvelle.
(5) Voir, pour ces deux pièces, les documents annexes, *Journal* de marche du 5ᵉ corps.

§ 2. — *Marche du 1ᵉʳ corps* (1).

Le général Ducrot était persuadé que l'intention du maréchal de Mac-Mahon était de se replier sur Mézières, le 1ᵉʳ septembre. Aussi, dès le 30 au soir, les bagages et les services administratifs du 1ᵉʳ corps avaient-ils été poussés sur Illy. Le 31 août, au lever du jour, le général Ducrot établit plusieurs bataillons (2) sur le Mont Tilleul, à l'Est de Carignan, et disposa une batterie de 12 et des mitrailleuses sur les pentes, de façon à couvrir, d'après les instructions reçues la veille, la retraite d'une colonne française de Mouzon sur Carignan. La ville même, le pont sur la Chiers et la gare furent occupés par le 56ᵉ de ligne (3). Mais, seuls, quelques éclaireurs parurent dans le lointain.

A 8 heures du matin, pensant, avec raison, que le maréchal de Mac-Mahon s'était replié sur Douzy, le général Ducrot prit le parti de commencer sa marche et informa le maréchal de Mac-Mahon qu'il se dirigeait sur Illy où il comptait établir son bivouac. Dans la nuit, il avait écrit au général Margueritte pour l'engager à franchir la Chiers au pont de Blagny et à se conformer ensuite au mouvement de retraite du 1ᵉʳ corps (4).

La 2ᵉ division prit la tête de colonne, suivie par

---

(1) *Journal* de marche et opérations du 1ᵉʳ corps par le commandant Corbin, sous-chef d'état-major général; *Conseil d'enquête* sur les capitulations; *Notes* du colonel Robert; *Notes* du capitaine d'artillerie Achard, attaché à l'état-major du 1ᵉʳ corps; général Ducrot, *La Journée de Sedan*, p. 12-14; La division de cavalerie du 1ᵉʳ corps à la bataille de Sedan.

(2) « Cette disposition de combat nous fit faire une triste découverte : c'est qu'un grand nombre des hommes de notre régiment de marche ne savaient même pas charger leurs armes. » (*Journal* du colonel d'Andigné.)

(3) *Historique* manuscrit du 56ᵉ de ligne.

(4) Le général Ducrot au général Margueritte, Carignan, 31 août.

la 4ᵉ. Jugeant la route de la vallée de la Chiers peu sûre, en raison du voisinage de l'ennemi, et d'ailleurs encombrée de voitures, le commandant du 1ᵉʳ corps fixa l'itinéraire par Osnes, Messincourt, Pouru-aux-Bois, Francheval, Villers-Cernay, Givonne et Illy. L'artillerie divisionnaire marchait sur la route même, à hauteur et à droite de l'infanterie qui cheminait à travers champs. Les divisions de cavalerie Michel et Margueritte flanquaient la gauche, en se tenant entre les localités précédemment énumérées et la route qui longe la Chiers. Sur cette dernière se trouvait la réserve d'artillerie qui était partie dès 3 heures du matin (1). En même temps, le général Ducrot faisait prévenir les 1ʳᵉ et 3ᵉ divisions et la brigade de cavalerie de Septeuil (2) restées à Douzy de se porter sur Francheval, d'où elles rejoindraient le corps d'armée à Illy. Mais, avant que ces instructions leur parvinssent, ces troupes avaient reçu directement du maréchal de Mac-Mahon l'ordre de se rendre à Sedan. Elles avaient suivi l'itinéraire : Douzy, Rubécourt, Daigny, Fond de Givonne (3).

Vers midi, le général Ducrot arriva à Francheval, précédant ses têtes de colonnes. Le village était obstrué par les bagages et les parcs des 5ᵉ et 12ᵉ corps qui, canonnés par l'ennemi, avaient quitté en désordre la route de la vallée de la Meuse pour se jeter sur les hauteurs. Il en résulta un arrêt de près de trois heures pour le 1ᵉʳ corps.

A ce moment, le général Lebrun livrait un combat à Bazeilles, et une colonne ennemie se portait de

---

(1) *Historique* manuscrit du 20ᵉ régiment d'artillerie ; *Notes* du lieutenant-colonel de Brives.

(2) Avec la brigade de Septeuil se trouvait la 1ʳᵉ batterie du 20ᵉ d'artillerie à cheval, détachée de la réserve d'artillerie du 1ᵉʳ corps à la division de cavalerie Michel.

(3) *Historique* manuscrit du 13ᵉ bataillon de chasseurs; *Journal* de marche de la 3ᵉ division.

Mouzon sur Douzy. Le général Ducrot se borna à prendre quelques dispositions pour opérer son mouvement sur Illy sans être inquiété; à cet effet, il disposa successivement en échelons, sur des points dominants, quelques batteries et quelques bataillons de soutien que l'ennemi s'abstint d'attaquer (1). L'un de ces bataillons, laissé à Pouru-aux-Bois avec le commandant Warnet, tendit une embuscade à l'ennemi et fit prisonniers quelques uhlans (2).

Vers 4 heures de l'après-midi, le général Ducrot se trouvait de sa personne entre Villers-Cernay et Givonne lorsqu'il reçut du maréchal de Mac-Mahon, par l'intermédiaire du lieutenant-colonel Broye, une lettre lui prescrivant de ne pas continuer sa marche sur Illy, mais de se rabattre, au contraire, sur Sedan, et de prendre position, à la gauche du 12e corps, entre Balan et Bazeilles (3). Mais le colonel Robert, chef d'état-major général du 1er corps, qui avait été envoyé auprès du maréchal de Mac-Mahon pour recevoir des instructions sur les emplacements à occuper et qui avait eu ensuite une conférence avec le général Lebrun, revint, apportant l'avis de prendre position, non pas entre Balan et Bazeilles où se trouvait déjà le 12e corps, mais sur les hauteurs à l'Ouest de Daigny et de Givonne (4). La

---

(1) Telle est du moins la version du *Journal* de marche du 1er corps rédigé par le commandant Corbin. Le *Journal* du colonel d'Andigné dit, au contraire, que les deux divisions prirent position sur les hauteurs entre Francheval, Villers-Cernay et Rubécourt.

(2) *Souvenirs* du capitaine Peloux.

(3) La lettre débutait ainsi : « Je vous avais fait donner, hier, ordre de vous rendre de Carignan à Sedan et nullement à Mézières, où je n'avais point l'intention d'aller. » Le général Ducrot déclare que cet ordre ne lui est jamais parvenu (*La Journée de Sedan*, p. 14). La lettre semble prouver du moins que le général Ducrot songeait à gagner Mézières.

(4) « Le Maréchal parut n'avoir pas une idée très nette des

2ᵉ division ne s'y établit qu'à la nuit tombante ; les dernières fractions de la 4ᵉ, ralliée à son arrivée par le 3ᵉ zouaves, à 11 heures 30 du soir seulement. Elles trouvèrent les 1ʳᵉ et 3ᵉ divisions déjà installées à l'Est du bois de la Garenne, et se placèrent derrière elles.

L'artillerie de la 3ᵉ division, dirigée directement sur Sedan par le maréchal de Mac-Mahon, était arrivée aux portes de la place à 6 heures du matin. Le lieutenant-colonel Sûter qui la commandait ne put, malgré de très actives démarches, savoir où se trouvait le 1ᵉʳ corps. Le sous-chef d'état-major général de l'armée lui fit dire d'aller à Saint-Menges où il établit en effet son bivouac (1).

Un bataillon de francs-tireurs de la Seine, adjoint à la 2ᵉ brigade de la 3ᵉ division, avait été détaché à La Chapelle. Le Iᵉʳ bataillon du 3ᵉ Tirailleurs resta sur les coteaux à l'Est de Givonne.

La division de cavalerie Michel avait formé l'extrême arrière-garde du 1ᵉʳ corps à partir de Francheval. A 10 heures du soir, elle était encore à Givonne sans pouvoir avancer, tant la route était encombrée. Son chef se décida à la diriger sur Daigny et à la faire camper dans des plis de terrain au Nord-Est de Fond de Givonne entre les 1ᵉʳ et 12ᵉ corps (2). Toutefois la brigade de cavalerie de Septeuil ne la rejoignit pas. Précédant par des chemins de traverse le mouvement des 1ʳᵉ et 3ᵉ divisions, elle était venue s'établir, face au Sud, à l'Ouest du bois de la Garenne (3). Dans cette marche, la 1ʳᵉ batterie du 20ᵉ, qui était restée la veille avec la brigade de

---

emplacements qu'il entendait donner au 1ᵉʳ corps. » (*Notes* du colonel Robert, chef d'état-major général du 1ᵉʳ corps.)

(1) *Historique* de l'artillerie de la 3ᵉ division du 1ᵉʳ corps.

(2) *Notes* du colonel Robert ; Extrait du *Journal* de marche de la division de cavalerie du 1ᵉʳ corps ; La division de cavalerie du 1ᵉʳ corps à la bataille de Sedan.

(3) *Rapport* du général de Septeuil.

Septeuil, avait été séparée d'elle et passant par Bazeilles et Daigny, était arrivée à Illy. Là, le général Bonnemains avait donné au chef d'escadron de Carmejane le conseil de suivre les hauteurs au Nord de Floing. La batterie se dirigea alors sur Saint-Menges, et toujours à la recherche de sa division, poursuivit sa marche sur Donchery et Mézières, où elle arriva à 5 heures du soir (1).

Les troupes du 1er corps étaient harassées de fatigue; une partie d'entre elles, notamment la 4e division, ne reçurent aucune distribution.

La division de cavalerie Margueritte poussa jusqu'à Illy, où elle s'établit pour la nuit. Quant à la division de cuirassiers Bonnemains, elle avait quitté son bivouac de Douzy à 6 heures du matin et, trouvant la route de Sedan encombrée, avait suivi l'itinéraire Rubécourt, La Moncelle, Daigny, Givonne, le calvaire d'Illy, Floing. Elle établit ses camps auprès de cette dernière localité (2).

§ 3. — *Mouvement du 12e corps.*

Les trois divisions d'infanterie du 12e corps avaient marché très lentement, dans la nuit du 30 au 31, sur les hauteurs à l'Est de Mouzon et d'Amblimont, « à travers un terrain dénué de chemins et assez accidenté » (3), de sorte que la 3e division, formant tête de colonne, ne rejoignit la route de Sedan, près de Mairy, qu'au point du jour. Pendant ce temps, la division de cavalerie et la

---

(1) *Historique* manuscrit du 20e d'artillerie.
(2) *Journal* de marche de la division de cavalerie Bonnemains. Il semble qu'aucun ordre ne lui ait été donné au sujet de l'emplacement à occuper, car le *Journal* de marche dit : « Le chef d'état-major est immédiatement envoyé en ville pour prévenir l'état-major général de la position de la division ».
(3) Général Lebrun, *loc. cit.*, p. 76.

réserve d'artillerie qui s'étaient portées de Mouzon sur Carignan, suivaient la route de Sedan par Sachy et Douzy. Le général Lebrun s'arrêta non loin de Mairy pour voir défiler ses trois divisions d'infanterie, puis, quand elles furent toutes engagées sur la route, il prescrivit un repos de trois quarts d'heure. Pendant cette halte, il fit modifier l'ordre de marche de la 2ᵉ division qui était la dernière et qui, sur ces entrefaites, avait été ralliée par la 2ᵉ brigade à Douzy ; une des batteries divisionnaires (4ᵉ du 11ᵉ) fut placée à l'arrière-garde, les autres s'intercalèrent entre les deux bataillons de queue du gros de la division. En outre, il fit rebrousser chemin à la brigade de lanciers Savaresse (1), « pour aller reconnaître, du côté de Mouzon, si les Allemands ne suivaient pas le corps d'armée (2) ». Enfin, il fit prendre les devants aux bagages.

Apprenant que l'ennemi ne paraissait pas, le général Lebrun fit reprendre la marche. Vers 8 h. 30, la tête de colonne de la 3ᵉ division arrivait à Douzy, quand elle dut s'arrêter pour laisser passer des troupes et des voitures de toute sorte des 1ᵉʳ et 5ᵉ corps, marchant dans la plus profonde confusion et suivies de la réserve d'artillerie du 12ᵉ, venant de Carignan. Le 12ᵉ corps ne put reprendre son mouvement sur Bazeilles qu'à 10 heures. Déjà les 3ᵉ et 1ʳᵉ divisions avaient atteint cette localité, quand la 2ᵉ, encore échelonnée sur la route entre Bazeilles et Douzy, fut canonnée par des batteries du Iᵉʳ corps bavarois établies sur les hauteurs au Nord-Ouest de Remilly, sur la rive gauche de la Meuse. Leurs obus jetèrent quelque confusion aux abords de Bazeilles, parmi les bagages du corps d'armée qui s'étaient

---

(1) 2ᵉ brigade de la division de cavalerie du 12ᵉ corps.
(2) Général Lebrun, *loc. cit.*, p. 78.
Les *Historiques* des 1ᵉʳ et 7ᵉ lanciers ne font pas mention de cette reconnaissance.

attardés à partir de Douzy. Le général Lebrun prescrivit à la 2ᵉ division de quitter la grande route, de se diriger vers Lamécourt sur Daigny, d'y franchir la Givonne et de prendre position sur les collines de la rive droite. Pendant ce temps, le 34ᵉ de ligne de la brigade Cambriels et plus tard une partie de la division d'infanterie de marine, soutenue par un certain nombre de batteries des 12ᵉ et 7ᵉ corps, s'engageaient à Bazeilles contre les Bavarois.

CHAPITRE XII

Mouvements des armées allemandes.

§ 1. — *Armée de la Meuse* (1).

Dès le 30 au soir, le prince royal de Saxe avait décidé que deux corps d'armée et deux divisions de cavalerie se porteraient le lendemain entre la Chiers et la Meuse, tandis que le IV⁰ corps franchirait le fleuve à Mouzon. Dans la nuit, il apprit que les Français évacuant Mouzon se repliaient vers le Nord-Ouest et que de nombreux trains circulaient entre Carignan et Mézières. Il en informait aussitôt le grand quartier général et le I⁰ʳ corps bavarois, invitant celui-ci à détruire la voie ferrée dans le voisinage de Bazeilles. Puis, à 6 heures du matin, conformément aux instructions du 30 août qui prescrivaient pour le lendemain un mouvement général et convergent des troupes allemandes vers la Meuse et la frontière belge, le prince royal de Saxe ordonna :

A la division de cavalerie de la Garde et à celle du XII⁰ corps de franchir la Meuse à Pouilly et à Létanne (2) à 8 heures du matin et de se porter ensuite, en se reliant entre elles, la première sur Carignan, la seconde le long des hauteurs de la rive droite, vers Amblimont ;

---

(1) *Historique du Grand État-Major prussien*, 7⁰ livr., p. 1060-1067.
(2) La 1ʳᵉ compagnie de pionniers de la Garde avait terminé, à 6 heures du matin, le pont qu'elle était chargée d'établir à Létanne.

Aux divisions d'infanterie de la Garde de suivre ce mouvement par Pouilly à partir de 9 heures et de marcher ensuite, autant que possible en deux colonnes, l'une par Autréville sur Vaux, l'autre par Malandry sur Sailly;

Aux divisions d'infanterie du XIIe corps de traverser la Meuse à Létanne et de marcher ensuite sur les traces de la cavalerie saxonne;

Au IVe corps, de se trouver rassemblé, à partir de 11 heures, à l'Ouest de Mouzon et d'y attendre de nouveaux ordres.

Déjà une reconnaissance de la *12e* division de cavalerie avait franchi la Meuse. A 4 heures du matin, le 1er escadron du *18e* uhlans s'était porté de Pouilly sur Mouzon et, des hauteurs au Nord de Moulins, avait observé des troupes françaises dont les unes campaient encore près de Mouzon, tandis que d'autres rétrogradaient sur Douzy et Carignan. Profitant d'un épais brouillard qui survenait vers 6 heures, l'escadron arrivait jusqu'aux premières maisons de Mouzon, pénétrait dans la ville et gagnait le Faubourg. Le IIIe bataillon du *27e* établi à la tête du pont, depuis la veille au soir, passait aussitôt sur la rive droite et occupait Mouzon. A 7 heures du matin, un rapport fut adressé au commandant de l'armée de la Meuse pour lui rendre compte de ces événements et lui faire connaître que les Français se repliaient sur Carignan et Sedan.

Vers 10 heures, la *12e* division de cavalerie arrivant près de Vaux, fit canonner, par ses batteries à cheval, la 4e division du 1er corps en retraite de Carignan vers le Nord (1). A Sailly, la brigade des uhlans de la Garde accueillie par la fusillade de fractions françaises occupant la rive droite de la Chiers, les avait promptement

---

(1) Cette canonnade ne semble pas avoir produit grand effet, car aucun document français ne la mentionne.

dispersées au moyen de quelques obus lancés par la 1re batterie à cheval (1). Vers midi, elle débouchait devant Carignan où pénétrait le 5e escadron du 3e uhlans qui poussait ensuite jusqu'aux environs de Clémency, d'où il délogeait un parti de chasseurs à cheval français. La division de cavalerie de la Garde se rassemblait ensuite entre Carignan et Matton.

En arrivant sur les hauteurs d'Amblimont, la 12e division de cavalerie aperçut de longues colonnes de voitures en marche sur la route qui longe la rive droite de la Chiers. La 23e brigade se porta en avant, tandis que la batterie à cheval, prenant position à l'Est de Mairy, ouvrait le feu sur Douzy et déterminait la retraite de quelques fractions d'infanterie française qui occupaient ce village. Le 17e uhlans tentait au delà de capturer un convoi, mais il se heurtait aux 2e et 3e escadrons du 10e dragons (2) qui avaient mis pied à terre et ouvert le feu. Il était obligé de rétrograder sur Douzy. Pendant ce temps, le régiment de Reiter de la Garde saxonne avait franchi la Chiers près de Brévilly et s'était dirigé sur Pouru-Saint-Remy où, se heurtant à de l'infanterie, il avait été obligé de battre en retraite sur Brévilly.

Des rapports parvenus dans la matinée, le commandant de l'armée de la Meuse avait conclu que l'armée française ne résistait plus sur la rive gauche de la Chiers. Il avait prescrit en conséquence :

Au XIIe corps, de se cantonner dans les localités à l'Est de la route de Mouzon à Douzy, d'établir une forte avant-garde en ce dernier point et de pousser des postes avancés jusqu'au ruisseau le Rulle et au Sud de Francheval ;

A la Garde, de franchir la Chiers à Tétaigne et à Carignan, le gros occupant les localités aux environs de

---

(1) Même observation que p. 210, note 1.
(2) De la division de cavalerie du 1er corps.

Sachy et d'Escombres, l'avant-garde à Pouru-aux-Bois et Pouru-Saint-Remy.

L'avant-garde du XII⁰ corps entrait à Douzy vers 3 heures de l'après-midi. Les 3ᵉ et 4ᵉ compagnies du *13ᵉ* bataillon de chasseurs chassaient de Rubécourt et de Francheval les isolés qui s'y trouvaient encore, tandis que le Iᵉʳ bataillon du *106ᵉ*, qui avait suivi la cavalerie saxonne sur Brévilly, forçait une fraction d'infanterie française à évacuer Pouru-Saint-Rémy. La *23ᵉ* division stationnait aux abords de Tétaigne et de Lombut; la *24ᵉ* à Brévilly et Douzy; la *12ᵉ* division de cavalerie à Amblimont; l'artillerie de corps à Mairy. Dans la soirée, le *107ᵉ* prenait le service des avant-postes au delà de Douzy, le *2ᵉ* régiment de Reiter explorait le pays en avant des grand'gardes vers le Nord et le Nord-Ouest.

La Garde, qui avait eu beaucoup de terrain à gagner vers l'Est, n'atteignit ses cantonnements qu'à une heure très avancée de la soirée. La *1ʳᵉ* division s'établit à Pouru-Saint-Rémy et à Escombres et installa des avant-postes mixtes allant de Francheval par Pouru-aux-Bois jusqu'à la frontière belge. La *2ᵉ* cantonna à Messincourt, Sachy, Osnes et Pure; la division de cavalerie à Clémency, Matton et Carignan; l'artillerie de corps dans cette dernière localité.

L'intention primitive du prince royal de Saxe avait été de porter également le IV⁰ corps en avant par la rive gauche de la Meuse. Mais apprenant que les Bavarois étaient déjà en marche sur Remilly, il envoya à ce corps d'armée l'ordre de cantonner si, jusqu'à 1 heure de l'après-midi, il ne survenait pas d'engagement sérieux. La 7ᵉ division s'établit, en conséquence, dans les villages de la partie Est, la *8ᵉ* dans ceux de la partie Ouest de la zone occupée dans la soirée du 30. Deux bataillons du *66ᵉ* étaient chargés d'escorter, jusqu'à Stenay, les prisonniers enlevés la veille.

Le prince royal de Saxe ordonna un repos pour la

journée du 1ᵉʳ septembre, mais avec la recommandation à ses trois corps d'armée de se tenir toujours en mesure d'être promptement réunis à partir de 7 heures du matin (1).

§ 2. — *IIIᵉ armée* (2).

Les instructions du grand quartier général, venues de Buzancy, avaient provoqué un ordre daté de Saint-Pierremont, à 3 heures du matin, dans lequel la mission de la IIIᵉ armée était nettement tracée dans les termes suivants :

« L'ennemi que nous avons battu hier sera poursuivi aujourd'hui, de grand matin, jusqu'à la Meuse ; on devra l'attaquer énergiquement partout où on le trouvera et s'efforcer de le pousser dans l'intervalle resserré compris entre la rivière et la frontière belge (3). »

En conséquence, les différents corps, quittant leurs bivouacs à 6 heures du matin, devaient se diriger, en première ligne :

Le Iᵉʳ corps bavarois de La Besace, par Raucourt, sur Remilly, où il prendrait position ;

---

(1) L'*Historique du Grand État-Major prussien* motive ainsi cette détermination :

« Le prince de Saxe savait... que c'était le lendemain seulement que la IIIᵉ armée devait franchir la Meuse, en aval de Sedan, pour venir couper également aux Français les lignes de retraite vers l'Ouest ; il craignait donc d'agir à l'encontre des vues de l'état-major général s'il continuait sur-le-champ à pousser l'ennemi devant lui... » (7ᵉ livr., p. 1066-1067.)

Cet argument est, en effet, très judicieux, mais on peut se demander comment le prince de Saxe savait que telle serait la manœuvre de la IIIᵉ armée, le lendemain. L'ordre général du 30 août ne l'indiquait pas et la correspondance militaire du maréchal de Moltke est muette aussi à cet égard.

(2) *Historique du Grand État-Major prussien*, 7ᵉ livr., p. 1067-1069 et 1076-1079.

(3) Von Hahnke, *loc. cit.*, p. 200.

Le XI⁰ corps de Stonne, par Chémery et Cheveuges, sur Donchery, où il tiendrait la rive gauche de la Meuse et pousserait des détachements sur Sedan;

La division würtembergeoise de Verrières, par Stonne, La Neuville et Vendresse, sur Boutancourt, d'où elle occuperait la rive gauche de la Meuse, sa gauche dans la direction de Mézières. Ces trois colonnes devaient, en outre, faire éclairer le terrain sur leurs flancs, se débarrasser de l'ennemi, établir leur artillerie près du fleuve de façon à battre la vallée et les communications de la rive opposée, enfin se préparer à jeter un pont.

En seconde ligne :

Le V⁰ corps, partant de La Besace à 8 heures du matin, marcherait sur Chémery où il attendrait de nouveaux ordres;

Le II⁰ corps bavarois, rompant de Sommauthe à la même heure, gagnerait Raucourt;

Le VI⁰ corps se porterait de Vouziers jusqu'au canal des Ardennes et cantonnerait aux environs de Semuy et d'Attigny.

La 4⁰ division de cavalerie avait reçu l'ordre de se mettre en mouvement à 5 heures du matin et de poursuivre l'ennemi vers le Nord jusqu'à la Meuse; la 6⁰, de s'avancer, par Bouvellemont, dans la direction de Mézières; la 5⁰, restant sur ses emplacements du 30, de pousser des détachements vers Reims; la 2⁰ de suivre le V⁰ corps jusqu'à Chémery.

Les convois ne devaient pas dépasser la ligne Le Chesne-Beaumont (1).

Les corps et les divisions n'eurent connaissance de ces dispositions que peu de temps avant le moment fixé pour le départ; il leur fut possible cependant, en général, de s'y conformer strictement.

La 4⁰ division de cavalerie se porta sur Raucourt,

---

(1) Von Hahnke, *loc. cit.*, p. 200-201.

Remilly, Aillicourt. A Wadelincourt, elle reçut quelques projectiles lancés des hauteurs de la rive droite; elle appuya alors sur Frénois. Canonnée cette fois des remparts de Sedan, elle chassa de Frénois un parti d'infanterie française et, vers 9 heures, fit tirer son artillerie à cheval sur la gare de Sedan et sur un train qui amenait de Mézières le capitaine de Sesmaisons, aide de camp du général Vinoy, et un détachement de 359 hommes destinés au 3e zouaves. Ceux-ci ripostèrent par une fusillade désordonnée, aussi inoffensive que l'avait été le feu des batteries prussiennes (1).

La 4e division continua ensuite son mouvement dans la direction de l'Ouest, constata que le pont de Donchery n'était pas gardé et, vers 10 heures 30 du matin, elle se rassemblait auprès de Villers-sur-Bar, où s'établissaient la 8e brigade, les deux batteries à cheval et deux escadrons du 5e régiment de dragons, tandis que le reste de la division cantonnait aux environs de Noyers et de Chaumont-Saint-Quentin.

Le Ier corps bavarois n'ayant reçu l'ordre de mouvement qu'à 6 heures 30 du matin, son avant-garde ne se mit en marche qu'à 8 heures sur Remilly. Au moment où la pointe atteignait ce village, elle essuya le feu de tirailleurs français embusqués sur la rive droite de la Meuse, et derrière lesquels on apercevait des colonnes suivant la route de Douzy à Sedan. Cette fusillade était le prélude du combat de Bazeilles.

Le IIe corps bavarois arriva à Raucourt à 2 heures de l'après-midi et y établit ses bivouacs.

Le XIe corps partit en deux colonnes : 21e division, par Stonne, Chémery et Chehéry, sur Donchery; 22e par La Berlière sur Chémery. Des officiers de l'état-major du corps d'armée avaient pris les devants pour déterminer des emplacements favorables à l'artillerie sur la

---

(1) Général Vinoy, *Siège de Paris*, p. 32-33.

rive gauche de la Meuse et voir ce qui se passait dans la vallée. Arrivés sur les hauteurs de Frénois, ils aperçurent des camps français au nord de Sedan; au delà, ils trouvèrent intact le pont de Donchery, le village inoccupé; ils firent interrompre la voie ferrée et couper le télégraphe par leur escorte. Au dire des habitants, des trains venaient à peine de remonter à vide sur Mézières pour en ramener des troupes à Sedan. Ce renseignement, en contradiction avec l'intention que l'on prêtait aux Français de se replier vers l'Ouest, fut communiqué sans retard au commandant en chef.

A son arrivée à Donchery avec l'avant-garde de la 21e division, le commandant du XIe corps trouva le pont intact. Une compagnie du génie avait été envoyée de Sedan pour le faire sauter, mais le train qui l'amenait, après avoir laissé la troupe descendre, repartit pour Mézières emportant les outils et la poudre. Une autre compagnie du génie, envoyée un peu plus tard, trouva le pont occupé par les Allemands et ne put, pas plus que la première, remplir sa mission (1).

Le commandant du XIe corps fit établir, par la 1re compagnie de pionniers, un deuxième pont près de l'auberge de Condé, sous la protection de détachements jetés par la rive droite, à Vrigne-Meuse et au Moulin Rigas, d'où ils délogeaient quelques fractions françaises. Le travail était terminé vers 3 heures.

La 3e compagnie de pionniers achevait de détruire la voie ferrée aux abords de Donchery et faisait sauter, à l'Est du bourg, le pont sur lequel elle franchit la Meuse.

---

(1) Le maréchal de Mac-Mahon émet, à ce sujet, une opinion au moins contestable. « La non-destruction de ces ponts (Remilly et Donchery) qui fut considérée par beaucoup comme très fâcheuse, le fut en réalité, beaucoup moins qu'on ne le pense, car les pontonniers allemands jetaient sur la Meuse un pont de bateaux en moins de deux heures. (*Souvenirs* inédits.)

Donchery était occupé par l'avant-garde ; le reste de la 21ᵉ division bivouaquait, dans l'après-midi, près de Cheveuges, avec un détachement à Frénois observant Sedan. La 22ᵉ division, qui s'était croisée à Chémery avec le Vᵉ corps et qui, par ordre du Prince Royal, s'était arrêtée pour le laisser défiler (1), n'arriva au bivouac, près de Cheveuges, qu'à 9 heures du soir.

Le Vᵉ corps, dont la tête de colonne était arrivée à Chémery à 10 heures du matin, reçut l'ordre de continuer son mouvement vers le Nord (2) et prit des cantonnements-bivouacs derrière le XIᵉ corps, à Omicourt, Connage et Bulson en poussant son avant-garde jusqu'à Chehéry. Plus en arrière, la 2ᵉ division de cavalerie occupait les villages voisins de Chémery.

A l'aile gauche de la IIIᵉ armée, la division würtembergeoise se porta de Verrières, par La Berlière, La Neuville et Vendresse, sur Boutancourt. D'autre part, le général Vinoy, commandant le 13ᵉ corps, avait envoyé le même jour de Mézières le 3ᵉ escadron du 6ᵉ hussards et le Iᵉʳ bataillon du 35ᵉ de ligne (3) en reconnaissance sur Flize. Cette troupe, se couvrant par une compagnie poussée vers le Sud, rompit le pont suspendu de Nouvion et se préparait à le détruire complètement, quand parut l'avant-garde de la division würtembergeoise refoulant la compagnie de grand'garde (4). En présence de ces forces supérieures, le Iᵉʳ bataillon du 35ᵉ se replia lente-

---

(1) La raison qu'en donne le major von Hahnke n'est pas convaincante : « Le Prince Royal porta le Vᵉ corps en avant sur Chehéry afin d'avoir sous la main un corps d'armée compact, prêt à appuyer. » (*Loc. cit.*, p. 205.)

(2) Von Hahnke, *loc. cit.*, p. 204.

(3) 2ᵉ brigade de la 3ᵉ division du 13ᵉ corps.

(4) *Rapport* sur l'ensemble des opérations exécutées aux environs de Mézières par la 3ᵉ division d'infanterie du 13ᵉ corps; *Historique* manuscrit du 35ᵉ de ligne; *Historique* manuscrit du 6ᵉ hussards.

ment de Flize sur le bois de Chalandry en prévenant le général Vinoy qui, pour le recueillir, fit partir du camp de Mohon quatre bataillons de la brigade Guilhem et les trois batteries de la 3ᵉ division. Ces forces prirent position vers Villers-devant-Mézières, quelques fractions occupant les Ayvelles. Après un échange de quelques coups de canon, la division würtembergeoise gagna vers 6 heures du soir ses cantonnements : le gros à Boutancourt et Étrépigny, l'avant-garde à Flize, les avant-postes sur la ligne Elaire-Chalandry. Le *4ᵉ* régiment de cavalerie qui avait marché avec le Vᵉ corps, la rallia dans la soirée. La division fit les préparatifs nécessaires pour jeter un pont à Dom-le-Mesnil. La brigade Guilhem revient à Mohon.

La *6ᵉ* division de cavalerie se porta de Bouvellemont sur Poix, y détruisit la voie ferrée et marcha ensuite sur Boulzicourt. Au Sud-Ouest d'Yvernaumont, le *3ᵉ* uhlans, qui tenait la tête, se heurta au IIIᵉ bataillon du 42ᵉ de ligne (1), qui, avec deux pelotons (2) du 6ᵉ hussards, se portait de Mézières sur Poix. Quelques obus de la batterie à cheval dispersent les cavaliers qui s'enfuient avec précipitation, mais le bataillon vient occuper le bois de Trelay et empêche les uhlans de pousser plus loin. Ceux-ci placent alors des postes avancés entre Yvernaumont et Villers-sur-le-Mont et entrent en communication, sur leur droite, avec la division würtembergeoise. Les autres régiments de la *6ᵉ* division de cavalerie s'établissent en cantonnements d'alerte à Poix et dans les localités au Sud avec un poste à Launois. Dans la soirée, le IIIᵉ bataillon de 42ᵉ rétrograda sur Mézières, où il arriva à 3 heures du matin (3).

---

(1) 2ᵉ brigade (Guilhem) de la 3ᵉ division (Blanchard) du 13ᵉ corps.

(2) Le général Vinoy dit : un peloton (*Opérations* du 13ᵉ corps page 43).

(3) *Historique* manuscrit du 42ᵉ de ligne.

La 5ᵉ division de cavalerie se dirigea de Tourteron vers l'Ouest, cherchant à gagner le chemin de fer des Ardennes; elle détacha le *17ᵉ* hussards d'Attigny sur Reims.

Le VIᵉ corps était arrivé de Vouziers dans le voisinage de Semuy et d'Attigny, quand il apprit que des transports de troupes avaient lieu sur la ligne de Rethel à Mézières et que les Français occupaient Amagne. Un détachement se porta sur ce point, mais il trouva le village déjà évacué et, après avoir détruit le chemin de fer, il rejoignit le corps d'armée.

Le commandant de la IIIᵉ armée se rendit, le 31, de Saint-Pierremont à Chémery. De son côté, le roi de Prusse, accompagné de son état-major, s'était porté, dans la matinée, de Buzancy sur les hauteurs au Sud de Sommauthe et avait continué ensuite sur Vendresse par Beaumont, Raucourt et Chémery. Une courte conférence eut lieu dans cette dernière localité, entre les généraux de Moltke, de Podbielski et de Blumenthal « relativement à la situation générale de la campagne et aux plus prochaines mesures à prendre (1) ».

---

(1) *Historique du Grand État-Major prussien*, 7ᵉ livr., p. 1079.

D'après Blumenthal, Moltke se serait frotté les mains, avec un rire sarcastique et aurait dit : « Nous les tenons donc pourtant dans la souricière » (*Tagebuch*, p. 91). Satisfaction prématurée, si le récit est authentique, car l'armée de Châlons pouvait, le 31 août, se replier sur Mézières.

CHAPITRE XIII

Combat de Bazeilles.

La pointe d'avant-garde du Ier corps bavarois (1), marchant de Raucourt sur Remilly, atteignait cette dernière localité vers 10 heures quand elle essuya le feu de tirailleurs français embusqués sur la rive droite de la Meuse. Le 2e bataillon de chasseurs occupa aussitôt Remilly et jeta deux compagnies sur la lisière Nord et dans la vallée, tandis que les deux pièces de la pointe d'avant-garde prenaient position au Sud-Ouest et ouvraient le feu sur la 2e division du 12e corps en marche sur la route entre Douzy et Bazeilles (2). Leurs projectiles déterminaient la colonne à se porter au Nord de la chaussée.

Le 34e de ligne, régiment de tête de la brigade Cambriels (3), qui arrivait à l'entrée de Bazeilles, reçut l'ordre

---

(1) Ordre de marche de l'avant-garde :

Pointe {
1er et 2e escadrons du 3e régiment de chevau-légers.
2 bataillon de chasseurs.
2 pièces de la 1re batterie du 1er régiment d'artillerie.
}

Gros {
3e et 4e escadrons du 3e régiment de chevau-légers.
Ier bataillon du régiment d'infanterie du Corps.
4 pièces de la 1re batterie.
7e batterie du 1er régiment d'artillerie.
IIe bataillon du régiment d'infanterie du Corps.
IIIe id.
Ier et IIe bataillon du 1er régiment d'infanterie.
}

(2) Voir p. 207.

(3) La 1re brigade (Cambriels) de la 1re division du 12e corps se composait des 22e et 34e de ligne et de deux compagnies de chasseurs à pied.

de défendre le pont du chemin de fer (1) et prit aussitôt ses dispositions à cet effet. Le Ier bataillon plaçait deux compagnies de tirailleurs le long de la voie ferrée et de la Meuse; deux compagnies déployées à 200 mètres en arrière, masquées par des haies, et servant de soutien à la première ligne; les deux dernières compagnies en réserve à la sortie du village. Le IIIe bataillon se postait dans les jardins, à la droite et un peu en arrière du Ier. Le IIe restait en réserve près de l'église, deux de ses compagnies détachées comme soutien de l'artillerie (2). Les deux compagnies de chasseurs de la brigade Cambriels s'établissaient au Sud-Est du village. Les unités présentes du 22e de ligne se rassemblaient au Nord-Est de Bazeilles. D'autre part, le 52e de ligne de la brigade Bordas du 7e corps, qui se trouvait à ce moment près du village, prit position le long de la route (3).

Presque simultanément, neuf batteries du 12e corps entraient en action sur des emplacements voisins des points où elles se trouvaient à ce moment, sur la route de Douzy à Sedan : la 4e (à balles) du 4e (4) et la 4e (à balles) du 11e de la 2e division, à 500 mètres environ à l'Est de la gare de Bazeilles, entre la route et le chemin de fer; les 3e et 4e du 7e de la 2e division dans les prairies situées immédiatement à l'Ouest de Bazeilles; les 10e (à balles) et 11e du 8e (5) sur les coteaux qui dominent le village au Nord; les 7e, 8e et 9e du 10e (6) par un simple à gauche, près de la grande route, à 500 mètres

---

(1) *Historique* manuscrit du 34e de ligne.
D'après le *Journal* des opérations de l'armée de Châlons, le 34e de ligne aurait demandé à être engagé.
(2) *Historique* manuscrit du 34e de ligne.
(3) *Journal* de marche du général Bordas.
(4) De la 1re division.
(5) De la 2e division. La 3e du 7e détacha une section au passage à niveau du chemin de fer, au Sud de Bazeilles.
(6) De la 3e division.

à l'Ouest de Bazeilles (1). Les trois pièces restantes des 6ᵉ et 10ᵉ batteries du 10ᵉ (2), qui avaient marché avec la 1ʳᵉ division du 12ᵉ corps, prirent également position à la sortie Nord de Bazeilles, derrière des peupliers qui bordaient la chaussée. Le 1ᵉʳ régiment d'infanterie de marine, formé en colonne à distance de pelotons par division servait de soutien à toute cette artillerie (3).

Le commandant du Iᵉʳ corps bavarois fit avancer les huit batteries du gros de la colonne (4) : quatre d'entre elles vinrent s'établir à côté de l'artillerie de l'avant-garde à droite et à gauche de Remilly, tandis que les autres prirent position successivement sur les hauteurs entre Aillicourt et le vallon qui aboutit à Pont-Maugis. Ces dernières se trouvèrent immédiatement en butte au feu des tirailleurs du Iᵉʳ bataillon du 34ᵉ de ligne, dont quelques fractions, qui avaient franchi le viaduc, avaient poussé jusqu'à 600 mètres environ de l'aile gauche de la ligne d'artillerie bavaroise (5).

Cependant l'infanterie du Iᵉʳ corps bavarois avait débouché sur le théâtre de l'action. Les Iᵉʳ et IIᵉ bataillons du régiment d'infanterie du Corps se placent en soutien des batteries établies près de Remilly ; la 5ᵉ compagnie occupant d'abord la station de Pont-Maugis, refoule sur la rive droite les tirailleurs français. Afin de protéger plus efficacement encore l'artillerie, les dernières troupes de la 2ᵉ brigade s'étaient portées directement d'Angécourt sur Pont-Maugis. Le 9ᵉ bataillon de chasseurs s'établit entre les quatre batteries en position sur ce point, poussant une chaîne de tirailleurs sur

---

(1) Voir les *Historiques* manuscrits (1871) des régiments d'artillerie précités.

(2) De la réserve d'artillerie.

(3) Notes fournies à la Section Historique par le commandant Lavenue (12 avril 1904).

(4) Deux de la 1ʳᵉ division ; six de 6 de la réserve d'artillerie.

(5) *Historique du Grand État-Major prussien*, 7ᵉ livr., p. 1069-1070.

les pentes; le Ier bataillon du *11*{e} se déploie à l'extrême gauche de la ligne d'artillerie, le IIe reste en réserve derrière lui. Au bout d'une demi-heure, les tirailleurs français sont définitivement rejetés sur la rive droite de la Meuse. La 1re compagnie du *9*{e} bataillon de chasseurs renforce alors celle qui occupait la station de Pont-Maugis (1).

Sur ces entrefaites, d'autres batteries françaises étaient entrées en action. Séparées de leur corps d'armée, les 5e, 6e et 11e du 7e qui constituaient l'artillerie de la division Conseil Dumesnil du 7e corps s'apprêtaient à parquer près de Balan, quand le canon avait retenti. Les 6e et 11e prirent aussitôt position sur les hauteurs au Nord du village; la 5e ne fut pas engagée (2). Les 8e et 9e du 7e, appartenant à la division Liébert du même corps d'armée et séparées d'elle, bivouaquaient près de la route de Sedan, à environ 3 kilomètres de Bazeilles, quand le combat avait commencé; elles s'établirent au Nord du faubourg de Balan. Ne pouvant atteindre les batteries ennemies, elles prirent plus tard pour objectif l'infanterie bavaroise quand elle se porta à l'attaque de Bazeilles (3).

La 1re batterie du 19e (4), qui campait sur les hauteurs au Nord de Balan, se plaça près des glacis et tenta de riposter à l'artillerie bavaroise. Celle-ci étant hors de portée, la batterie dirigea ensuite son feu sur l'infanterie, au moment où elle prit l'offensive (5).

Les 8e et 9e batteries du 14e (6), qui avaient également formé le parc non loin de Balan, vinrent prendre position

---

(1) *Historique du Grand État-Major prussien*, 7e livr., p. 1070.
(2) *Historique* manuscrit du 7e régiment d'artillerie.
(3) *Ibid.*
La 12e batterie du 7e d'artillerie, qui appartenait également à la 2e division du 7e corps, l'avait accompagnée au delà de Sedan.
(4) Réserve d'artillerie du 6e corps.
(5) *Historique* manuscrit du 19e régiment d'artillerie.
(6) Réserve d'artillerie du 6e corps.

sur les pentes entre Balan et La Moncelle et purent, grâce au matériel de 12 dont elles étaient armées, prendre part efficacement à la lutte d'artillerie (1).

Toutes ces batteries, établies à une assez grande distance de l'artillerie bavaroise, souffrirent peu. Il n'en fut pas de même de celles qui, au début du combat, s'étaient placées en contre-bas et à proximité des hauteurs de la rive gauche, dans les prairies à l'Ouest de Bazeilles et de celles qui se trouvaient à l'Est du château. Les 3e et 4e du 7e changèrent plusieurs fois d'emplacement pour se soustraire au feu de l'adversaire : la 3e se porta d'abord à l'Est de la grande route, puis à l'Ouest de La Moncelle où elle continua, jusqu'à la nuit, un tir intermittent; la 4e, à la recherche d'une position favorable, s'égara, se dirigea sur Sedan, en revint, à la recherche de sa division qu'elle ne retrouva qu'assez avant dans la soirée (2).

La 4e du 4e, recevant de nombreux projectiles, se déplaça et vint finalement s'établir à l'Est du château de Monvillers (3). Enfin, la 4e du 11e subissant quelques pertes, se retira momentanément du combat (4). Les batteries bavaroises en position à droite de Remilly cessèrent peu à peu de tirer et une accalmie se produisit dans la lutte d'artillerie, du moins aux environs immé-

---

(1) *Historique* manuscrit du 14e régiment d'artillerie.
(2) *Historique* manuscrit du 7e régiment d'artillerie.
(3) *Historique* manuscrit du 4e régiment d'artillerie.
(4) *Historique* manuscrit du 11e régiment d'artillerie.

D'après le *Journal* de marche du général Bordas commandant la 2e brigade de la 3e division du 7e corps, deux batteries du régiment d'artillerie de marine comptant à la réserve d'artillerie du 12e corps, se seraient trouvées près de Bazeilles au moment où commença la canonnade des batteries bavaroises. Elles auraient riposté à ces dernières et seraient restées en position jusqu'à midi, heure à laquelle elles se seraient retirées faute de munitions.

diats de Bazeilles. Jugeant sa « présence inutile », le général Bordas fit replier le 52ᵉ de ligne (1).

Vers midi, les pelotons de tirailleurs du 9ᵉ bataillon de chasseurs, soutenus par la 2ᵉ compagnie, exécutent un mouvement offensif vers la Meuse et le viaduc du chemin de fer. Ils l'attaquent en même temps que la 3ᵉ compagnie du 4ᵉ bataillon de chasseurs spécialement chargée d'empêcher les Français de faire sauter le pont, ainsi qu'ils paraissaient en avoir l'intention (2). Les Bavarois dispersent les tirailleurs au moyen d'une violente fusillade, parviennent à s'emparer des barils de poudre qui avaient été apportés jusque sur le tablier et les vident dans la Meuse. Puis, poussant au delà du viaduc, ils prennent pied sur la rive droite derrière le remblai du chemin de fer. Deux pièces de la vᵉ batterie du 1ᵉʳ régiment d'artillerie viennent s'établir dans la vallée, afin de soutenir plus efficacement les chasseurs tout en restant sur la rive gauche ; les quatre autres se portent à l'Ouest d'Aillicourt (3).

Toutefois le Iᵉʳ bataillon du 34ᵉ de ligne, soutenu par les tirailleurs du IIIᵉ et la majeure partie du IIᵉ, empêche l'infanterie bavaroise de progresser au Nord de la voie ferrée. Le combat se transforme alors, sur ce point, en une fusillade de pied ferme (4).

D'ailleurs, constatant que des forces françaises considérables se trouvaient sur les coteaux de la rive droite et ne disposant que d'un seul pont, le général von der

---

(1) *Journal* de marche du général Bordas.
(2) Jusqu'à présent, le général Lebrun n'avait pas détruit cet ouvrage d'art parce que le maréchal de Mac-Mahon lui avait fait observer qu'il serait très utile si l'armée reprenait son mouvement sur Montmédy et lui avait prescrit de ne le faire sauter que s'il voyait l'ennemi près de s'en emparer. (*Souvenirs* inédits du maréchal de Mac-Mahon.) Cf. général Lebrun, *loc. cit.*, p. 87-88.
(3) *Historique du Grand État-Major prussien*, 7ᵉ livr., p. 1071.
(4) *Historique* manuscrit du 34ᵉ de ligne.

Tann décidait de se borner, pour le moment, à contenir les Français à une certaine distance des bords du fleuve et à préparer des moyens de passage (1).

Mais, sur ces entrefaites, le combat avait repris, avec une nouvelle intensité, aux abords du viaduc. La 4e compagnie du 4e bataillon de chasseurs était venue renforcer les fractions qui se trouvaient déjà sur ce point et avait déterminé, par son arrivée, un mouvement en avant. Bientôt les tirailleurs du 34e de ligne, très éprouvés par le feu de l'artillerie adverse (2), avaient été refoulés dans Bazeilles où les Bavarois pénétraient, en dépit de l'intervention du reste du IIe bataillon. Les 1re et 2e compagnies du 4e bataillon de chasseurs franchirent alors le viaduc malgré le feu des 3e et 4e batteries de 12 du 8e en position au Nord-Ouest de Bazeilles, à 1,400 et 1,600 mètres du pont (3), et s'établirent dans le village. De son côté, le 2e bataillon descendit le vallée jusqu'au bac situé au Sud de Bazeilles, s'engagea contre des fractions du 34e de ligne qui occupaient encore les bâtiments de la gare et jeta, sur la rive droite, derrière le remblai du chemin de fer, sa 4e compagnie. Les deux pièces bavaroises qui s'étaient établies précédemment dans la vallée s'avancèrent jusqu'au bord du fleuve et canonnèrent la gare. En même temps, les batteries de gauche en position au Nord-Ouest d'Aillicourt, dont le tir s'était un peu ralenti au moment où l'infanterie avait abordé Bazeilles, reprenaient le feu avec violence pour mettre obstacle au retour offensif que les Français projetaient sur Bazeilles et dont on distinguait les préparatifs (4).

---

(1) *Historique du Grand État-Major prussien*, 7e livr. p. 1071.
(2) *Historique* manuscrit du 34e de ligne.
(3) Ces batteries appartenaient à la réserve d'artillerie du 12e corps. (*Historique* manuscrit du 8e régiment d'artillerie).
(4) *Historique du Grand État-Major prussien*, 7e livraison, p. 1072.

Le général Lebrun avait donné, en effet, à la 3ᵉ division du 12ᵉ corps, l'ordre de reprendre le village. Cette division était, à ce moment, répartie en deux fractions : la 1ʳᵉ brigade (Reboul), d'abord placée à l'usine du Rulle, s'était portée à La Moncelle par Lamécourt (1) ; la 2ᵉ (des Pallières) s'était formée sur deux lignes sur les hauteurs à l'ouest de la Moncelle. Le général de Vassoigne confie cette opération au 2ᵉ régiment d'infanterie de marine qui, sous le commandement supérieur du général des Pallières, se porte en avant, ses deux premiers bataillons accolés, le troisième suivant en soutien (2).

A peu près en même temps, entrent en ligne les 2ᵉ, 3ᵉ et 4ᵉ batteries du 20ᵉ régiment d'artillerie à cheval. Séparées momentanément de leur corps d'armée (3), elles avaient été dirigées par le colonel Grouvel, de Douzy, par Rubécourt, sur le plateau à l'Ouest de la Petite Moncelle où elles prirent position, sans ouvrir le feu en raison de la distance trop considérable à laquelle se trouvait l'artillerie adverse (4). Le 3ᵉ régiment de zouaves vint se former près d'elles comme soutien (5).

Le retour offensif du 2ᵉ régiment d'infanterie de marine sur Bazeilles fut préparé par le feu des quatre batteries de 12 et de la 4ᵉ (à balles) du 4ᵉ (6). Le général des Pallières ayant été blessé dès le début, et le combat devenant de plus en plus vif, le général de Vassoigne se

---

(1) Notes adressées à la Section Historique le 25 juillet 1904 par M. le général Voyron.
(2) *Rapport* du général Reboul au Ministre ; *Journal* de marche de la 3ᵉ division du 12ᵉ corps.
(3) Elles appartenaient à la réserve d'artillerie du 1ᵉʳ corps.
(4) *Historique* manuscrit du 20ᵉ régiment d'artillerie.
(5) *Rapport* du chef de bataillon Hervé.
(6) *Rapport* sur la marche des opérations de l'artillerie du 6ᵉ corps de l'armée du Rhin (Portion réunie au 6ᵉ corps).

porta en avant à la tête du IIIe bataillon. Le régiment tout entier exécuta alors une attaque à la baïonnette, pénétra dans le village et en chassa définitivement les Bavarois vers 3 h. 15 (1). Quelques fractions, la 22e compagnie en particulier, les poursuivirent jusqu'à la Meuse (2).

La 1re brigade était venue, sur ces entrefaites, rejoindre le reste de la 2e sur les hauteurs de La Moncelle; elle se porta ensuite sur Bazeilles pour en assurer la défense dans le cas d'une nouvelle attaque (3). D'autre part trois compagnies du 22e de ligne étaient venues s'établir à Balan (4).

La majeure partie des troupes bavaroises qui occupaient Bazeilles se replia sur la rive gauche par le pont du chemin de fer; quelques groupes franchirent la Meuse au bac situé au Sud du village, où ils furent recueillis par la 2e compagnie du 2e bataillon de chasseurs. Le combat se réduisait peu à peu à une canonnade échangée d'une rive à l'autre de la Meuse et au cours de laquelle les batteries bavaroises incendiaient quelques maisons de Bazeilles (5).

Les pertes du Ier corps bavarois étaient de 9 officiers et 133 hommes, portant presque en totalité sur les *4e* et *9e* bataillons de chasseurs (6). Celles des Français s'élevaient à 11 officiers et 400 hommes (7) environ.

---

(1) *Journal* de marche de la 3e division du 12e corps; *Historique du Grand État-Major prussien*, 7e livr., p. 1072.

(2) Notes adressées à la Section Historique par le lieutenant-colonel Dumesnil.

(3) Dans son rapport au Ministre, le général Reboul dit qu'il alla « fouiller le bois situé en avant de Bazeilles ».

(4) *Historique* manuscrit du 22e de ligne.

(5) *Historique du Grand État-Major prussien*, 7e livr., p. 1073. 37 maisons d'après le général Lebrun (*loc. cit.*, p. 87).

(6) *Historique du Grand État Major prussien*, 7e livr., p. 1075.

(7) 34e de ligne : 300 hommes; 52e de ligne : 15; 2e brigade d'infanterie de marine : 50 environ; le reste pour l'artillerie.

Vers 6 heures du soir, le général de Vassoigne donna au chef de bataillon Lambert, son sous-chef d'état-major, le commandement supérieur de toutes les troupes qui occupaient Bazeilles et qui, depuis la cessation du combat, avaient mis le village en état de défense. Certains mouvements de l'ennemi lui ayant fait croire à une attaque imminente, il envoya le colonel de Trentinian, son chef d'état-major, en rendre compte au général Lebrun qui, sur l'ordre qu'il en avait reçu du maréchal de Mac-Mahon, prescrivit de faire sauter le pont du chemin de fer. Le commandant du génie de la 3e division constatant que les poudres avec lesquelles on avait déjà chargé les fourneaux de mine étaient avariées, en fit demander à Sedan, mais ne la reçut pas en temps utile et ne put se conformer à l'ordre qui lui avait été donné (1).

Pendant le cours même du combat de Bazeilles, l'équipage de pont bavarois était arrivé à Aillicourt à 2 heures 15 et avait aussitôt gagné le coude du fleuve voisin de cette localité pour y jeter des ponts. Deux compagnies de chasseurs furent chargées de protéger les travailleurs et six batteries prirent position sur les hauteurs d'Aillicourt (2). Les Français s'abstenant de toute attaque, l'opération fut promptement terminée. Pendant ce temps, le pont du chemin de fer avait été barricadé et la garde en avait été confiée au IIe bataillon du 2e. Les deux pièces jusqu'alors en action dans la vallée avaient été amenées sur le remblai, au moyen d'une rampe pratiquée à cet effet. La 1re brigade d'infanterie se tenait à proximité des deux ponts nouvellement établis, prête à passer sur la rive droite.

Mais, vers 5 heures 15 du soir, le général von der Tann apprit que les mouvements de l'armée de la Meuse

---

(1) *Journal* de marche de la 3e division du 12e corps.
(2) Deux batteries de la *2e* division et quatre batteries de 6 du IIe corps bavarois dont on avait demandé le concours.

étaient terminés pour ce jour-là; il installait alors son corps d'armée au bivouac et faisait relever en partie les ponts. Les troupes de première ligne demeuraient en général sur leurs emplacements et 84 pièces de 6 se plaçaient en batterie sur les hauteurs d'Aillicourt (1).

Le 2e bataillon de chasseurs surveillait les rives de la Meuse auprès de Remilly et des ponts de bateaux; le gros de la 1re brigade d'infanterie était en arrière, près d'Aillicourt; les deux bataillons du 11e et le 9e bataillon de chasseurs se trouvaient sur la hauteur au Nord-Est d'Aillicourt, une compagnie de ce dernier gardant le pont du chemin de fer; les Ier et IIIe bataillons du 2e régiment se tenaient le long de la vallée, derrière le remblai du chemin de fer. Le reste de la 1re division formait réserve en arrière de Remilly. La 2e division bivouaquait à Angécourt où elle s'était rassemblée vers midi et où elle avait été ralliée, assez tard dans la soirée, par les troupes détachées la veille sur Pourron (2). La brigade de cuirassiers campait également à Angécourt (3). Le 6e régiment de chevau-légers de cette brigade battait les bords de la Meuse, de Remilly vers Villers-devant-Mouzon et Wadelincourt.

Le quartier général du Ier corps bavarois était à Angécourt (4).

---

(1) 18 à l'aile droite, auprès de Remilly; 66 à l'aile gauche, auprès d'Aillicourt. 10 batteries appartenaient au Ier corps bavarois et 4 au IIe.

(2) Voir p. 166 et 173.

(3) Avec elle se trouvaient les deux escadrons du 1er régiment des uhlans de la Garde prussienne, qui avaient suivi la marche du 7e corps dans les journées du 29 et du 30 août.

(4) *Historique du Grand État-Major prussien*, 7e livr., p. 1073-1075.

CHAPITRE XIV

Le Quartier Général français.

Installé à l'hôtel de la sous-préfecture, l'Empereur reçut, entre 9 heures 30 et 10 heures du matin, le capitaine de Sesmaisons, officier d'ordonnance du général Vinoy, chargé d'annoncer l'arrivée du 13ᵉ corps à Mézières, d'exposer sa situation et de demander des instructions au commandant de l'armée de Châlons. Napoléon III s'enquit d'abord des causes de la canonnade qu'il avait entendue, peu auparavant, dans la direction de Donchery. Après avoir répondu sur ce point, le capitaine de Sesmaisons rendit compte du débarquement, à Mézières, de la tête de colonne du 13ᵉ corps et de l'envoi par le général Vinoy sur Poix, Rimogne et Flize de détachements qui, fit-il observer, allaient se trouver très compromis si on ne les rappelait pas sur Mézières. L'Empereur télégraphia alors, à 10 heures du matin, au général Vinoy :

« Les Prussiens s'avancent en forces ; concentrez toutes vos troupes dans Mézières. »

Toutefois, il fit observer au capitaine de Sesmaisons qu'il ne donnait cet avis qu'en raison de l'urgence et de la difficulté qu'il aurait éprouvée à rencontrer le maréchal de Mac-Mahon qui, ayant seul le commandement en chef, devait, dans tous les cas, ratifier et approuver ces dispositions pour qu'elles devinssent définitives.

L'Empereur, sachant qu'il fallait renoncer à la voie ferrée, s'inquiéta ensuite de la route que prendrait le capitaine de Sesmaisons pour retourner à Mézières et lui indiqua, en la traçant lui-même au crayon sur la carte, la route que peut-être l'armée suivrait le lendemain pour se replier sur cette place. C'était un chemin de grande communication récemment ouvert, sur la rive droite de la Meuse, entre Sedan et Vrigne-aux-Bois. L'Empereur ne doutait pas que ce chemin, qui ne figurait pas encore sur la carte, ne fût inconnu de l'ennemi et il supposait par conséquent qu'il devait être resté libre (1).

Un télégramme de l'Impératrice montrait qu'à Paris on n'avait pas renoncé encore à l'idée de la jonction avec le maréchal Bazaine. A la dépêche de l'Empereur relative à la retraite vers Sedan, l'Impératrice répondait :

« Les nouvelles que je reçois de divers côtés me montrent d'une manière absolue qu'un vigoureux effort vers Metz pourrait nous donner le succès (2). »

Pendant ce temps, le maréchal de Mac-Mahon, qui avait terminé sa reconnaissance des positions à l'Est de Sedan et donné ses instructions pour leur occupation (3), était revenu à Sedan, vers 9 heures 30 et s'était rendu à la citadelle. Il s'entretint avec le sous-intendant militaire et le commandant de la place du ravitaillement de l'armée en vivres et en munitions. Son intention était de faire distribuer quatre jours de vivres aux troupes, mais les magasins de Sedan ne contenaient que 200,000 rations, et un train qui en portait 800,000, ayant reçu quelques obus en gare de Sedan, fut expédié incontinent sur Mézières. Il fallut se contenter d'un approvisionnement de deux jours (4). Quant aux munitions, elles

---

(1) Général Vinoy, *loc. cit.*, p. 34-35.
En réalité, ce chemin qui n'était pas indiqué sur la carte de l'Empereur, figurait sur celles de l'armée allemande. (*Historique du Grand État-Major prussien*, 7ᵉ livr., p. 1058, note 1.)

(2) L'Impératrice à l'Empereur, Paris, 31 août, 7 h. 5 matin (D. T. ch.).

(3) Voir page 199 et suiv.

(4) *Enquête*, I, p. 37; *Souvenirs* inédits du maréchal de Mac-Mahon.

étaient relativement abondantes, soit en gare (1), soit dans les parcs des 5°, 6° et 7° corps qui s'étaient rendus, le 31, de Bazeilles à Sedan. Un équipage de ponts de réserve était arrivé à Sedan dans la matinée du 30 août, mais le train qui l'amenait avait été refoulé sur Mohon, près Mézières, « par ordre supérieur », bien que le général Forgeot eût prescrit de le garder à Sedan (2). Enfin, il existait, dans la place, sur roues et attelées, environ 34 bouches à feu primitivement destinées au 1er corps et qui pouvaient utilement combler les vides que la bataille de Beaumont avait produits dans l'artillerie des 5° et 12° (3).

De la citadelle, le maréchal de Mac-Mahon aperçut les batteries du Ier corps bavarois en position près de Remilly, canonnant les colonnes du 12° corps; plus tard il en vit d'autres qui venaient s'établir sur les hauteurs qui dominaient Sedan au Sud-Ouest. En arrière d'elles, s'élevait une forte poussière indiquant « que des troupes considérables marchaient à hauteur de cette artillerie ». Le Maréchal envoya l'ordre de faire sauter le pont de Donchery par lequel une partie de ces troupes pouvait couper la ligne de communication avec Mézières (4). On sait pourquoi cet ordre ne fut pas exécuté.

---

(1) Il y avait à Sedan, indépendamment de l'approvisionnement des troupes : 1,160,000 cartouches; 3,900 coups de 4; 1,700 coups de 12; 15,000 coups de canons à balles.

Le 30 août, étaient arrivés à Sedan par voie ferrée : 900,000 cartouches sur roues, 1,740,000 sur trucs; 6,000 coups de 4 sur roues, 4,000 sur trucs; 1,400 coups de 12 sur roues, 1,100 sur trucs. (Le général directeur de l'artillerie au général Forgeot, Paris, 30 août, D. T.). Ces munitions avaient été envoyées à Mohon.

(2) Le commandant Carré au général Forgeot, Sedan, 30 août, 7 h. 45 (D. T.); Le commandant Carré au général Forgeot, Sedan, 30 août, 11 h. 40 (D. T.).

(3) Le général commandant l'artillerie de l'armée au maréchal de Mac-Mahon, Carignan, 31 août.

(4) *Enquête*, I, p. 37.

En rentrant dans la citadelle, il rencontra le capitaine de Sesmaisons, qui sortait de la sous-préfecture, et qui lui rendit compte de sa mission. Le maréchal approuva les instructions envoyées par l'Empereur au général Vinoy. Puis, il fit connaître au capitaine de Sesmaisons « ses vues et ses impressions personnelles (1) ». Douloureusement ému par la défaite du général de Failly à Beaumont, il se montra injuste envers le 5e corps en accusant les troupes « de faiblesse et d'imprévoyance » (2), au lieu d'en faire remonter la responsabilité à leur chef et à lui-même dont les hésitations s'étaient traduites, pour l'armée, par des fatigues inutiles et dont l'intention constante d'éviter tout combat l'avait placée dans une situation critique. Les soldats qu'il avait lui-même commandés, avaient, déclara-t-il justement, montré plus de résistance et de solidité : « il compara, en quelques mots, cette triste et pénible affaire de Beaumont à l'héroïque journée de Frœschwiller, qui, malgré ses funestes résultats, n'en avait pas moins été une lutte honorable et une défaite presque glorieuse (3) ».

A ce moment, sa résolution semblait définitivement arrêtée pour une retraite de l'armée sur Mézières (4). Il ne craignait pas un mouvement des Allemands sur ses derrières, persuadé que s'ils le tentaient, ce ne serait qu'avec un corps peu nombreux que l'armée de Châlons écraserait sans difficulté. Il pensait donc que ses communications demeureraient libres par la rive droite de la Meuse (5). En réalité, il n'avait « aucun renseignement précis » sur les mouvements et les forces de l'ennemi et croyait, peut-être encore sous l'impression

---

(1) Général Vinoy, *loc. cit.*, p. 36.
(2) *Ibid.*
(3) *Ibid.*
(4) *Ibid.*; *Souvenirs* inédits du maréchal de Mac-Mahon.
(5) Général Vinoy, *loc. cit.*, p. 36.

des affirmations du ministre de la Guerre, n'avoir en face de lui que les corps du prince royal de Saxe (1). Ainsi pourrait s'expliquer l'inaction complète de l'armée de Châlons dans la journée du 31 août.

Sur ces entrefaites, le général Douay avait parcouru les hauteurs qui bordent la rive gauche du ruisseau de Floing et constaté qu'elles étaient dominées par le calvaire d'Illy et par la croupe 260 couronnée par le bois du Hattoy. L'effectif de ses troupes ne lui permettant pas de s'étendre jusqu'à ces deux positions, il se rendit à Sedan pour rendre compte au maréchal de Mac-Mahon de ses observations. Il était 11 heures environ. Bien que préoccupé de la situation, le commandant en chef ne parut pas cependant partager les appréhensions du général Douay à un si haut degré que lui (2). Il songeait d'ailleurs à ce moment à prendre un autre parti. Les rapports qu'il avait reçus des commandants de corps d'armée lui représentaient les troupes comme « exténuées, hors d'état de marcher et de combattre » (3). Ne convenait-il pas de les laisser se reposer encore le 1er, d'attendre l'ennemi et d'accepter la bataille, au lieu de battre en retraite sur Mézières (4). Peut-être un passage d'un télégramme du ministre de la Guerre

---

(1) *Souvenirs* inédits du maréchal de Mac-Mahon; Général Lebrun, *loc. cit.*, p. 74; Prince Bibesco, *loc. cit.*, p. 123; Notes adressées à la Section historique, le 9 mars 1904, par M. le général de Vaulgrenant.

(2) *Rapport* du général Douay sur la bataille de Sedan.

(3) Notes du général de Vaulgrenant.

Cet exténûment de l'armée est un fait qu'il ne faut pas oublier lorsqu'on reproche au Maréchal de n'avoir pas profité du 31 août pour se replier sur Mézières.

(4) Général Vinoy, *loc. cit.*, p. 37.

C'est sur cette nouvelle détermination sans doute que fut rédigé l'ordre adressé au général Ducrot de se rabattre sur Sedan.

n'était-il pas étranger à cette nouvelle détermination :

« Votre dépêche de ce matin ne m'explique pas la cause de votre marche en arrière qui va causer la plus vive émotion ; vous avez donc éprouvé un revers ? » (1) Le général Douay ayant annoncé qu'il allait faire construire des retranchements, le Maréchal lui dit : « Vous retrancher ! Mais je ne veux pas m'enfermer comme à Metz, je veux manœuvrer. » Le général Douay répondit : « Je ne sais pas s'ils nous en laisseront le temps » (2).

Vers midi, le maréchal de Mac-Mahon, après avoir demandé au capitaine de Sesmaisons à quel moment le 13ᵉ corps serait prêt à agir, et lui avoir annoncé que des ordres parviendraient ultérieurement au général Vinoy, alla passer l'inspection de ses différents corps. De son côté, le capitaine de Sesmaisons cherchait à quitter Sedan, mais les rues étaient si encombrées de voitures, de caissons, de bouches à feu, d'isolés de tous les corps qu'il ne parvint à sortir de la place qu'à 1 heure environ ; il prit la route de Mézières par Floing et Vrigne-aux-Bois. Il était de retour à Mézières vers 2 h. 30 (3).

A 5 h. 30, se trouvaient réunis dans le cabinet du maréchal de Mac-Mahon : le général de Wimpffen ; le général Lebrun ; le général Robert, chef d'état-major du 1ᵉʳ corps, et le chef d'escadrons Seigland, aide de camp du général Douay. Chacun des officiers généraux présents fit connaître au Maréchal les incidents de la journée et les positions sur lesquelles leurs troupes étaient établies. Puis le commandant Seigland rendit compte d'un fait d'une particulière gravité. Vers 4 heures,

---

(1) Le ministre de la Guerre au maréchal de Mac-Mahon, 31 août, 9 h. 40 matin (D. T. ch.).

(2) *Conseil* d'enquête sur les Capitulations, Déposition du général Douay.

(3) Général Vinoy, *loc. cit.*, p. 37-38.

un ancien militaire, habitant du pays, était venu informer le général Douay que l'ennemi se préparait à franchir la Meuse à Donchery et « qu'il y avait là, disait-il, toute une armée » (1). On avait pu distinguer, en effet, à l'état-major général et à la 2ᵉ division du 7ᵉ corps, des colonnes prussiennes en marche sur ce point, par les hauteurs de la rive gauche de la Meuse. Le maréchal de Mac-Mahon ne l'ignorait pas, car, de l'observatoire installé au château de Sedan, on avait aussi discerné ce mouvement (2). Cette constatation avait déterminé le général Douay à faire lever aussitôt ses camps établis sur le plateau de l'Algérie et à les installer sur les collines à l'Est du ruisseau d'Illy, sur des positions qu'il pressentait devoir être attaquées le lendemain. Il y fit construire quelques retranchements. Le général Douay rappela au Maréchal que sa 1ʳᵉ division étant fort réduite par suite de sa participation au combat de Mouzon, le 7ᵉ corps allait avoir à occuper une étendue de terrain trop considérable pour son effectif (3).

Le Maréchal répondit qu'il ne pouvait pas envoyer de renforts au 7ᵉ corps, et que le général Douay devait occuper tout le secteur de Floing à Illy, y compris le bois de la Garenne. Puis, à la réflexion, il demanda au général de Wimpffen, dont le corps devait rester en réserve au camp retranché, s'il ne pouvait donner quelques renforts au général Douay (4).

Le général de Wimpffen déclara qu'il avait trouvé les troupes du 5ᵉ corps « dans un bien meilleur état moral qu'il ne l'avait supposé et qu'elles présentaient une masse de 25,000 hommes en état de combattre » (5). Le

---

(1) *Rapport* du général Douay sur la bataille de Sedan.
(2) Notes du général de Vaulgrenant.
(3) Prince Bibesco, *loc. cit.*, p. 127.
(4) *Ibid.*
(5) *Souvenirs* inédits du maréchal de Mac-Mahon.

Maréchal lui prescrivit, en conséquence, de reconnaître l'intervalle dépourvu de troupes qui, d'après le rapport du général Douay, existait entre l'aile droite du 7ᵉ corps et l'aile gauche du 1ᵉʳ et de le combler avec la fraction qu'il jugerait nécessaire. Il devait conserver toutefois en réserve une division destinée à soutenir soit le 12ᵉ, soit le 1ᵉʳ corps (1). La 1ʳᵉ brigade de la division de L'Abadie alla camper, à cet effet, dans la soirée du 31, au Nord de Cazal (2).

A l'issue de cette conférence, il semble que le maréchal de Mac-Mahon, changeant encore de résolution, ait abandonné l'idée d'accepter la bataille sur les positions qu'occupait l'armée et soit revenu à l'idée de reprendre son mouvement. Mais, manquant de renseignements précis sur l'effectif et les mouvements de l'armée adverse il hésitait sur la direction à suivre (3). La veille, à Mouzon, il n'avait pu reconnaître l'importance des forces qui avaient livré combat au 5ᵉ corps. Dans la journée, du côté de l'Est, sur la rive droite de la Meuse, les troupes se dirigeant sur Sedan n'avaient aperçu que de la cavalerie. Sur la rive gauche, le général Lebrun n'avait vu que des batteries appuyées par quelques troupes, celles-ci marchant dans la direction de l'Ouest. Toutefois l'observatoire établi dans la citadelle lui apprit que l'on distinguait des nuages de poussière indiquant la marche de troupes nombreuses sur Donchery, ce qui lui fit penser qu'elles pouvaient avoir l'intention de franchir la Meuse pour intercepter à l'armée sa ligne de retraite sur Mézières. Ce renseignement confirmait celui qu'avait fourni précédemment le général Douay.

---

(1) *Souvenirs* inédits du maréchal de Mac-Mahon.
(2) *Journal* de marche du 5ᵉ corps.
(3) *Enquête*, I, p. 38.

Le Maréchal en conclut que si réellement la plus grande partie des forces adverses étaient établies sur la rive droite de la Meuse, entre Sedan et Mézières, il lui serait plus avantageux d'abandonner la ligne de retraite vers l'Ouest « pour prendre celle de l'Est du côté de Carignan » (1). Toutefois, bien qu'on eût constaté la présence des troupes bavaroises aux combats des 30 et 31 août (2), il restait persuadé qu'il n'avait devant lui que les corps du prince royal de Saxe, et il n'était « point inquiet », convaincu qu'il passerait « dans l'une quelconque des deux directions » (3). A en juger d'ailleurs par un ordre de l'armée, en date du 31, il semble que le Maréchal ne voulait pas commencer le mouvement le 1er septembre. Il prescrivait, en effet, de mettre cette dernière journée à profit « pour se compléter en cartouches » et se ravitailler en vivres à la gare (4).

Avant de se décider sur la direction qu'il suivrait, le Maréchal chercha à se procurer des renseignements plus précis (5). Il prescrivit au général Margueritte de lancer vers l'Est « de nombreuses reconnaissances qui ne devaient s'arrêter que lorsqu'elles auraient reconnu l'ennemi », et lui feraient parvenir immédiatement leurs rapports. Il chargea deux officiers de « pousser le plus loin possible » en avant des positions du 7e corps et de lui rapporter, avant le jour, les nouvelles qu'ils auraient recueillies (5). Personne ne fut envoyé sur

---

(1) *Souvenirs* inédits du maréchal de Mac-Mahon.

(2) Le maréchal de Mac-Mahon n'ignorait pas, pour les avoir combattues à Frœschwiller, qu'elles appartenaient à l'armée du prince royal de Prusse.

(3) *Souvenirs* inédits du maréchal de Mac-Mahon. Cf. Papiers du général Broye.

(4) Ordre de l'armée du 31 août.

(5) Notes adressées à la Section historique le 9 mars 1904, par M. le général de Vaulgrenant.

(5) *Souvenirs* inédits du maréchal de Mac-Mahon.

Donchery où, pourtant, on avait signalé la présence de forces importantes.

Ainsi, dans la soirée du 31 août, le maréchal de Mac-Mahon ne connaissant pas la supériorité numérique considérable des armées allemandes et ne se doutant pas de la manœuvre enveloppante double qu'elles exécutaient, ne s'était arrêté à aucun parti définitif (1). Le général Ducrot, au contraire, avait discerné cette manœuvre, si l'on en croit un récit du docteur Sarrazin, médecin-chef du quartier général du 1er corps (2).

Telle est la cause de l'absence d'ordres de mouvement pour la journée du lendemain. On s'explique difficilement, néanmoins, que le Maréchal n'ait pas pris, tout au moins, une mesure de précaution dans l'éventualité possible d'une retraite vers l'Ouest. L'unique route dont l'armée pouvait disposer pour marcher sur Mézières passait, en effet, au défilé de Saint-Albert, entre les bois de la Falizette et la boucle que décrit la Meuse en aval de Sedan. Or, si les troupes allemandes signalées à Donchery s'établissaient en ce point, elles étaient capables, même avec l'infériorité numérique, de retarder pendant un certain temps le mouvement de l'armée de Châlons vers l'Ouest. Si, au contraire, le Maréchal se décidait à se porter sur Carignan le 1er septembre, le défilé de Saint-Albert était l'emplacement tout indiqué pour son corps d'arrière-garde. En tout état de cause, son occupation semblait s'imposer dès le 31 août.

On ne peut guère attribuer d'autres causes à cette omission que l'extrême fatigue des troupes et l'idée préconçue dont le Maréchal était pénétré de n'avoir devant lui que les corps du prince royal de Saxe. Sur quelles données reposait cette conviction? Sur cette

---

(1) Notes du général de Vaulgrenant.
(2) Sarrazin, *Récits sur la dernière guerre franco-allemande*, p. 114.

seule affirmation, semble-t-il, du ministre de la Guerre, que le maréchal avait vingt-quatre heures d'avance sur le prince royal de Prusse. Mais, depuis cette époque, le mouvement, des troupes françaises n'avait pas été si rapide que l'adversaire n'eût pu regagner ce retard. Le Maréchal savait qu'il avait disparu des plaines de la Suippe pour se porter sur Attigny et Vouziers (1). Il avait été informé, le 29, de l'occupation de cette dernière localité par des troupes allemandes (2). D'ailleurs, l'immobilité de l'armée de Châlons le 31, autour de Sedan, était de nature à lui faire perdre l'avance qu'elle avait eue. Enfin, la présence de troupes bavaroises à Beaumont et à Bazeilles, c'est-à-dire de contingents appartenant à la IIIe armée, était pour le Maréchal un indice grave, sinon une preuve que son opinion était erronée.

Pour tous ces motifs, la quiétude du maréchal de Mac-Mahon dans la soirée du 31 août demeure un sujet de légitime étonnement.

Les éléments de l'armée occupaient les emplacements ci-après :

QUARTIER GÉNÉRAL		Sedan, Hôtel de la Sous-Préfecture.
1er CORPS	1re division	Sur le plateau à l'Est du bois de la Garenne, en face de Givonne.
	2e division	Sur le même plateau (près du coude de la route de Sedan à Givonne).
	3e division	Sur le même plateau, à droite de la 1re division. L'artillerie de la division à Saint-Menges.

---

(1) Télégramme adressé au maréchal de Mac-Mahon, sans indication d'expéditeur.
(2) Note de M. Lagosse.

1ᵉʳ CORPS (suite)
- 4ᵉ division........... Sur le même plateau, au Nord du coude de la route.
- Division de cavalerie.
  - 1ʳᵉ brigade. A l'Ouest du bois de la Garenne, face au Sud.
  - 2ᵉ et 3ᵉ brigades. Au Nord-Est de Fond de Givonne, dans un pli de terrain.
- Réserve d'artillerie.... Près de la route de Bouillon, en arrière de la crête du plateau (1).

5ᵉ CORPS
- 1ʳᵉ division........... Dans les fossés et glacis voisins de la porte de Balan (2).
- 2ᵉ division........... Sur la hauteur au Nord-Est de Cazal.
- 3ᵉ division........... Vieux camp.
- Division de cavalerie.. Fleigneux.
- Réserve d'artillerie.... Vieux camp.

7ᵉ CORPS
- 1ʳᵉ division........... Sur les pentes descendant de l'auberge du Terme vers Cazal.
- 2ᵉ division..........
  - 1ʳᵉ brigade. Sur les hauteurs allant de Floing au bois de la Garenne, vers l'auberge du Terme, face au Nord (3).
  - 2ᵉ brigade. Sur la hauteur entre Floing et Cazal, face à l'Ouest.
- 3ᵉ division .... Prolongeant la 1ʳᵉ brigade de la 2ᵉ division jusqu'à la lisière Nord du bois de la Garenne.
- Division de cavalerie.. A l'Est de l'Algérie.
- Réserve d'artillerie.... Avec la 1ʳᵉ division.
- Parc .... Au Nord de Sedan, près du bois de la Garenne.

---

(1) La 1ʳᵉ batterie du 20ᵉ à Mézières.

(2) Le $\frac{1}{46^e}$ et le 11ᵉ de ligne à Balan.

(3) $\frac{\text{III}}{37}$ au bois du Hattoy.

12ᵉ CORPS

1ʳᵉ division		Sur les glacis au Nord-Est de la place et près de la porte de Bouillon (1).
2ᵉ division	1ʳᵉ brigade.	Au Sud-Ouest de Daigny, sur le plateau.
	2ᵉ brigade.	Sur le plateau de Givonne, près de la lisière Sud-Ouest du bois de la Garenne.
3ᵉ division		Bazeilles et les hauteurs au Nord de Bazeilles.
Division de cavalerie		Au Sud du Fond de Givonne.
Réserve d'artillerie		10 batteries avec le 7ᵉ corps, sur la hauteur entre Floing et Cazal; le reste, sur les pentes au Nord de Bazeilles.
Parc		Sedan.

1ʳᵉ division de cavalerie.................... Illy.

2ᵉ division de cavalerie.................... Floing.

---

(1) Le 22ᵉ sur les hauteurs à l'Ouest de La Moncelle.

CARTES HORS TEXTE

1. Journée du 29 août 1870.
2. Combat de Nouart.
3. Bivouacs du V⁰ corps le 30 août au matin.
4. Bataille de Beaumont. Croquis n° 1. Situation vers **2 h. 15**.
5.   Idem.   Croquis n° 2. Situation vers 3 h. 1/2 du soir.
6.   Idem.   Croquis n° 3. Situation vers 6 heures du soir.
7. Journée du 30 août. Emplacements vers 9 heures du soir.
8. Journée du 31 août.
9. Combat de Bazeilles (31 août).

17 Mai 28

BATAILLE DE BEAUMONT
Situation vers 3h 1/2 du soir

Croquis N° 2

Echelle de 25000

Troupes Françaises:
Troupes Allemandes:

BATAILLE DE BEAUMONT
Situation vers 2 heures 15'

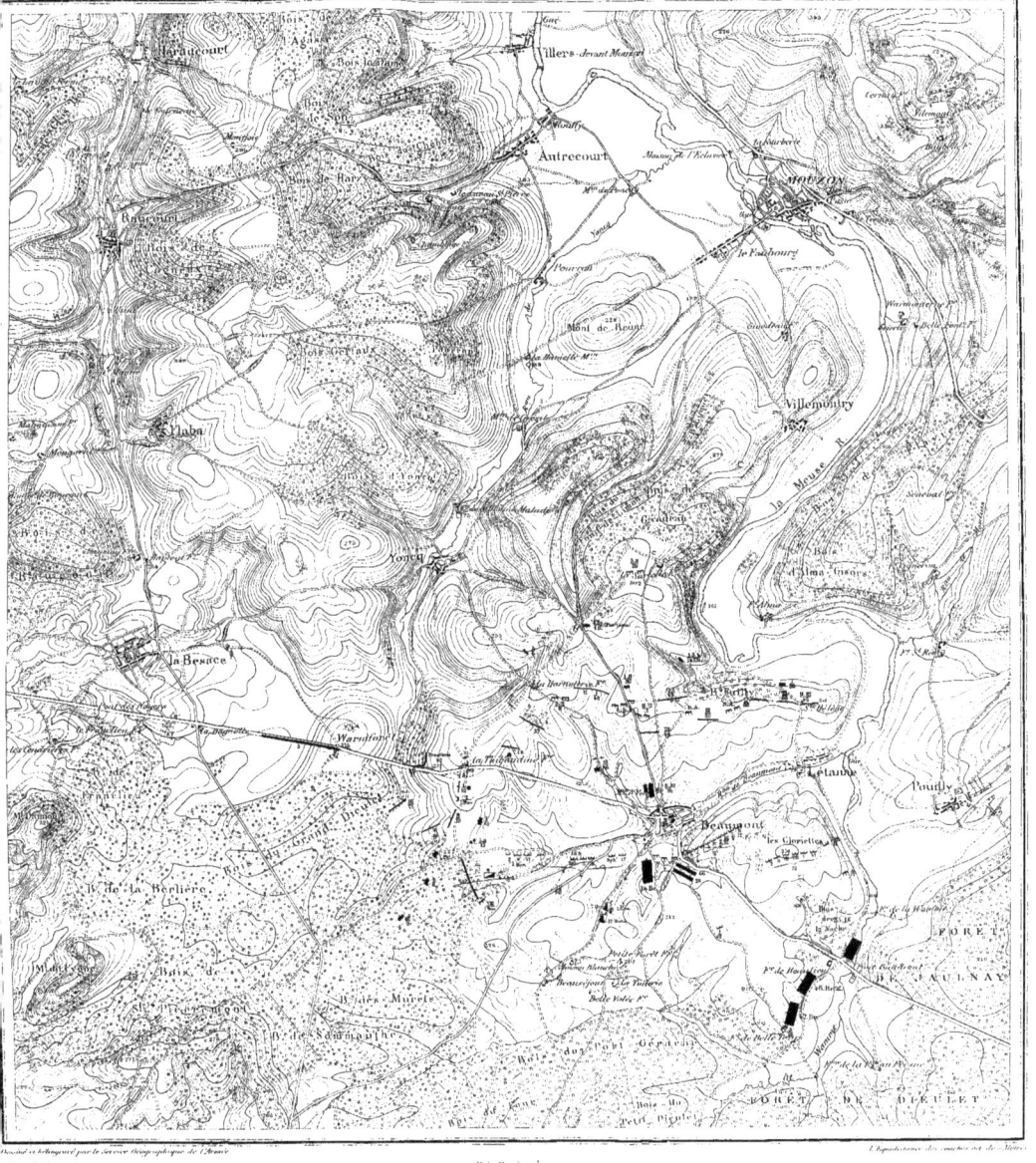

BATAILLE DE BEAUMONT
Situation vers 6 heures du soir.

Croquis N.º 3

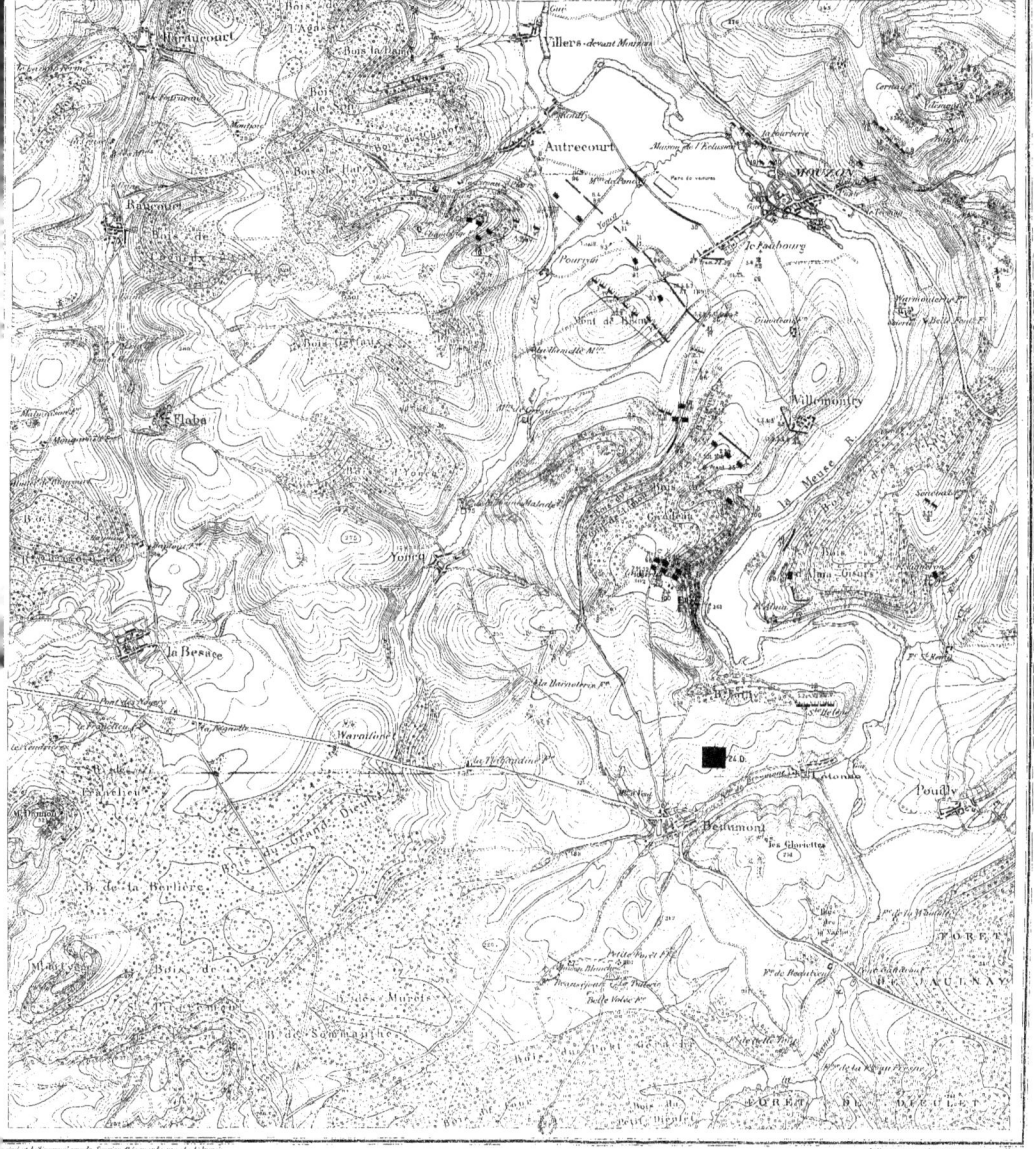

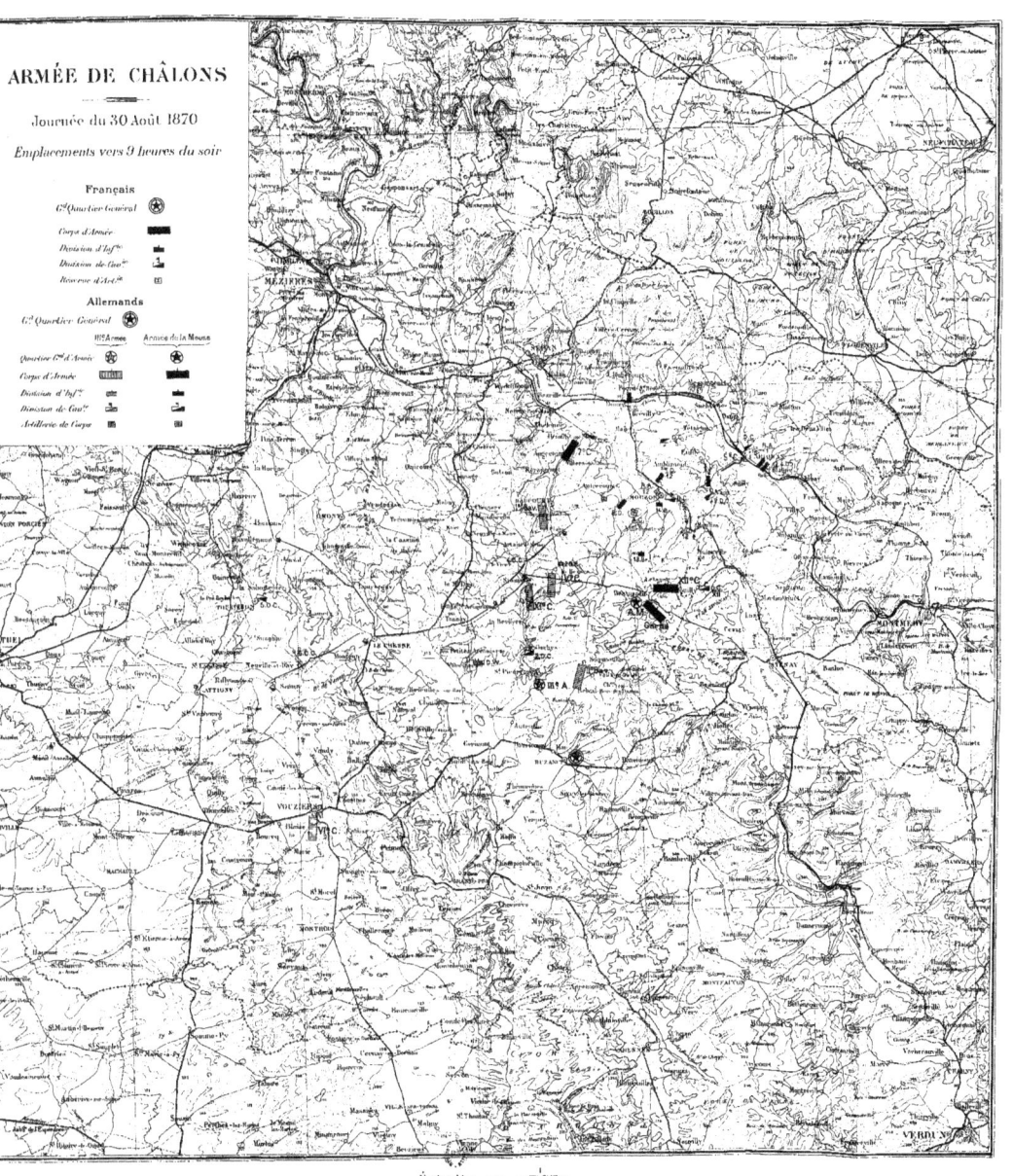

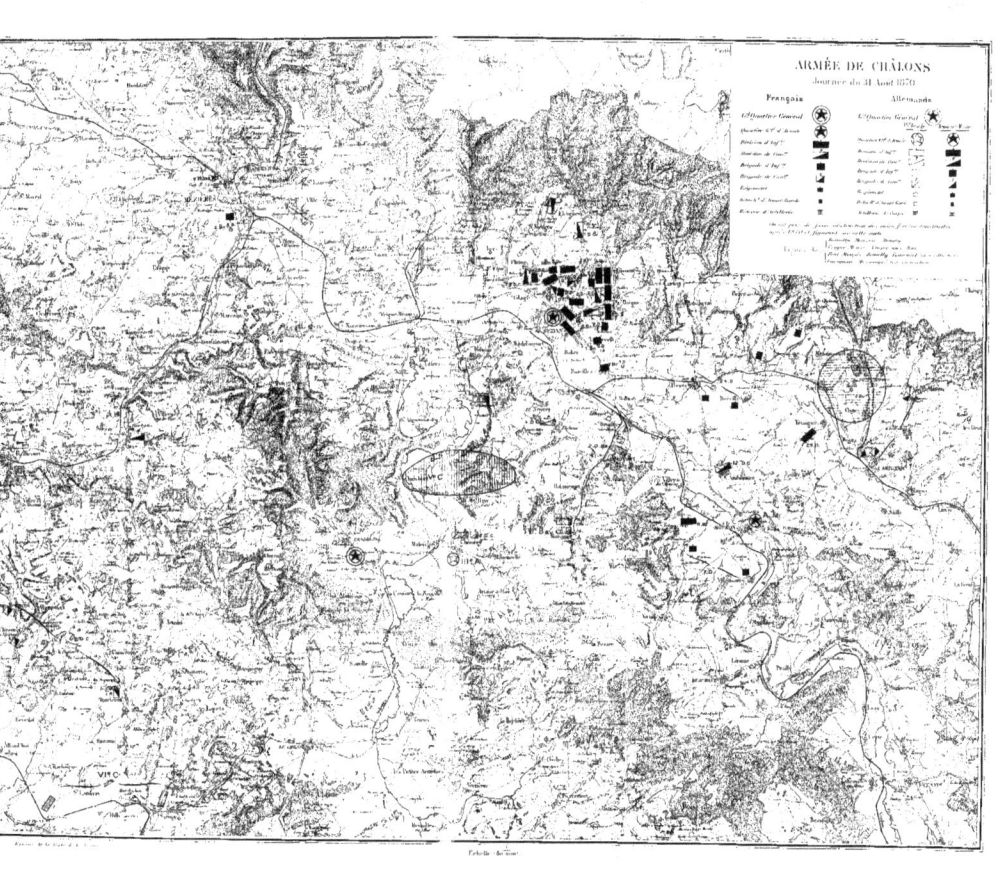

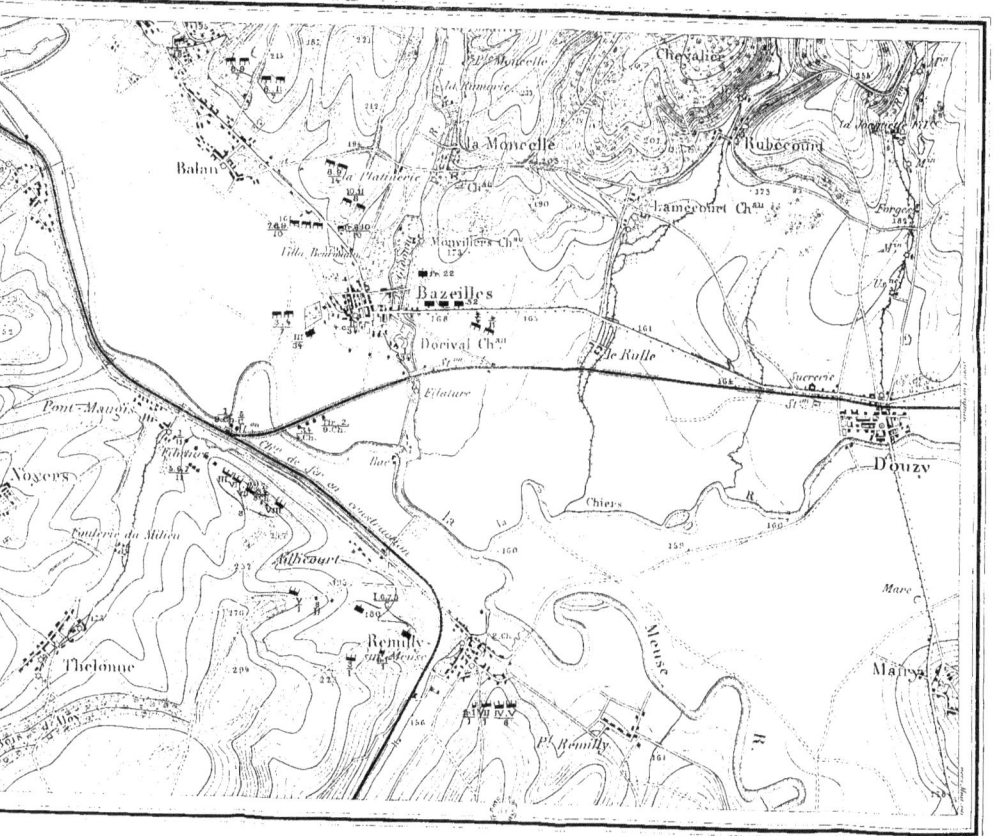

COMBAT DE BAZEILLES
31 Août 1870

Echelle à 25000

BIVOUACS DU 5ᵉᴹᴱ CORPS LE 30 AOÛT AU MATIN

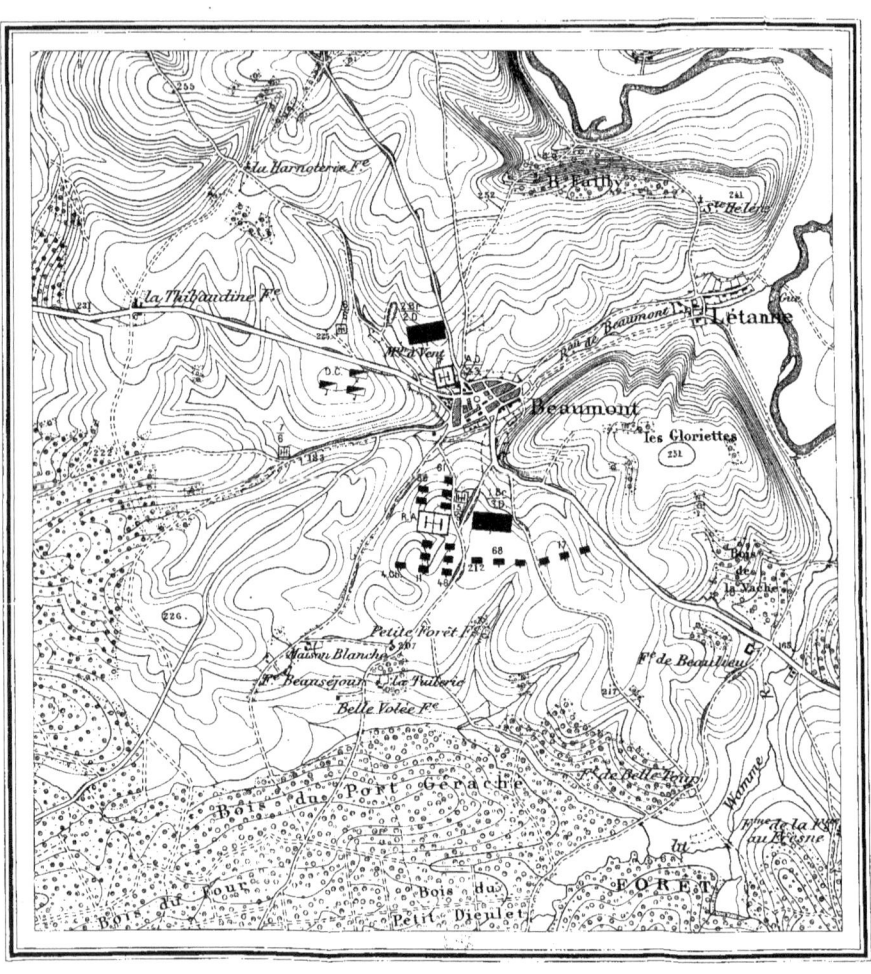

Echelle de 1/25000

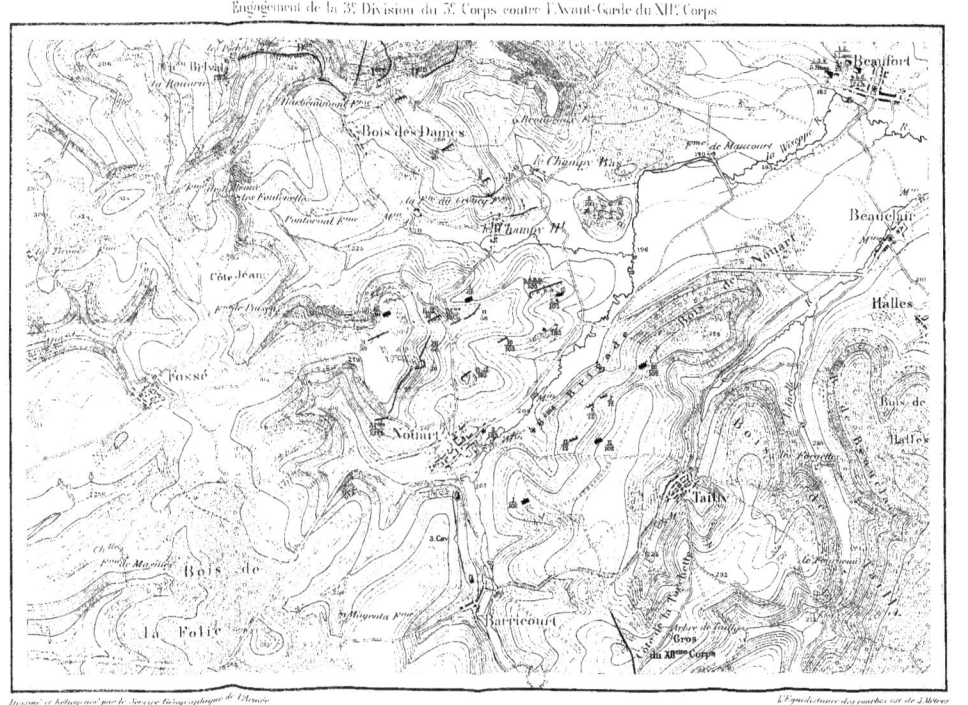

LIBRAIRIE MILITAIRE R. CHAPELOT & Ce
30, Rue et Passage Dauphine, à Paris

Publication de la Section historique de l'État-Major de l'Armée

LA
GUERRE DE 1870-1871

IIIe Série : L'Armée de Châlons

FASC. I. — Organisation et projets d'opérations. — **La marche sur Montmédy**. 2 vol. in-8 avec cartes en couleurs.... 10 fr.
    Le texte seul et les cartes...................... 6 fr. 50
    Les documents seuls............................. 5 fr.

Ire Série : Nouvelle édition

Fascicule spécial : **La Préparation à la guerre.**
1 vol. in-8................... 2 fr.

Les Opérations en Alsace et sur la Sarre

FASC. I. — **Journées du 28 juillet au 2 août.** 1 vol. in-8. 3 fr.
— II. — **Journées des 3, 4 et 5 août.** *(Paraîtra prochainement.)*
— III. — **Journée du 6 août en Alsace.**   (Sous presse.)
— IV. — **Journée du 6 août en Lorraine.** (Sous presse.)
— V. — **La retraite sur Metz et sur Châlons.** (Sous presse.)

Ces nouveaux fascicules ne comprennent que le **texte seul et les cartes,** les fascicules de documents devant être publiés séparément et ensuite.

IIe Série : Les Batailles autour de Metz

FASC. I. — **Journées des 13 et 14 août.** — Bataille de Borny.
        2 vol. in-8 avec cartes............... 10 fr.
        Le texte seul et les cartes........... 6 fr. 50
        Les documents seuls.................. 5 fr.
— II. — **Journées des 15 et 16 août.** — Bataille de Rezonville—**Mars-la-Tour.** 2 vol. in-8 avec atlas. 18 fr.
        Le texte seul et l'atlas.............. 13 fr. 50
        Les documents seuls.................. 6 fr.
— III. — **Journées des 17 et 18 août.** — Bataille de Saint-Privat. 2 vol. in-8 avec atlas............ 25 fr.
        Le texte seul et l'atlas.............. 20 fr.
        Les documents seuls.................. 8 fr.

Paris. — Imprimerie R. CHAPELOT et Ce, 2, rue Christine.

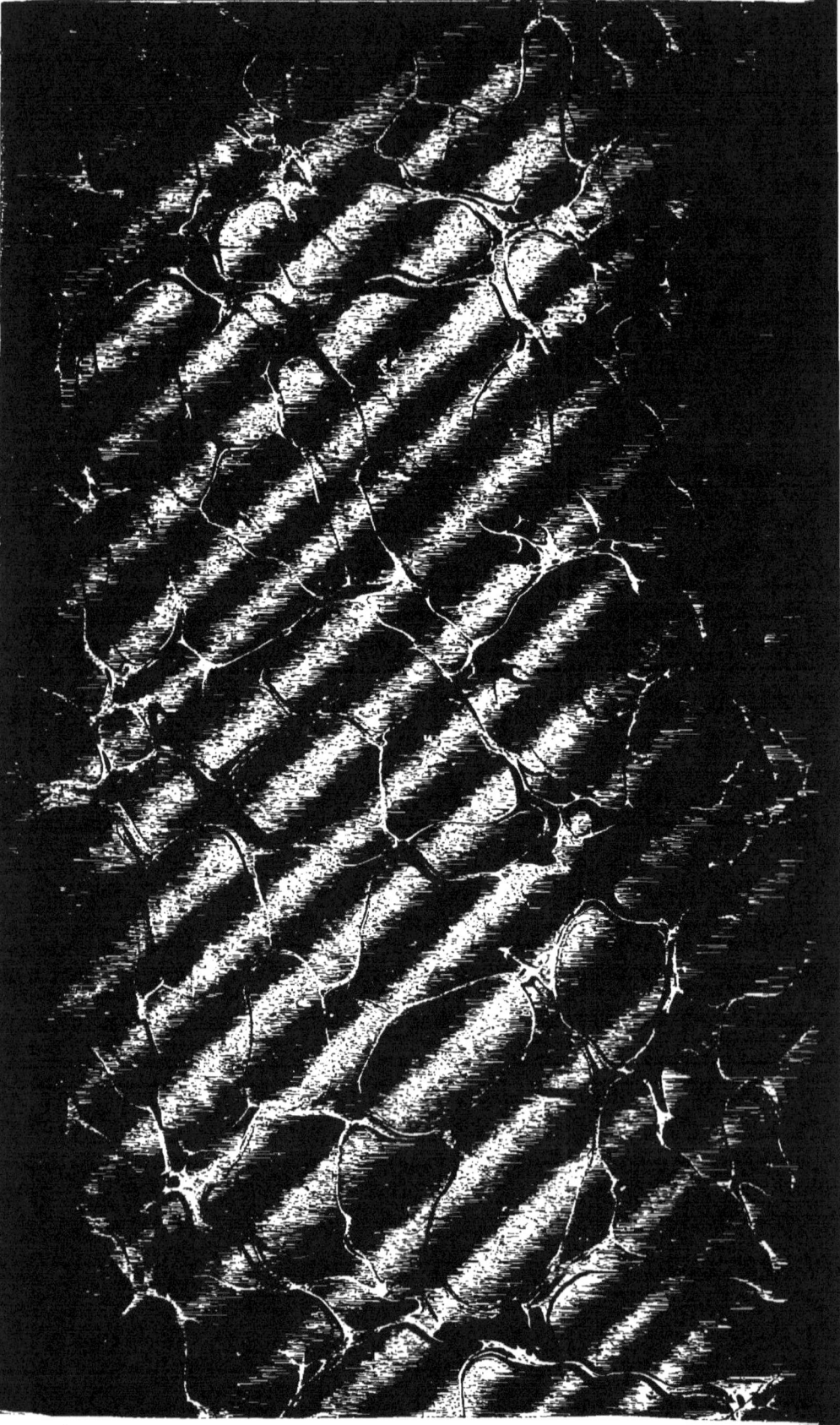

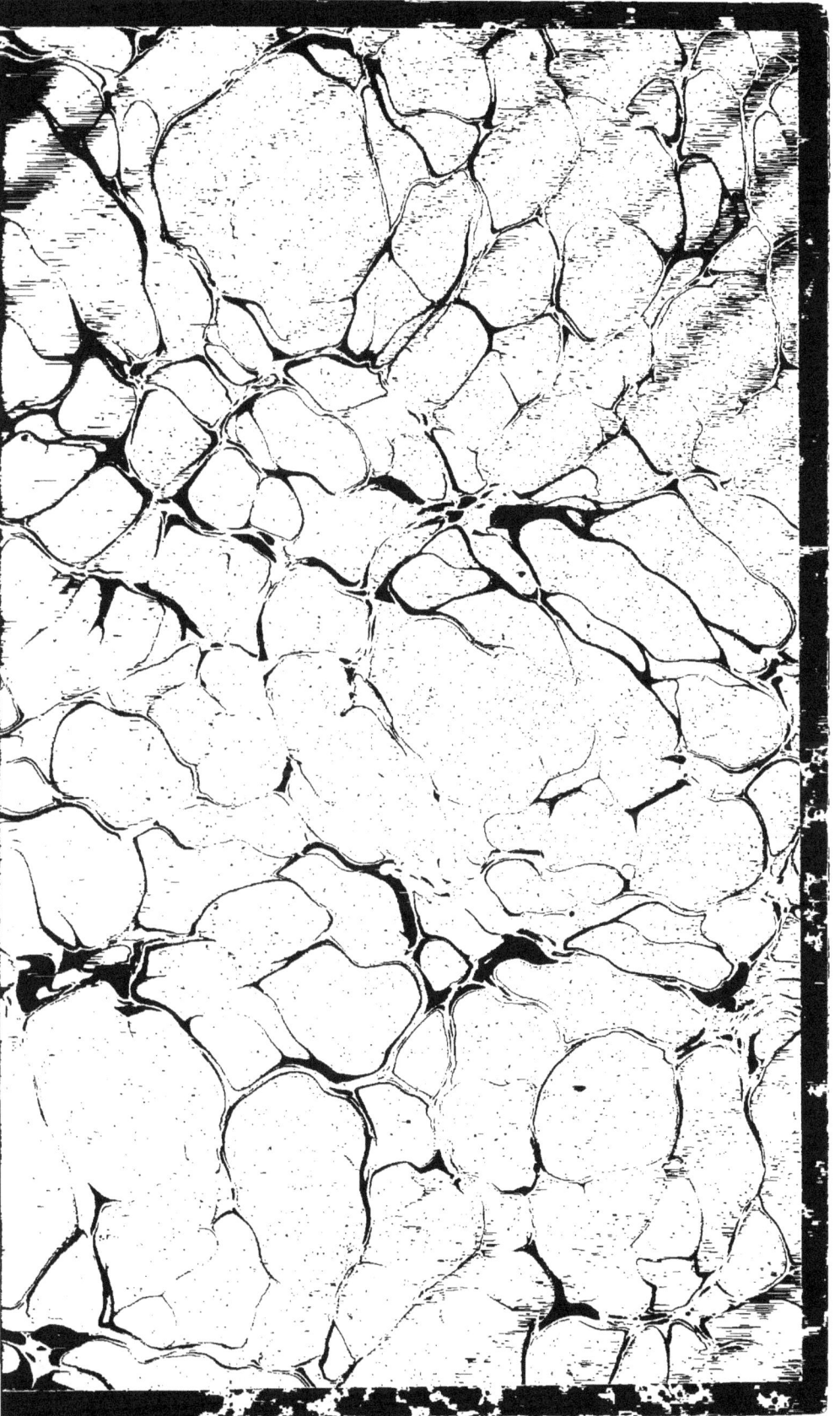

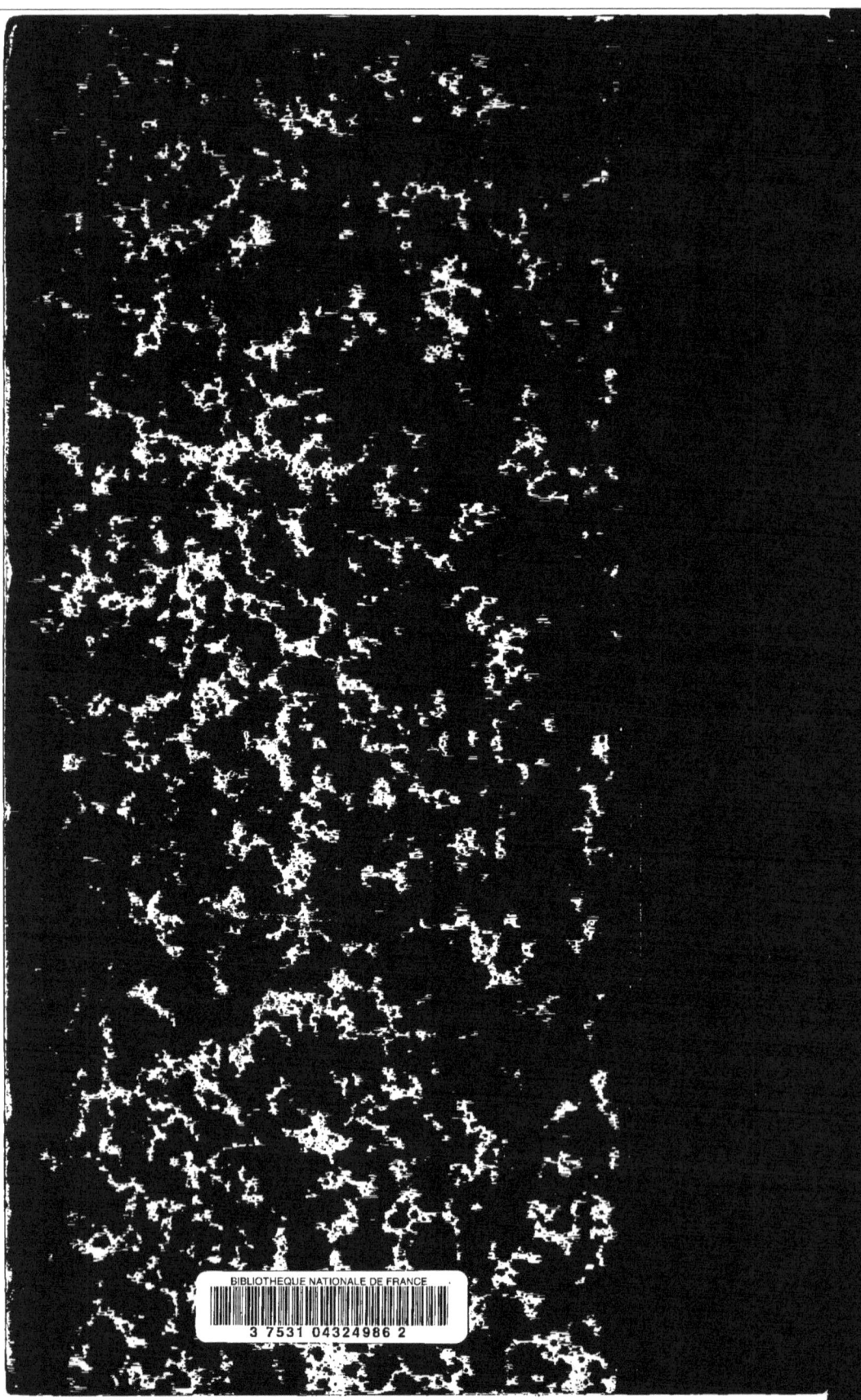

www.ingramcontent.com/pod-product-compliance
Lightning Source LLC
Chambersburg PA
CBHW050631170426
43200CB00008B/964